OS TRANSTORNOS DO COMPORTAMENTO NA INFÂNCIA E NA ADOLESCÊNCIA

Dados Internacionais de Catalogação na Publicação (CIP)
(Câmara Brasileira do Livro, SP, Brasil)

Muratori, Pietro

Os transtornos do comportamento na infância e na adolescência: fatores de risco, instrumentos de avaliação e estratégias psicoterapêuticas / Pietro Muratori, Furio Lambruschi; tradução de Walace Pontes de Mendonça. – Petrópolis, RJ :Vozes, 2025.

Título original: I disturbi del comportamento in età evolutiva : Fattori di rischio, strumenti di assessment e strategie psicoterapeutiche

Bibliografia.

ISBN 978-85-326-7149-3

1. Distúrbios de comportamento em adolescentes 2. Distúrbios de comportamento em crianças 3. Psicologia do desenvolvimento I. Lambruschi, Furio. II. Título.

25-260648 CDD-155

Índices para catálogo sistemático:

1. Crianças e adolescentes : Comportamento : Psicologia do desenvolvimento 155

Cibele Maria Dias – Bibliotecária – CRB-8 / 9427

PIETRO MURATORI
FURIO LAMBRUSCHI

OS TRANSTORNOS DO COMPORTAMENTO NA INFÂNCIA E NA ADOLESCÊNCIA

Fatores de risco, instrumentos de avaliação e estratégias psicoterapêuticas

Tradução de Walace Pontes de Mendonça

EDITORA VOZES
Petrópolis

Con la supervisione scientifica dell'Istituto di Psicologia e Psicoterapia Comportamentale e Cognitiva (IPSICO, Firenze)

Tradução do original em italiano intitulado *I disturbi del comportamento in età evolutiva – Fattori di rischio, strumenti di assessment e strategie psicoterapeutiche*

Direitos de publicação em língua portuguesa – Brasil:
2025, Editora Vozes Ltda.
Rua Frei Luís, 100
25689-900 Petrópolis, RJ
www.vozes.com.br
Brasil

Editoração: Natalia Machado
Diagramação: Sheilandre Desenv. Gráfico
Revisão gráfica: Bianca V. Guedes
Capa: Larissa Sugahara

ISBN 978-85-326-7149-3 (Brasil)
ISBN 978-88-590-2053-0 (Itália)

Este livro foi composto e impresso pela Editora Vozes Ltda.

Sumário

Prefácio
Annarita Milone

Agradeço a Furio e a Pietro por terem-me proporcionado a oportunidade de elucidar quantos progressos foram feitos no entendimento dos transtornos do comportamento na infância e na adolescência. Essa declaração pode parecer costumeira por parte de quem se dispõe a escrever o prefácio de um volume monográfico a respeito de transtornos que, há muitos anos, constituem o foco da atividade clínica e de pesquisa do grupo de colegas com os quais trabalho há 15 anos e que agora se tornaram uma constante da prática clínica diária de neuropsiquiatras infantis e de psicólogos. Entretanto, o tema reveste-se de grande interesse também para outras categorias profissionais que atuam na saúde mental da infância e adolescência (assistentes sociais, fonoaudiólogos, terapeutas ocupacionais e da reabilitação psiquiátrica); e, sem dúvida, é interessante também para os educadores e professores que, já na idade pré-escolar e ainda mais nos graus escolares subsequentes, deparam-se cada vez mais com crianças e adolescentes que apresentam significativos problemas de autocontrole e de adaptação a limites e regras. Além disso, em uma época na qual é possível acessar na rede informações de todo tipo, muitas vezes enganosas, quando, ao "dar um *Google*", busca-se compreender quais sejam as causas de um transtorno, pode corresponder a uma ajuda valiosa o ato de oferecer aos pais de nossos pacientes dados de evidência científica acerca de fatores de risco, mecanismos etiológicos, trajetórias evolutivas e intervenções terapêuticas baseadas em evidências.

Nos últimos 15 anos, testemunhou-se uma rápida expansão da literatura científica acerca dos transtornos do comportamento, passando-se, por exemplo – no que se refere ao transtorno da conduta –, de aproximadamente 50 artigos anuais dos primeiros anos da década de 1990 para uma média de mais de 200 nos últimos cinco anos. O exponencial interesse por esse tema tem características transculturais e contribuição significativa também tem vindo de pesquisadores e clínicos de nosso país. Os principais manuais diagnósticos (DSM[1], CID[2]), essenciais não somente para a prática assistencial, mas também para sistematizar categorias diagnósticas internacionalmente reconhecidas, têm buscado integrar as recentes e numerosas aquisições nos campos etiopatogênico, neurobiológico e epigenético, definindo categorias e critérios sintomatológicos mais claros e correspondentes aos quadros clínicos que se observam nos diversos âmbitos de cuidado. O esforço descritivo categorial no âmbito dos transtornos do comportamento levou à definição de diferentes fenótipos clínicos do mesmo transtorno, que, embora mostrem comportamentos disfuncionais similares, resultam de percursos etiológicos distintos, originados da interação entre vulnerabilidades temperamentais e contextos de cuidado ou de crescimento frágeis ou inadequados.

Na primeira parte deste precioso livro, os autores guiam o leitor pela ampla categoria nosográfica dos transtornos do controle de impulsos e da conduta. Para tanto, analisam as principais novidades descritivas, mas também se detêm em áreas de inegável interesse para o profissional que atua em diferentes papéis voltados para o período do desenvolvimento. No que diz respeito ao diagnóstico precoce e à prevenção, é extremamente importante delinear as características dos transtornos do comportamento na idade pré-escolar, e, para isso, fornecem-se instrumentos de leitura do comportamento da criança, bem como do ambiente de cuidado, que permitam não só interceptarprecocemente necessidades terapêuticas, mas também ampliar as possibilidades de uma evolução positiva. Definir percursos etiológicos e fornecer instrumentos específicos de avaliação são ações essenciais para identificar precocemente crianças, por exemplo, com traços

1. Manual Diagnóstico e Estatístico de Transtornos Mentais [N.T.].
2. Classificação Internacional de Doenças [N.T.].

de insensibilidade-frieza emocional (TIF) [*callous-unemotional traits*], em que a agressividade pode assumir, de forma progressiva, características premeditadas e favorecer uma rápida derivação antissocial na adolescência.

Os autores apresentam recentes descobertas a respeito da influência da variável gênero na expressão fenotípica dos transtornos do comportamento. Na prática clínica, ainda nos ocorre com muita frequência diagnosticar mulheres com transtorno da conduta somente no fim da adolescência delas; então, deparamo-nos, de forma sistemática, com quadros clínicos muito complexos, nos quais se entrelaçam sintomas externalizantes e internalizantes que têm como denominador comum uma intensa desregulação emocional e que motivam um grave desajuste social.

Nos últimos anos, a necessidade de identificar, em idade precoce, aspectos temperamentais e sintomatológicos como possíveis precursores de quadros psicopatológicos na adolescência e na juventude adulta direcionou a pesquisa também para o tema dos transtornos de personalidade. Os autores descrevem, em especial, alguns estudos recentes acerca de traços narcisistas de personalidade, cujas origens se encontram nos primeiros anos de vida e resultam da interação entre as características temperamentais da criança, os estilos de educação e as atitudes de superestimação por parte dos pais. Essa dimensão psicopatológica, frequentemente não reconhecida pelos profissionais do desenvolvimento, parece constituir um substrato significativo de graves condutas agressivas e um determinante do frequente prognóstico negativo que diz respeito às formas de transtorno da conduta com comportamentos pró-sociais limitados. Para que haja prevenção, são necessários instrumentos diagnósticos capazes de identificar traços temperamentais narcisistas já presentes na criança e que possibilitem o planejamento de intervenções terapêuticas direcionadas às vulnerabilidades específicas da criança e de parentalidade [*parenting*]. Também nesse caso, o diagnóstico e a intervenção precoce podem reduzir o alto risco de menores com temperamento narcisista no desenvolvimento de graves problemas comportamentais (crises de raiva por pouca tolerância a frustrações, elevada impulsividade, urgência de satisfazer necessidades egocêntricas e de supremacia, pouca empatia e condutas agressivas significativas) e afetivo-relacionais (pouca empatia, utilização instrumental do outro, *bullying* e *cyberbullying*).

No processo de compreensão da gênese dos transtornos do comportamento na infância e na adolescência, as características de parentalidade desempenham, sem dúvida, um papel primordial entre os fatores ambientais e constituem alvos essenciais das intervenções terapêuticas. Entende-se, com a expressão "parentalidade", a totalidade das funções parentais a respeito das respostas às solicitações não só de cuidado da criança, de disponibilidade e capacidade para organizar um ambiente seguro e afetivamente regulado e regulador, mas também de implementação de ações de promoção das relações interpessoais da criança e de interpretação de suas necessidades. A ampla análise que os autores oferecem ao leitor da complexa interação entre cuidadores e criança desde os primeiros anos de vida parte do pressuposto de que há uma forte influência bidirecional.

As características biológico-temperamentais da criança que, desde os seus primeiros meses, podemos qualificar como "difícil de manejar" podem, de fato, constituir uma variável que influencia de modo significativo e duradouro o estilo educacional dos pais, sobretudo quando este apresenta certas vulnerabilidades pessoais. Se é fundamental atribuir ao crescimento da criança, em termos cognitivos, o significado de uma tarefa de desenvolvimento conjunto e amplamente influenciado pelas características das contínuas interações com os pais, torna-se essencial interpretar nessa chave bidirecional as complexas histórias de construção de vínculo e as dinâmicas educacionais disfuncionais que caracterizam os transtornos do comportamento. Esse foco interpretativo deve orientar não só os vários profissionais do desenvolvimento, mas também o professor e o educador que se deparam, em sua trajetória profissional, com histórias complexas nas quais a relação entre criança/adolescente e pais parece caracterizada por interações ricas em agressividade mútua e por contínuos fracassos de sintonização afetiva. O caminho de construção das competências parentais é função da história evolutiva do cuidador, das características da relação conjugal e de concordância educacional, da interação com as outras figuras que compõem o núcleo familiar ampliado e de aspectos tanto personológicos quanto situacionais de cada um dos pais em termos de competências autorreflexivas, capacidade de regulação emocional, estabilidade de seu papel no contexto familiar e laboral. Os autores nos conduzem por uma ampla descrição dos processos de construção de uma "disciplina sensível", conseguindo integrar entre si diferentes modelos não só de interpretação da relação entre criança e os pais, como também de integração entre o componente educacional e o afetivo da parentalidade.

A multiplicidade dos estímulos cognitivos oferecidos pela primeira parte do livro facilita a compreensão da importância de uma abordagem correta por parte do clínico no diagnóstico dos transtornos do comportamento. Nesse sentido, não se faz necessário apenas conhecer listas de verificação, questionários, entrevistas estruturadas ou semiestruturadas que permitem um diagnóstico categorial ou dimensional dos transtornos externalizantes, mas também, antes de tudo, é imprescindível uma atenção à abordagem utilizada desde os primeiros encontros com a criança com transtorno do comportamento e seus pais, com o objetivo de construir uma aliança de trabalho em antecipação ao percurso terapêutico previsível. Os autores orientam o clínico nas primeiras etapas delicadas de conhecimento da criança e da família, nas primeiras conversas que antecedem a avaliação, realçando a importância de uma postura não julgadora e de uma ativação constante das capacidades autorreflexivas do terapeuta e/ou da equipe diagnóstica. Lambruschi nos aconselha:

> Isso será possível na medida em que o terapeuta tenderá a sustentar e a veicular uma ideia do sintoma não como uma trágica e incompreensível desgraça, acidente sem sentido a ser combatido com firmeza ou a ser mantido sob rígido controle, mas como um sinal dotado de sentido, como meio que, ainda que na dor, está desempenhando uma função particular para a criança e para sua família, em termos de 'cuidado' e de manutenção do estado de relação.

Na fase diagnóstica, a possibilidade de obter dados a respeito do funcionamento do comportamento em vários contextos da vida da criança e de vários informantes (criança/adolescente, pais, outros familiares envolvidos nos cuidados, professores/educadores, informações sobre o grupo de pares de referência) fornece elementos para a descrição analítica dos determinantes anteriores e dos que atualmente mantêm o transtorno, para definir o sistema relacional no qual o problema comportamental está inserido e proceder à tipificação do quadro clínico. A devolução aos pais e também à criança dos elementos salientes coletados no percurso de avaliação, bem como a clarificação dos determinantes bidirecionais que motivaram a situação atual, permitem reduzir o risco de abandono, que é muito elevado em caso de transtornos do comportamento, e podem preparar eficazmente para a aceitação do percurso terapêutico subsequente.

No último capítulo do livro, os autores nos guiam na área do tratamento dos transtornos do comportamento. Embora esteja amplamente demonstrado que é possível obter resultados significativos e estáveis ao longo do tempo no tratamento dos transtornos do comportamento somente por meio de intervenções multimodais e multidimensionais, a temática da intervenção terapêutica nos transtornos da conduta (TC) revela-se ainda a menos estudada e com menores convergências de pesquisa. Uma metanálise de 2017, realizada por alguns conhecidos pesquisadores europeus (Bakker et al., 2017), que se ocupou da avaliação da eficácia dos tratamentos não farmacológicos utilizados no tratamento do transtorno da conduta, conclui como a maioria dos modelos de intervenção considerados apresenta apenas um pequeno efeito de melhoria das problemáticas comportamentais dos menores com TC com base nas informações fornecidas não só pelo menor, pelos pais e pelos professores, mas também pelos clínicos. O resultado, em si não muito confortante, parece surpreendente, a meu ver, se refletirmos sobre os enormes progressos da pesquisa a respeito dos transtornos da conduta e sobre os resultados frequentemente positivos que vemos na evolução dos nossos pacientes com os quais enfrentamos longos percursos de intervenção multimodal. Os mesmos autores da metanálise sugerem algumas razões para esse "nada funciona o bastante"; em particular, identificam – na heterogeneidade dos métodos de avaliação do quadro clínico inicial e de reavaliação pós-terapêutica, na brevidade do acompanhamento e na elevada variabilidade de idade nas amostras dos artigos analisados – os limites de muitos dos estudos examinados. Outro elemento que, segundo os mesmos autores, deve ser sinalizado como algo crítico é a presença de amostras muito pouco homogêneas, nas quais não se procede na avaliação inicial a uma tipificação dos quadros clínicos e da tipologia de agressividade prevalente, motivando assim uma parcial especificidade das abordagens terapêuticas utilizadas.

Furio e Pietro delineiam alguns perfis clínicos e de funcionamento no âmbito dos transtornos comportamentais que, além de serem frequentemente reconhecíveis em nossa prática clínica, podem nos ajudar a individualizar, com base em evidências de pesquisa, a elaboração do percurso terapêutico. Partindo dos modelos interpretativos da Psicopatologia do Desenvolvimento – considerando, também, fatores neurobiológicos e temperamentais da criança, bem como as características do ambiente de crescimento (sobretudo a parentalidade), os autores explicam três diferentes perfis fenotípicos. A intervenção terapêutica proposta para cada um dos três perfis clínicos identificados articula-se em um percurso tanto para a criança e para os pais quanto para focos terapêuticos prevalentes.

No subtipo 1, no qual prevalece um componente ansioso ao lado do transtorno do comportamento, o terapeuta é convidado a intervir com estratégias que favoreçam uma maior regulação emocional e ampliem as competências de reconhecimento das próprias emoções, bem como das emoções alheias. Os autores fornecem uma série de sugestões e exemplificações para treinar a criança no reconhecimento das emoções críticas e de todos os sinais físicos e pensamentos que precedem e desencadeiam a mola da desregulação emocional e comportamental. No âmbito da intervenção terapêutica com os pais, os autores, por meio de um convite a uma análise guiada compartilhada entre terapeuta e cuidador – quanto às ações punitivas utilizadas para fins educacionais –, avaliam a eficácia e as consequências a respeito da criança. Para isso, eles buscam não só promover nos pais capacidades autorreflexivas e de autorregulação, como também reduzir a ansiedade que frequentemente move a escolha de uma estratégia coercitiva e/ou de controle posta em prática em relação ao filho.

No subtipo 2, prevalecem o déficit de empatia afetiva, o pouco sentimento de culpa e uma reduzida sensibilidade às reações do contexto e aos estados emocionais alheios, especialmente se caracterizados por emoções de medo, tristeza e dor. Os déficits assinalados são fatores de risco de derivações dissociais e distinguem crianças e adolescentes que pouco respondem a intervenções psicoterapêuticas e psicofarmacológicas. Não é simples rastrear as características descritas nesse subtipo com base na observação clínica que se faz da criança, e os autores fornecem uma série de estratégias que podem permitir à criança, além do terapeuta, analisar o próprio comportamento em termos de motivações, emoções prevalentes e consequências, com o objetivo de fornecer modelos mentais positivos de resolução de possíveis conflitos interpessoais. No igualmente complexo trabalho com os pais dessa tipologia de crianças, os autores nos fornecem valiosas sugestões para perturbar gradualmente convicções educativas, estratégias punitivas e circuitos reverberantes de agressividade mútua. Tal trabalho de rediscussão educativa poderá favorecer estratégias de gratificação e de gradual "aquecimento emocional" da relação entre pais e filho.

No subtipo 3, identificam-se transtornos do comportamento caracterizados por impulsividade considerável, por uma frequente comorbidade com TDAH e por significativas dificuldades em tolerar frustrações e recompensas inadequadas. Nesses casos, criança, pais e professores estão frequentemente envolvidos em episódios de elevado descontrole que surgem por mínimos estressores e diante de pequenos desvios do que a criança espera do contexto. O percurso terapêutico individual da criança é proposto pelos autores, nesses casos, como algo centrado na ampliação das estratégias de resolução de problemas, e isso ajuda a criança a analisar de modo funcional várias situações-problema para escolher soluções mais adaptativas. Nesse percurso, no qual a criança deve adquirir capacidades autorreflexivas que não são características do seu estilo operativo desde os primeiros anos de vida, os pais não só são indispensáveis apoiadores da generalização de estratégias de autorregulação adquiridas pela criança no percurso terapêutico, mas também devem reorganizar as próprias indicações educativas ao torná-las lineares, estáveis, com pressupostos e consequências claros e previsíveis, expressas com um tom de voz modulado e acompanhadas por uma atitude contida e empática. Os pais devem ampliar a capacidade de refletir antes de agir em sentido educacional, escolher o momento certo e a modalidade adequada para esclarecer uma regra ou aplicar uma punição.

Em todos os três subtipos, o trabalho terapêutico paralelo com a criança e com os pais é descrito de modo muito fluido e enriquecido de exemplos clínicos, de estratégias de dramatização e de resolução de aspectos críticos. O difícil trabalho do terapeuta, nessas situações clínicas frequentemente densas de obstáculos à terapia, parece de qualquer modo facilitado pela quantidade de informações adquiridas na fase de pré-tratamento que guiam não só a elaboração do tratamento, mas também a antecipação dos previsíveis passos críticos, permitindo a utilização de um conjunto de estratégias que facilitam o alcance de metas terapêuticas para a criança e sua família.

Com base em uma consolidada experiência terapêutica "em campo" e em um conhecimento da literatura científica, em todo o livro sente-se uma tensão produtiva e o constante objetivo de fornecer às diversas figuras – que se confrontam com a árdua empreitada de iniciar um percurso reabilitativo ou educacional com crianças que apresentam problemas de comportamento – instrumentos de avaliação e de intervenção que facilitem a sua tarefa. É um objetivo possível levar gradualmente a criança e os pais a manterem firmemente entre as suas mãos o leme da sua relação no mar frequentemente tempestuoso da vida cotidiana, fazendo escolhas "pensadas", adaptadas ao contexto e eficazes; talvez seja uma das poucas possibilidades evolutivas positivas que os nossos pacientes e as suas famílias podem esperar ter.

Introdução

Em um artigo recente, Burt et al. (2018) definem os transtornos do comportamento na infância e na adolescência como uma verdadeira crise de saúde dos tempos modernos. Em apoio a essa tese, apresentam dados que confirmam a disseminação epidêmica dessas dificuldades comportamentais em crianças e adolescentes, bem como a necessidade de intervenções direcionadas e precoces para interromper o caminho que submete esses sujeitos a um alto risco de problemas de adaptação, insucesso escolar e comportamentos antissociais. É também na idade pré-escolar que emergem cada vez mais crianças com dificuldades em regular suas emoções e em respeitar as regras.

Que fazer? Antes de tudo, é essencial uma mudança de perspectiva conceitual por parte dos contextos socioeducacionais: as graves dificuldades de regulação do comportamento não devem ser vistas, trivialmente, como problemas relacionados a falhas educativas por parte dos pais. Crianças com graves e precoces dificuldades comportamentais são crianças com necessidades especiais, e seria necessário ajudar as famílias a compreender e enfrentar essas necessidades de seus filhos. Do mesmo modo, seria necessário ajudar os professores a gerir e a prevenir as explosões comportamentais dessas crianças no contexto escolar.

Ao definir as necessidades especiais e as características dessas crianças, o presente volume sustenta a ideia de uma interação dinâmica e complexa entre variáveis de risco e variáveis protetoras no desenvolvimento das dificuldades precoces de comportamento. Portanto, haverá uma tentativa de delinear o que um operador deveria avaliar e aprofundar na fase de avaliação, fornecendo indicações práticas e instrumentos de avaliação atualizados. Serão indicados alguns processos cognitivo-afetivos que, com seu desenvolvimento atípico, podem contribuir para o surgimento do comportamento agressivo na criança e, para cada um deles, tentar-se-á oferecer uma descrição clínica e evolutiva, bem como algumas sugestões operacionais para a intervenção terapêutica com a criança e com seus cuidadores.

Este volume, portanto, propõe-se a fazer um panorama de uma área psicopatológica de grande interesse e de forte empenho para os serviços de saúde, de educação e de cunho social que, em vários níveis, se ocupam da infância e da idade escolar. Esperamos que isso possa ajudar quem opera nesse campo a colocar a raiva da criança e as possíveis constelações sintomatológicas a ela conectadas dentro de um modelo que faz do entrelaçamento entre fatores de risco biopsicossociais e padrões relacionais sua complexidade e, ao mesmo tempo, seu ponto de força, uma vez que é indispensável para captar as possíveis funções, os possíveis significados interpessoais do comportamento dissocial e, com estes, as dolorosas representações internas de si e do outro a eles subjacentes.

1
Abordagem descritiva dos transtornos do comportamento na infância e na adolescência

O que é a agressividade?

As crianças com dificuldades de comportamento são frequentemente agressivas. Quando, porém, falamos de agressividade, referimo-nos a um sentido amplo, que engloba em seu interior manifestações variadas e diferentes.

Geralmente, distinguimos os comportamentos agressivos fazendo referência a duas dimensões: a *forma* e a *função*. A forma refere-se ao modo como o comportamento em si é emitido, o *como*: logo, por exemplo, poderá haver agressividade de tipo físico, verbal ou relacional. A função, por sua vez, diz respeito às motivações subjacentes a um determinado ato agressivo, o *porquê*: talvez o comportamento fosse necessário para atingir um objetivo, para obter uma vantagem, ou representasse a resposta comportamental ligada a uma emoção (não necessariamente a raiva) de base.

Entrando mais em detalhe, podemos distinguir três formas principais de agressividade. A *agressividade física* prevê o uso da força, assim como a ameaça de ferir uma pessoa. Ela pode manifestar-se de muitas maneiras, como morder, dar chutes ou socos, pegar as coisas dos outros ou empurrar. A *agressividade relacional*, por sua vez, prevê dar fim – ou também, neste caso, a ameaça de dar fim – a uma relação, com a intenção de ferir o outro; fazem parte desta categoria a fofoca, a difusão de mentiras a respeito de um colega, a divulgação de segredos e a exclusão ativa de alguém de uma relação. Por fim, a *agressividade social* engloba formas de agressividade (verbal e não verbal) que têm o preciso propósito de danificar a autoestima e o *status* social da vítima. Comportamentos típicos da agressividade social são os insultos.

No âmbito das funções, em contrapartida, costumamos distinguir a *agressividade proativa* da *agressividade reativa*. A agressividade proativa é caracterizada por comportamentos intencionais, premeditados, instrumentais e voltados ao alcance de um objetivo preciso; é definida, de fato, também como agressividade fria. A agressividade reativa, ao contrário, é uma forma quente de agressividade; diz respeito a comportamentos impulsivos, hostis e vingativos, postos em prática em resposta ao comportamento ou às ofensas, reais ou percebidas, dos outros.

Toda forma de comportamento agressivo generalizado tem um forte fator de risco genético. Para retomar alguns dados, estudos estimam que os fatores genéticos sejam capazes de explicar 65% da variação em relação aos comportamentos agressivos; e 48% deles, de delinquentes (Burt, 2009). Resultados semelhantes emergem no que diz respeito à agressividade física (Brendgen et al., 2005). Em contrapartida, sustentar uma predisposição genética para um comportamento não indica de que modo a suscetibilidade genética tenha modificado a trajetória de vida do indivíduo. Em outras palavras, correlações entre fatores ambientais e características genéticas parecem ser determinantes para o desenvolvimento de comportamentos agressivos, mas ainda não está claro quais tipos de correlações genótipo-ambiente (*rGE*) desempenham o papel principal nesse processo. Distinguem-se, de fato, três tipos de correlações genótipo-ambiente: falamos de *rGE* ativas (ou seletivas), quando um indivíduo seleciona e modifica ativamente o seu ambiente com base nas suas características geneticamente determinadas. Este é o caso em que, por exemplo, um jovem com problemas de agressividade, determinados pelo menos parcialmente por fatores genéticos, escolherá juntar-se voluntariamente a grupos de amigos com as mesmas características. Quando, em vez disso, as características (geneticamente determinadas) de um indivíduo induzem reações específicas no ambiente social, temos uma *rGE* evocativa: é possível, portanto, que a agressividade de uma criança induza respostas de rejeição e uma antipatia geral por parte dos pares, que causará a exclusão social da própria criança. Em ambos os exemplos, as características do ambiente são diretamente influenciadas pelas características herdadas da criança. O terceiro tipo de correlações é representado pela *rGE* passiva: nesse caso, trata-se das características pessoais dos pais, também parcialmente determinadas por fatores genéticos, a influenciar o ambiente da criança. As experiências ambientais que são oferecidas à criança não são provocadas, portanto, pelo seu comportamento, mas pelo dos pais: por exemplo, as crianças cujos pais têm uma disposição genética para comportamentos agressivos estão sujeitas a passar, com mais frequência, por práticas disciplinares rígidas, independentemente das suas características e do seu comportamento.

Outro aspecto a considerar são as interações gene-ambiente (G×E), ou seja, os processos pelos quais a expressão de uma disposição genética varia em função do ambiente ou o efeito do ambiente varia com base em uma disposição genética. Também neste caso, os mecanismos que orientam as interações G×E são múltiplos. Fala-se de gatilho (*trigger process*) quando uma condição ambiental provoca ou exacerba uma disposição genética. Um exemplo de gatilho ocorre quando uma criança, com uma predisposição genética, vítima de contínuas perseguições por parte dos colegas, desenvolve comportamentos agressivos. Nesse caso, a vitimização favoreceu a manifestação de uma predisposição genética. Quando as condições ambientais reduzem o papel dos fatores genéticos na explicação das diferenças interindividuais no comportamento, temos um *processo de supressão*. Com certa facilidade, podemos imaginar que a exposição à guerra, por exemplo, possa favorecer o surgimento de comportamentos agressivos até mesmo em sujeitos desprovidos de uma vulnerabilidade genética.

Finalmente, podemos ter uma interação G×E induzida por um *processo de compensação*: um ambiente positivo reduz ou, no melhor dos casos, previne a expressão genética de um comportamento problemático. Para dar um exemplo: uma criança, com uma suscetibilidade genética, se exposta a um ambiente de apoio, poderia deixar de desenvolver problemas relacionados à agressividade.

Além disso, os fatores genéticos influenciam muito o impulso para comportamentos agressivos, tanto os de natureza reativa quanto os de proativa. De qualquer forma, é necessário considerar que isso não significa que os fatores genéticos sejam os únicos a desempenhar um papel na etiopatogenia dos problemas de agressividade, e é igualmente importante não pensar que a presença de uma vulnerabilidade genética ocasione inevitavelmente o desenvolvimento de comportamentos agressivos. De fato, muitos estudos demonstraram que os fatores ambientais exercem uma influência considerável em moderar o impulso genético para a agressividade. A esse respeito, são de extrema importância o contexto familiar, com particular referência ao estilo de parentalidade adotado pelos cuidadores (cf., p.ex., Hyde et al., 2016), o contexto escolar e a relação com os pares (cf., p.ex., Brendgen et al., 2008, 2011). Sai parcialmente do quadro delineado a agressividade relacional. Estudos evidenciaram que apenas 20% da variância é explicada por fatores genéticos (p.ex., Brendgen et al., 2005): ela parece estar mais ligada ao contexto em que a criança cresce e a quanto este aprova ou desaprova comportamentos de agressividade relacional.

Essencialmente, o que os clínicos veem é como essa delicada interação entre genética e ambiente dá origem a diferentes padrões de ativação do sistema nervoso autônomo (SNA). O SNA é composto por dois ramos diferentes: o sistema nervoso simpático (SNS), que é o sistema encarregado de preparar o organismo para os mecanismos de ataque, ou de fuga, em situações de ameaça ou perigo; e o sistema nervoso parassimpático (SNP), que se ocupa, por sua vez, de restabelecer o equilíbrio e trazer o corpo a um estado de quietude. Diferentes graus de ativação parecem associar-se especificamente à agressividade reativa e à proativa. Em particular, a agressividade reativa acaba por ser associada a uma hiperativação autonômica geral, que parece refletir uma resposta automática ao estresse e às emoções negativas, à qual as crianças reagem com comportamentos agressivos. Quando os estímulos são percebidos como uma ameaça, o SNS prevalece, levando a um aumento da pressão sanguínea e da frequência cardíaca. Ao contrário disso, a agressividade proativa parece associar-se a uma hipoativação autonômica: sujeitos com hipoativação do SNA têm dificuldade em prestar atenção e em responder aos estímulos ambientais e, por isso, poderiam ter um maior risco de desenvolver comportamentos agressivos. A agressividade proativa manifesta-se, portanto, em crianças menos sensíveis aos aspectos positivos do ambiente que as rodeia. Nesta perspectiva, as experiências sociais precoces assumem um papel de extrema relevância.

Queremos agora oferecer uma visão geral da abordagem clínica dos comportamentos agressivos em crianças na idade pré-adolescente. Essa abordagem responde, de fato, a uma pergunta que frequentemente um clínico do desenvolvimento faz para si, ou seja: "O que devo avaliar para ter certeza da presença de um determinado quadro diagnóstico?", e ainda: "Quais instrumentos podem me guiar na identificação de um determinado quadro diagnóstico?"

Dedicar o primeiro capítulo deste volume ao enquadramento diagnóstico dos problemas comportamentais na infância e na adolescência pode ajudar o clínico, antes de tudo, a esclarecer quais são os aspectos sintomatológicos e, em particular, os critérios que permitem formular um diagnóstico descritivo preciso. Esse diagnóstico permite delinear um transtorno específico que pode ser "subtipificado", examinando variáveis como a época de surgimento, a presença de familiaridade e as características temperamentais da criança. Esse objetivo nosográfico, compartilhado pelos principais manuais diagnósticos, busca, sobretudo, identificar entidades clínicas específicas às quais direcionar intervenções terapêuticas costuradas nas características do quadro que o clínico tem diante de si.

Os transtornos do comportamento disruptivo (TCD), mais precisamente o transtorno desafiador de oposição (TDO) e o transtorno da conduta (TC), constituem também em nosso país um dos motivos mais frequentes de solicitação de consulta nos Serviços de Saúde Mental da Infância e Adolescência. Menores que apresentam quadros clínicos referentes a essa categoria diagnóstica apresentam elevados riscos evolutivos e um comprometimento relevante e pervasivo do seu funcionamento adaptativo, e isso frequentemente torna malsucedido seu percurso tanto no âmbito escolar quanto social. Seus problemas comportamentais influenciam negativamente o funcionamento do contexto familiar, escolar e social no qual crescem ou são inseridos nas várias fases da sua vida. Por fim, suas trajetórias evolutivas em direção à idade adulta podem levar ao desenvolvimento de várias patologias ligadas à marginalidade social, como no caso do desenvolvimento de um transtorno da personalidade antissocial ou de um transtorno de abuso ou dependência de substâncias (Frick & Viding, 2009).

Ressaltamos desde já que os problemas de comportamento ao longo do desenvolvimento, como a agressividade e os problemas de conduta, podem manifestar-se na criança pelas mais diversas razões. Podem manifestar-se durante as passagens evolutivas e de crescimento, em sequência a eventos de vida que a criança não consegue enfrentar com os próprios recursos, ou ainda em decorrência de descompensações no quadro familiar às quais a criança reage com raiva. A atenção do clínico deve certamente também voltar-se para a análise da história do sintoma da criança (cf. capítulo 3), mas, primeiramente, deveria, a nosso ver, voltar-se para uma atenta resposta a três perguntas:

1. Há quanto tempo os comportamentos "sintomáticos" estão presentes na criança?
2. Com que frequência a criança manifesta esses comportamentos?
3. Posso considerar-me seguro de que ela manifesta esses comportamentos em pelo menos dois contextos da vida (p.ex., escola e casa)?

A busca atenta de uma resposta a cada uma dessas três perguntas orientará o clínico a poder definir a situação que tem diante de si como localizável dentro de um quadro nosográfico, que pressupõe uma intervenção primária nos sintomas da criança e nos fatores contextuais que contribuem para a manutenção de tal sintoma (cf. capítulo 4). No caso em que se exclua a presença de um quadro diagnóstico específico, a intervenção primária deve ser projetada a fim de identificar e modular o fator de descompensação que levou a criança a manifestar alguns comportamentos agressivos. Nos próximos parágrafos, tentaremos descrever o que é essencial avaliar para obter um amplo e completo quadro diagnóstico.

Evolução nosográfica dos TCD

A importância de descrever quadros clínicos associados ao surgimento de condutas antissociais, entre os transtornos psiquiátricos que surgem na infância e na adolescência, remonta à publicação do DSM-II (1968). Nessa edição, de fato, descreviam-se três tipologias clínicas que se relacionavam a três diferentes comportamentos de desvio: as condutas de fuga, as condutas agressivas não socializadas e as condutas delinquentes de grupo. O DSM-II descreve essas tipologias clínicas com base tanto em estudos observacionais quanto na análise dos agrupamentos [*clusters*] sintomáticos evidenciados em populações de menores que chegavam à atenção da justiça juvenil. Os comportamentos disfuncionais descritos eram interpretados como modalidades reativas, motivadas também por um impulso "autoconservativo", que a criança ou o adolescente colocava em prática em contextos familiares caracterizados por esquemas educacionais inconsistentes ou excessivamente punitivos e em contextos sociais desfavorecidos nos quais o monitoramento dos adultos era de qualquer modo muito reduzido.

No DSM-III (1980), aparecem pela primeira vez as categorias diagnósticas do transtorno desafiador de oposição (TDO) e do transtorno da conduta (TC) associadas ao transtorno de déficit de atenção/hiperatividade (TDAH), dentro da subclasse dos transtornos do comportamento disruptivo, subclasse esta, por sua vez, localizada no grande capítulo dos transtornos da infância, pré-adolescência e adolescência. Em comparação ao proposto no DSM-II, é evidente a passagem a uma visão dessas patologias como não exclusivamente "reativas" ao contexto de vida do menor, mas motivadas por características endógenas da criança/adolescente que se entrelaçam a fatores de risco ambientais.

A formulação presente no DSM-III do TDO, de fato, previa a presença de pelo menos dois sintomas nos últimos seis meses, com comprometimento clinicamente significativo do funcionamento social, escolar ou laboral do sujeito. Os dois sintomas deviam ser escolhidos entre cinco condutas problemáticas: violação de regras menores, crises de raiva, argumentatividade, condutas provocativas, excessiva teimosia. Na descrição dos critérios diagnósticos do TC, destacava-se a maior gravidade das condutas desviantes presentes e a essas condutas devia subentender-se o objetivo de prejudicar os direitos ou a incolumidade dos outros e/ou a vontade de não aderir às principais regras sociais.

No DSM-III, destacava-se também a importância de distinguir as duas categorias diagnósticas TDO e TC, que, embora compartilhassem fatores de risco e modelos etiológicos comuns e um (TDO) facilitasse o surgimento do outro (TC), não podiam ser diagnosticados em comorbidade. Na descrição dos critérios diagnósticos do TC, propunha-se também uma primeira subtipificação, com base tanto nas condutas disfuncionais prevalentes, se agressivas (condutas heterolesivas) ou não agressivas (condutas de furto ou de mentira), bem como com base nas potencialidades relacionais do menor, distinguindo se presentes em um sujeito inserido num contexto social ou num sujeito que tende a se isolar. Essa última subtipificação buscava distinguir duas tipologias de menores com TC, particularmente interessantes do ponto de vista das modificações propostas mais recentemente na nova formulação do DSM-5. De fato, os menores com TC que, de qualquer modo, apresentavam competências relacionais e capacidades empáticas e de sintonização emocional para com os pares eram distintos dos menores que apresentavam competências emocionais insuficientes e uma específica dificuldade em sentir-se culpados após atos agressivos ou dissociais. Estes últimos, avaliados em estudos longitudinais, tinham um prognóstico pior, com maior risco de deriva antissocial, e chegavam mais frequentemente à atenção da justiça juvenil.

O esforço descritivo do DSM-III, tanto na definição específica de diferentes categorias diagnósticas para TDO e TC quanto na delimitação de subtipos no TC, na verdade não produziu, como desejado, uma melhoria significativa da concordância diagnóstica entre clínicos, alguns dos quais criticaram a categorização proposta como uma tentativa de estigmatizar condutas agressivas parafisiológicas na infância e na adolescência. Além disso, os critérios diagnósticos para o TDO foram criticados por serem muito vagos, acabando por descrever uma forma menor ou inicial de TC mais do que uma entidade clínica específica.

Nos anos seguintes, em particular na revisão do DSM-III (APA, 1987) e nos anos que precederam a publicação do DSM-IV (APA, 1994) e DSM-IV-TR (APA, 2000), o grupo de trabalho envolvido na nova formulação dos critérios diagnósticos do TC tendeu a ampliar o conjunto de critérios sintomatológicos do TDO, adicionando condutas disfuncionais adicionais, como ser malicioso ou vingativo, irritado e ressentido. Além disso, para evitar a sobrestimação clínica de comportamentos parafisiológicos, nos critérios diagnósticos do TDO foi adicionada à sugestão de considerar um comportamento disfuncional apenas se manifestado mais frequentemente do que o observado tipicamente em sujeitos comparáveis por idade e nível de desenvolvimento. Também os critérios diagnósticos do TC foram modificados, ao serem inseridas condutas que descreviam de maneira mais circunstanciada as modalidades agressivas em relação a pessoas ou animais, ao passo que, para as condutas de fraude ou mentira, foram inseridas especificações sintomatológicas voltadas a estigmatizar a gravidade dessas condutas, avaliando tanto a intenção instrumental e, portanto, premeditada quanto a precocidade de início (antes dos 13 anos). O objetivo dessa tipificação era distinguir as formas precoces (consideradas mais infaustas em termos de prognóstico, pois estão mais frequentemente associadas ao desenvolvimento de condutas de desvio social em idades posteriores) das formas adolescentes (mais sensíveis às intervenções terapêuticas e frequentemente limitadas a essa faixa etária em seu curso em direção à resolução sintomatológica).

No DSM-IV e no DSM-IV-TR, dá-se continuidade à escolha da edição anterior, mantendo o TDO e o TC em um grupo unitário com o TDAH, incluído por sua vez no agrupamento relativo aos transtornos psiquiátricos que surgem usualmente na infância e na adolescência. Nessa edição, porém, essa escolha refere-se não apenas às semelhanças sintomatológicas entre os transtornos, mas à presença de fatores etiológicos comuns e à sua frequente associação tanto em quadros de comorbidade quanto de *continuum* evolutivo.

A nova concepção dos transtornos do comportamento no DSM-5

Para muitos autores (Moffit et al., 2008), os critérios diagnósticos propostos para o TDO e o TC no DSM-IV também não conseguiram reduzir o fenômeno da elevada comorbidade desses transtornos nem identificar grupos específicos de indivíduos que se diferenciam pela gravidade sintomatológica, pelo curso e pelo prognóstico entre aqueles que têm em comum a presença de condutas agressivas e/ou antissociais. Carol Bernstein destaca como os clínicos que utilizam o DSM-IV frequentemente enfrentam o desafio de diagnosticar muitos pacientes, associando múltiplas categorias diagnósticas (Bernstein, 2011). De fato, muitos *clusters* de transtornos tendem a apresentar elevada comorbidade, como ocorre com os transtornos do chamado "*cluster* internalizante" e com os transtornos caracterizados por comportamentos disruptivos, que se enquadram no "*cluster* externalizante". A autora questiona se talvez não seja mais adequado identificar formas de "espectro" para diversas categorias de transtornos, à semelhança do que se fez recentemente para a nova categorização do transtorno do espectro autista. Por exemplo, em um estudo no qual se compararam as capacidades preditivas de desfecho clínico na idade adulta para indicadores do TDO e do TC expressos de maneira dimensional ou categórica, constatou-se que o modelo dimensional torna possível detectar quadros subclínicos de TDO ou TC que ainda constituem um índice significativo de risco evolutivo (Fergusson, Boden & Horwood, 2010).

Em geral, ainda estamos distantes da aceitação de uma abordagem dimensional para o diagnóstico descritivo na infância e na adolescência; por outro lado, o DSM-5 certamente alcançou alguns objetivos a que se propôs.

Os grupos de trabalho encarregados de revisar o DSM procuraram fornecer critérios mais específicos que permitissem delinear a gravidade da patologia mental, propondo a utilização de um critério dimensional ao lado do categórico, que foi o único adotado até a edição anterior do manual. Dessa maneira, para avaliar a presença de um transtorno específico, não é mais necessário apenas verificar a presença ou a ausência de um indicador sintomatológico, mas também avaliar o grau de intensidade na sua apresentação e, assim, o grau de prejuízo que o sintoma causa no funcionamento global do indivíduo.

A maior parte dos instrumentos de avaliação da psicopatologia infantojuvenil, utilizados tanto em âmbito clínico quanto de pesquisa ou epidemiológico, baseia-se em uma abordagem dimensional ao sintoma e, portanto, fornece índices de variação dos sintomas; para tanto, consideram-se faixas normativas e permite-se não só reunir elementos clínicos de várias fontes de informação (paciente, pais, professores), como também, por consequência, avaliar o sintoma em diferentes contextos de vida do menor.

Outro conceito a respeito do qual se organizou a nova estrutura do DSM-5 é "a perspectiva de desenvolvimento". Sabemos, de fato, que a maior parte dos transtornos psiquiátricos da idade adulta pode apresentar um início precoce no ciclo vital. Esse critério foi escolhido para organizar a sequência das categorias diagnósticas inseridas, a começar justamente com os transtornos do neurodesenvolvimento (TN), nos quais permanece inserida boa parte dos transtornos que, no DSM-IV, estavam incluídos na categoria "transtornos da infância e da adolescência". Além disso, na organização interna das outras categorias diagnósticas, utiliza-se um gradiente conforme a idade de início, inserindo primeiro os transtornos que têm mais frequentemente início na infância (APA, 2013).

Os grupos de trabalho que participaram da elaboração do DSM-5 discutiram o critério segundo o qual os vários transtornos são incluídos em uma mesma categoria diagnóstica. O princípio escolhido foi o da partilha de características comuns, que estão na base de manifestações sintomatológicas que também podem ser diversas, mas que se referem a alguns fatores específicos (Krueger & South, 2009). Os fatores compartilhados pelos transtornos que são agrupados dentro da mesma categoria diagnóstica são fatores de risco (genéticos, familiares, ambientais), substratos neuronais e marcadores biológicos, aspectos específicos temperamentais, anomalias dos processamentos cognitivos ou emocionais, manifestações sintomatológicas, paralelismos no curso evolutivo e, finalmente, qualidade de resposta ao tratamento. Na seção dedicada aos TN, por exemplo, a escolha foi inserir entidades clínicas que têm uma elevada prevalência no período do desenvolvimento e que são caracterizadas por uma relevante alteração da evolução do desenvolvimento normal do sistema nervoso central (Andrews et al., 2009).

Transtornos disruptivos, do controle de impulsos e da conduta

No que tange à categoria que, no DSM-IV, definia-se como transtornos de déficit de atenção/hiperatividade e de comportamento disruptivo; no DSM-5, o TDAH encontra-se inserido nos TN, ao passo que o TDO e o TC situam-se em uma categoria diagnóstica separada, denominada transtornos disruptivos, do controle de impulsos e da conduta. A escolha de manter o TDAH no capítulo dos TN baseia-se na presença, como nos outros transtornos inseridos nessa categoria, de sintomas precoces, que geralmente se manifestam antes dos 12 anos e são caracterizados por déficits específicos do curso evolutivo cognitivo normal, com referência particular aos processos de seleção atencional e às funções executivas. Tais déficits, porém, no TDAH – ao contrário do que ocorre na maior parte dos TN –, não tendem a permanecer estáveis durante o crescimento, dado que, em 50% dos casos, o TDAH tende a desaparecer na idade adulta. A permanência na idade adulta parece ser facilitada pela presença de uma forma combinada, pela comorbidade com outros transtornos psiquiátricos, como o TC, pela presença de uma familiaridade psiquiátrica e de um substrato neurobiológico específico (para uma revisão, cf. Faraone et al., 2005).

Além disso, como ocorre para os outros transtornos inseridos nos TN, há uma dificuldade precoce e relevante de adaptação. Em particular, esse aspecto é evidente já na idade pré-escolar ou no início escolar, não só no âmbito familiar, mas sobretudo nos contextos de compartilhamento social, como a escola (Andrews et al., 2009). Para o TDAH, assume-se, portanto, também uma continuidade ao longo da vida, mas mantém-se em mente que o TDAH em adultos é uma patologia de difícil identificação. Os adultos que se dão conta de ter problemas de desatenção, desorganização e esquecimento são muitos, mas são ainda mais numerosos os que, apesar de sofrerem as graves consequências de sua patologia, não têm a mínima consciência de sua problemática ou os que nunca receberam um diagnóstico. Por essa razão, são condenados a enfrentar repetidos fracassos e sempre as mesmas dificuldades. Ao longo dos anos, as causas desses fracassos são atribuídas ao próprio caráter, à própria impulsividade ou à pouca capacidade de refletir antes de agir, de modo que esses sujeitos são levados a uma autoculpa. Nesses casos, as técnicas de intervenção existem e não consistem em simples adaptações das terapias empregadas com crianças. Um livro exaustivo e rico em sugestões diretamente aplicáveis no âmbito clínico foi escrito por Robert J. Resnick, sob o título *The hidden disorder: A clinician's guide to attention deficit hyperactivity disorder in adults* (2000).

Quanto ao TDO e ao TC, a decisão que prevaleceu foi a de constituir uma categoria diagnóstica separada na qual inserir todos os transtornos que compartilham um modo de expressão externalizante. Na categoria transtornos do comportamento disruptivo, do controle de impulsos e da conduta, estão inseridos estes:

- Transtorno desafiador de oposição, 313.81 (F91.3)
- Transtorno explosivo intermitente, 312.34 (F63.81)
- Transtorno da conduta, 312.81 (F91.1): tipo com início na infância; 312.82 (F91.2): tipo com início na adolescência; 312.89 (F91.9): tipo com início não especificado
- Transtorno da personalidade antissocial, 301.7 (F60.2)
- Piromania, 312.33 (F63.1)
- Cleptomania, 312.32 (F63.2)
- Outro transtorno disruptivo, do controle de impulsos ou da conduta especificado, 312.89 (F91.8)
- Transtorno disruptivo, do controle de impulsos e da conduta não especificado, 312.9 (F91.9)

A complexidade por trás do diagnóstico de TDO

O TDO é um transtorno comportamental caracterizado por sintomas como humor raivoso/irritável, comportamento rebelde e teimoso (Stringaris & Goodman, 2009); ele afeta cerca de 10% das crianças (Angold, Costello & Erkanli, 1999; Costello et al., 2003). Está associado a um risco aumentado de incidência em outras formas de psicopatologia, incluindo outros transtornos comportamentais, bem como problemas tanto de humor quanto de ansiedade (Kerr, Lunkenheimer & Olson, 2007; Lavigne et al., 2001; Pihlakoski et al., 2006). O TDO, como outros transtornos comportamentais, está associado em longo prazo a disfunções no funcionamento escolar e social (Campbell et al., 2006; Spira & Fischel, 2005).

Em primeiro lugar, vejamos como nos orientar no diagnóstico diferencial entre TDO e TDAH, considerando que frequentemente esses transtornos se apresentam em comorbidade. É possível que haja essa comorbidade pelo fato de que tanto o TDO quanto o TDAH parecem implicar interrupções no funcionamento das aminas, particularmente nos circuitos dopaminérgicos frontoestriatais e nos circuitos serotoninérgicos ascendentes (Beauchaine, Hinshaw & Pang, 2010). Com base nessa conceitualização, estudos acerca dos genes candidatos para os referidos transtornos confirmaram que polimorfismos que influenciam a transcrição dos genes envolvidos nos sistemas de neurotransmissão serotoninérgicos e dopaminérgicos são fatores de risco tanto para o TDO quanto para o TDAH (Burt & Mikolajewski, 2008; Faraone et al., 2005). Além disso, frequentemente a presença de uso de regras educativas inconsistentes ou severas no contexto familiar pode favorecer a ocorrência de comportamentos opositores em crianças com um diagnóstico primário de TDAH. No entanto, podemos encontrar tanto na criança quanto em seu contexto familiar algumas características que nos orientem na formulação de um diagnóstico primário de TDO.

O TDAH é caracterizado, primariamente, por sintomas de desatenção, hiperatividade e impulsividade. A característica clínica primária da criança com TDAH é a falta de controle voluntário do comportamento. A manifestação da falta de controle se difunde em todos os ambientes de vida da criança, e, sobretudo, a "mola" do comportamento descontrolado é a inquietação interna, ao invés de um evento externo, como na criança caracterizável como TDO. Entre os fatores-chave associados a um TDO primário, encontramos a presença de conflitos familiares (p.ex., conflito interparental e ciclos coercitivos com o filho) e o uso recorrente que os pais fazem de uma disciplina inconsistente (Ellis & Nigg, 2009). Além disso, podem-se delinear empiricamente caminhos cada vez mais complexos em direção ao TDO que sugerem a importância das interações entre influências ambientais e genéticas. Regiões genéticas particulares, como a região polimórfica associada ao polimorfismo do promotor 44-bp do gene do transportador da serotonina (5HTTLPR), podem influenciar a sensibilidade a eventos ambientais adversos nas crianças (Belsky & Pluess, 2009; Kochanska, Philibert & Barry, 2009). Em contrapartida, crianças com esse alelo apresentam maiores problemas de regulação comportamental e emocional diante das adversidades ambientais.

A sensibilidade emocional ao ambiente é, portanto, a característica clínica que pode orientar o profissional para o diagnóstico primário de TDO, ainda que haja dúvida sobre a presença ou ausência de TDAH. Para o desenvolvimento de um TDO, os tipos de adversidade ambiental mais implicados são as interações afetivas negativas entre pais (ou entre pais e filho) e o surgimento da culpa na criança em razão do conflito interparental (Burke, Pardini & Loeber, 2008; Kochanska, Philibert & Barry, 2009). O sentimento de culpa é a emoção moral mais presente nas crianças com TDO, mas ela não caracteriza as crianças com TDAH. Teoricamente, o sentimento de culpa – às vezes associado ao conflito interparental – parece predispor as crianças a adotarem um estilo interpessoal negativo que acaba por caracterizar suas interações com os outros e pode aumentar os traços disposicionais, como o neuroticismo – ou seja, o que os pais descrevem como "nada nunca está bom".

Entretanto, o alto neuroticismo pode assumir, com o passar do tempo, a forma de um quadro verdadeiro de TDO (Stringaris & Goodman, 2009). O estudo de Martel et al. (2010) demonstra bem essa hipótese, pois mostra como um genótipo específico do 5HTTLPR prediz os sintomas de TDO; mas as crianças com o alelo curto de baixo funcionamento do 5HTTLPR pareciam mostrar alto neuroticismo e altos níveis de oposição apenas quando expostas a fatores ambientais, como o conflito interparental. Essas crianças também parecem mais propensas a seguir um caminho orientado pelo alto nível de culpa em relação ao conflito interparental. Uma possível implicação clínica para esse resultado (o qual retomaremos no capítulo 4) é que o tratamento do TDO pode ser particularmente eficaz se forem incluídos entre os alvos a ansiedade (ou a culpa) da criança e o conflito parental. Do mesmo modo que a sensibilidade ao ambiente (neuroticismo e sentimento de culpa) é uma característica clínica que frequentemente se associa ao TDO, e não ao TDAH, assim também a pobre capacidade de resolução de problemas (entendida como capacidade de controle voluntário do comportamento) é a característica clínica que frequentemente se associa ao TDAH e nem sempre ao quadro de TDO (Sonuga-Barke et al., 2009).

No entanto, é bom saber que o TDO, definido segundo o DSM-IV, permite identificar também formas precoces que surgem na idade pré-escolar e que, em uma percentagem elevada (80%), tendem a se manter estáveis nos três anos seguintes ao primeiro diagnóstico (Keenan et al., 2010). A revisão dos critérios do TDO no DSM-5 foi orientada, em particular, por um trabalho de Stringaris e Goodman (2009). Nesse estudo epidemiológico, os sintomas que se referem ao componente emocional do TDO, relacionados à irritabilidade ou a uma sensibilidade particular às frustrações e a uma suscetibilidade excessiva pessoal, são delineados como preditores do desenvolvimento, em idades posteriores, de um transtorno do humor. Esse dado também é confirmado pelo *Great Smoky Mountain Study*, conduzido por Copeland de 1993 a 2003, no qual o diagnóstico de TDO efetuado na idade escolar ou na adolescência mostra-se um fator preditivo para transtornos afetivos na idade adulta. Entretanto, as manifestações comportamentais do TDO, como a vingatividade, parecem ser indicadores de uma evolução para quadros clínicos caracterizados por problemas de conduta.

No âmbito sintomatológico, para receber o diagnóstico de TDO, tal como indicado pelo DSM-5 (para os critérios completos, cf. APA, 2013), uma criança deve apresentar um humor irritável ou raivoso, comportamento questionador ou desafiante, bem como condutas vingativas. No entanto, essas condutas devem ser persistentes – ou seja, perdurar por pelo menos seis meses – e manifestar-se em vários contextos de vida da criança. O grupo profissional que colaborou na revisão dos critérios diagnósticos para o TDO destacou a importância da inclusão de algumas especificações quanto à frequência de alguns sintomas, de modo que se adaptem os critérios de frequência à idade do paciente. Essa proposta tem o objetivo de aumentar a validade dos critérios diagnósticos, especialmente para crianças em idade pré-escolar, a fim de que isso facilite intervenções terapêuticas específicas com inegáveis repercussões positivas no âmbito da prevenção. As modalidades e a frequência com que esses comportamentos se manifestam permitem distinguir um comportamento normativo de um sintomático; logo, em uma criança que ainda não completou 5 anos de idade, devem-se apresentar por mais dias em seis meses, ao passo que nas crianças mais velhas, ao menos uma vez por semana no mesmo período de tempo. Apesar disso, é apropriado considerar todos os fatores que podem nos ajudar a compreender se esses comportamentos são adequados não só à idade da criança, mas também ao sexo, ao seu nível de desenvolvimento e ao seu contexto sociocultural.

No DSM-IV, a presença dos critérios diagnósticos para o TC constituía um critério de exclusão para o diagnóstico de TDO; no DSM-5, porém, esse critério de exclusão não é confirmado, dado que alguns estudos mostraram como o diagnóstico de TDO constitui um fator preditivo prognóstico, independentemente da presença de um TC (Burke, Waldman & Lahey, 2010). De fato, em um interessante estudo longitudinal no qual se estudou a evolução dos sintomas do TDO e do TC, notou-se como as trajetórias evolutivas dos dois transtornos são independentes e como a presença de um TDO não aumenta o risco de desenvolver um TC, exceto no caso em que estejam presentes quadros clínicos subliminares de TC. Além disso, a presença de uma comorbidade entre TDO e TDAH não parece facilitar, em populações não clínicas, uma transição de TDO para TC (Buitelaar, 2011). No DSM-5, especifica-se também que, para efetuar um diagnóstico de TDO, não devem ser cumpridos os critérios para um transtorno disruptivo da desregulação do humor.

TDO e transtorno disruptivo da desregulação do humor

Voltando aos critérios de exclusão, que, sem dúvida, guiam o clínico também no diagnóstico diferencial, convém fazer referência, em particular, à nova categoria diagnóstica do transtorno disruptivo da desregulação do humor (TDDH). Essa nova entidade clínica é inserida no capítulo dos transtornos depressivos como primeira categoria diagnóstica, justamente porque faz referência a uma forma clínica que surge predominantemente no período do desenvolvimento. A descrição dos critérios do TDDH é centrada em condutas comportamentais caracterizadas por um descontrole dos impulsos que podem amplamente evocar características comportamentais dos menores com TDO.

No entanto, para o diagnóstico de TDDH (para os critérios completos, cf. APA, 2013), é necessário que a criança apresente, com muita frequência, graves explosões de raiva, inadequadas em relação ao seu nível de desenvolvimento. Durante esses episódios, pode manifestar agressividade verbal e física. O humor da criança aparece, geralmente, irritável ou zangado. Trata-se de uma categoria diagnóstica pensada principalmente para as crianças em idade escolar particularmente sensíveis aos fatores ambientais; convém, portanto, averiguar a eventual presença de eventos que possam ter favorecido a mudança de humor.

Os critérios do TDDH, como é fácil notar, têm muitos aspectos em comum com os necessários para estabelecer diagnóstico de TDO, embora o grupo profissional que os elaborou marque que o diagnóstico diferencial não seja tão complexo, uma vez que apenas uma pequena parte dos menores com TDO pode apresentar também os critérios para TDDH, dada a evidente maior gravidade dos critérios diagnósticos presentes neste último transtorno. Somado a isso, os critérios para o TDO incluem a expressão "frequente" como elemento de quantificação do sintoma, e é possível estabelecer diagnóstico de TDO somente com base na presença de condutas provocativas sem que haja altos níveis de irritabilidade; no TDDH está presente, contudo, um persistente humor negativo (irritável, triste ou irado).

Vale lembrar que essa nova categoria diagnóstica encontra ampla descrição em muitos trabalhos recentes de autores que se ocuparam do transtorno bipolar na infância e na adolescência e que procuraram analisar as razões do enorme aumento nessa faixa de idade, nos últimos dez anos, desse diagnóstico. Em particular, deve-se a Ellen Leibenluft a descrição de um quadro clínico que a autora denominou "grave desregulação do humor". A autora descreve a necessidade de agrupar, nessa designação, os quadros clínicos que dizem respeito a sujeitos em período do desenvolvimento para os quais o diagnóstico de transtorno bipolar não é completamente apropriado e que apresentam irritabilidade grave, não episódica e sintomas de hipervigilância que podem ser característicos do episódio maníaco, no qual a irritabilidade é acompanhada de um humor elevado, mas que não há como precisar um período com limites temporais claros como exigem os critérios diagnósticos do DSM-5 para o diagnóstico de um transtorno bipolar (Baroni, Towbin & Leibenluft, 2009).

Alguns autores (Brotman, Egger & Leibenluft, 2006) perguntaram-se se esses quadros de grave desregulação do humor podem representar uma modalidade de apresentação da mania no período do desenvolvimento; para verificar essa hipótese, utilizaram estudos longitudinais de amostras de menores com essas características clínicas, comparando-os com amostras de menores com diagnóstico de transtorno bipolar e controles. Em outros estudos, preferiu-se uma metodologia de avaliação longitudinal dos menores com desregulação do humor para verificar o seu desfecho na idade adulta (Rich, Grimley & Leibenluft, 2008; Stringaris & Goodman, 2009). Os dados que provêm dos estudos citados sugerem que os menores que apresentam uma grave desregulação do humor com irritabilidade não episódica, os TDDH do DSM-5, não podem ser incluídos entre os menores com transtorno bipolar.

Em muitos dos seus artigos, Leibenluft destaca a necessidade de estudar de modo específico o sintoma irritabilidade no período do desenvolvimento, que, por ser transnosográfico nessa faixa etária, envolve mais categorias clínicas. A autora marca a escassez de estudos no âmbito terapêutico e destaca a importância de avaliar intervenções psicossociais e psicofarmacológicas, que devem ser específicas para o TDDH, e não reproduzir as linhas de intervenção para o transtorno bipolar (Leibenluft, 2011; Safer, 2009).

O transtorno disruptivo da desregulação do humor permanece como um diagnóstico controverso inserido no DSM-5. Como dito, tal diagnóstico é caracterizado por uma severa e persistente irritabilidade e por comportamentos destrutivos caracterizados sobretudo por crises de raiva desencadeadas por situações que não justificam a sua intensidade. Esse novo diagnóstico foi inserido no DSM com o propósito de capturar as características da irritabilidade e da raiva em tenra idade; por outro lado, muitos eminentes estudiosos declararam-se abertamente contrários à inserção desse diagnóstico como distinto do transtorno desafiador e de oposição (Lochman et al., 2015; Stringaris, 2011). Em todo caso, atualmente, na literatura, a comorbidade entre transtornos do humor e comportamentos externalizantes é considerada um elemento-chave, como se torna evidente no debatido papel da irritabilidade no TDDH.

Um dos aspectos mais problemáticos na avaliação das chamadas crianças "desreguladas e de humor instável" é a disponibilidade de medidas diagnósticas que se mostrem confiáveis ao avaliar a desregulação emocional no período do desenvolvimento, entendida como um aspecto temperamental, e não como uma simples reação adversa a eventos ambientais desfavoráveis. O Child Behavior Checklist (CBCL)[3] é um dos instrumentos mais usados para a avaliação da psicopatologia do desenvolvimento (Achenbach & Rescorla, 2001) e foi considerado um possível instrumento diagnóstico para identificar as crianças com as referidas características desreguladas. O perfil chamado CBCL – Dysregulation Profile (CBCL-DP) nasceu com esse propósito. Esse perfil é caracterizado por uma pontuação > 210 na soma das pontuações-padrão em três escalas sindrômicas

3. As escalas e os testes nesta obra mencionados estão relacionados ao contexto dos autores. O profissional atuante em contexto brasileiro, ao compor sua avaliação, deve buscar os instrumentos validados e favoráveis no Brasil. Tal informação pode ser obtida na lista do Sistema de Avaliação de Testes Psicológicos (Satepsi) do Conselho Federal de Psicologia (https://satepsi.cfp.org.br).

(ansioso/deprimido, problemas de atenção e comportamento agressivo). Entretanto, é mister considerar que a criança, para apresentar esse perfil, deve ter valores altos em pelo menos duas escalas simultaneamente (superiores a dois desvios-padrão). Nas crianças com desenvolvimento típico e em sujeitos de risco, a elevada pontuação obtida por meio do CBCL-DP mostrou-se associada a uma grave psicopatologia e a um pobre ajustamento (Ayer et al., 2009). Os jovens adultos que na infância apresentavam uma pontuação CBCL-DP mais elevada tinham um maior risco de incorrer em transtornos relacionados ao uso de substâncias, uma maior taxa de suicídio e um pior funcionamento global (Holtmann et al., 2011).

Um estudo longitudinal que utilizou uma abordagem estatística "acerca do sujeito" examinou como o CBCL-DP em crianças tinha a possibilidade de prever traços de personalidade patológicos em um período de quatro anos, demonstrando que as crianças com pontuações elevadas na escala CBCL-DP estavam em risco de obter pontuações mais elevadas também em uma ampla gama de características patológicas da personalidade (De Caluwé, Decuyper & De Clercq, 2013). Diante disso, esses estudos longitudinais sugerem que o humor e a desregulação comportamental na infância, avaliados por meio do CBCL-DP, podem ser considerados preditores de uma futura psicopatologia e desregulação geral, em vez de uma manifestação precoce de um transtorno específico (Ayer et al., 2009). Também nos parece que o perfil CBCL-DP pode ser considerado um bom índice quantitativo para identificar um traço evolutivo precoce caracterizado por uma comprometida autorregulação afetiva e comportamental que leva as crianças a responder com extrema sensibilidade aos estímulos ambientais, e que deve ser considerado um fator-chave comum no desenvolvimento de diferentes quadros diagnósticos subsequentes: TDO, TDDH, transtornos de ansiedade precoces, modulação em alguns aspectos da personalidade (Holtmann et al., 2011; Lahey et al., 2008).

O perfil CBCL-DP foi também investigado em amostras italianas: um estudo longitudinal (Masi, Pisano, Milone & Muratori, 2015) conduzido em uma amostra de 80 crianças evidenciou que pontuações altas nesse índice se associam a um maior risco de apresentar um transtorno do humor e TDAH na adolescência. Em um estudo posterior (Muratori et al., 2017), o perfil CBCL-DP também se mostrou associado a maiores níveis de agressividade autodirecionada. Por fim, um estudo de publicação recente (Tonacci et al., 2019) tentou validar o perfil com uma medição objetiva de ativação emocional. Nesse último trabalho, analisou-se o nível de agitação e, para isso, usou-se como parâmetro a condutância cutânea em resposta a estímulos emocionais em três diferentes grupos: crianças com TDO e perfil CBCL-DP, crianças com apenas TDO e crianças com desenvolvimento típico. Os resultados evidenciaram um diferente perfil de atividade eletrodérmica nas crianças com TDO e perfil CBCL-DP, e estas apresentavam maiores níveis de ativação diante de estímulos de raiva e tristeza. Isso abriu a possibilidade de identificar um marcador neurofisiológico específico para o perfil CBCL-DP.

Os critérios diagnósticos para o TC

O grupo de pesquisa que revisou os critérios diagnósticos do DSM-5 para o TC propôs poucas modificações à descrição dos critérios que definiam o transtorno no DSM-IV. Os descritores diagnósticos identificados na edição anterior permitiram, de fato, a definição de uma entidade clínica dotada de aspectos cada vez mais específicos em âmbito epidemiológico, etiopatogênico e prognóstico. É importante destacar de imediato como no DSM-5 foi eliminado o critério C do TC presente no DSM-IV: estende-se, pois, a possibilidade de efetuar esse diagnóstico também após os 18 anos sem que se considere a limitação que, nesse caso, exigiria também os critérios para transtorno da personalidade antissocial. Além disso, são adicionados alguns aspectos específicos para facilitar o diagnóstico também na idade adulta e, em particular, para os descritores sintomatológicos que são inseridos nas "graves violações de regras", como no caso da violação da liberdade vigiada ou de outras sentenças emitidas por um órgão jurídico ou ainda o absenteísmo ou a negligência no âmbito de trabalho.

Com base no DSM-5 (para os critérios completos, cf. APA, 2013), uma criança recebe o diagnóstico de TC quando, por um período de pelo menos 12 meses, manifesta comportamentos que violam não só as normas e as regras da sociedade, como também os direitos alheios. Isso pode ocorrer por meio de condutas agressivas para com pessoas ou animais, destruição de propriedade, fraude ou furto e graves violações de regras (p.ex., violar as regras impostas pelos pais). Com base no início da sintomatologia, uma vez conhecido, é possível distinguir um TC com início na infância (os sintomas aparecem antes dos 10 anos de idade) e um TC com início na adolescência (os sintomas aparecem após os 10 anos de idade).

É necessário indicar a gravidade do transtorno (leve, moderado, grave) com base na frequência e na quantidade dos comportamentos desadaptativos praticados pelo jovem. Um aspecto inovador do DSM-5 é a exigência de especificar, se necessário, a presença de emoções pró-sociais limitadas ou TIF identificáveis com base em determinados critérios. Um sujeito deve ter mostrado pelo menos duas das seguintes características com uma persistência de pelo menos 12 meses, e estas devem ter-se manifestado em múltiplos contextos e relações: pouca empatia, pouco sentimento de culpa e de remorso, pouca preocupação com o próprio desempenho e superficialidade e inafetividade globais. As características descritas refletem padrões individuais típicos presentes tanto no âmbito relacional interpessoal quanto no funcionamento emocional – padrões estes que se apresentaram em todo o período considerado, e não apenas em situações ocasionais. Para avaliar a presença dos critérios específicos, são necessárias informações de múltiplas fontes: somando-se às informações que o sujeito avaliado pode fornecer de forma autônoma, é necessário considerar também as informações relatadas por outros que tiveram conhecimento ou contato com o sujeito por períodos extensos (pais, professores, familiares, colegas).

Há agora uma ampla concordância de dados a respeito do fato de que os TIF identificam menores com TC que apresentam problemas comportamentais particularmente graves, fatores de risco genético mais amplos e características neurocognitivas específicas, se comparados com menores que apresentam TC, mas sem traços de IF (Frick & Moffit, 2010). Em particular, os menores com TC + TIF apresentam condutas agressivas mais graves de tipo proativo e, portanto, premeditadas e voltadas a obter vantagens pessoais ou motivadas por um desejo de vingança ou de subjugação do outro. Estudos longitudinais demonstraram como a presença dos TIF pode predizer trajetórias evolutivas com prognóstico desfavorável em que os problemas comportamentais e, em particular, as condutas antissociais tendem a aumentar com o avançar da idade até prosseguir na idade adulta com condutas gravemente antissociais, como as características do transtorno da personalidade antissocial.

A atenção colocada recentemente sobre os TIF no período do desenvolvimento deriva certamente da literatura voltada para o transtorno da personalidade antissocial e para a psicopatia. Dessa maneira, consideramos importante descrever, neste momento, as características desses aspectos de personalidade na adolescência e na idade adulta. No entanto, é importante salientar que estar diante de uma criança com TIF não significa que estamos absolutamente diante de uma criança geneticamente destinada a apresentar um transtorno de personalidade. No período do desenvolvimento, é apropriado falar-se em comportamentos de IF (em vez de traços de personalidade de IF). Esclarecida essa parte importante, faz-se, no conceito de "transtorno antissocial", maior referência ao comportamento do sujeito, caracterizado pela execução dos próprios impulsos que preveem a superação das normas sociais maiores e menores, o desinteresse pela segurança alheia e também pela própria, bem como os frequentes problemas com a lei. Na descrição da psicopatia, concentra-se mais na dimensão afetiva e interpessoal; no sujeito que apresenta traços psicopáticos, verifica-se uma tendência a manipular o outro, a presença de um fascínio superficial e de um sentimento grandioso de si, um importante déficit de empatia e de capacidade de *insight*, que se traduz também em uma dificuldade de criar relações interpessoais afetivas estáveis e autênticas, e um déficit na capacidade de sentir remorso e sentimento de culpa em relação a condutas lesivas para com os outros (Sabatello, 2010).

Há consideráveis influências genéticas no desenvolvimento dos sistemas até agora considerados implicados no desenvolvimento de traços psicopáticos no indivíduo: amígdala, caudado e córtex pré-frontal ventromedial (CPFvm) e suas interconexões (Klucken et al., 2012; Stein et al., 2011). Também as variáveis ambientais – como a privação afetiva – influenciam o desenvolvimento dessas estruturas (Seidel et al., 2011), e algumas delas (p.ex., o abuso de álcool por um dos pais) podem causar a modulação da expressão genética (D'Addario et al., 2013). A disfunção dessas estruturas causará uma redução da ansiedade e déficits no processo de tomada de decisões no sujeito. No entanto, sustenta-se que, por si só, as disfunções nas áreas cerebrais anteriormente indicadas não darão origem às características fundamentais dos traços psicopáticos, como a falta de sentimento de culpa, a falta de consciência, os marcantes comportamentos antissociais e a agressividadc instrumental (Blair, 2010). Em vez disso, acredita-se que as disfunções nessas áreas cerebrais possam tornar atípica e interromper a aquisição das competências de socialização na criança. A socialização requer que o indivíduo desenvolva uma associação entre o reforço aversivo do ambiente e a representação das ações "antissociais" que causaram esse desconforto (Blair, 2010). A representação futura dessa ação gerará, então, um valor esperado negativo (a "maldade") dessa ação. O valor esperado negativo guiará o indivíduo para longe da ação antissocial e permitirá que ele experimente uma sensação de mal-estar no momento em que cometer a ação, por meio do desenvolvimento de um adequado sentimento de culpa. A explicação não pressupõe que a socialização ocorra por meio da culpa e do medo de errar, mas sim que a preocupação com as consequências das próprias ações possa ser um requisito fundamental para uma boa socialização primária.

Nessa ótica, os comportamentos ou traços de IF no período do desenvolvimento são vistos como sinais de um desenvolvimento atípico de alguns processos de socialização primária (Frick & Viding, 2009). Além disso, Viding e colaboradores (2005), analisando uma ampla amostra de gêmeos de 7 anos, destacam que nos sujeitos com características de IF há uma significativa hereditariedade e uma reduzida influência das características ambientais no desenvolvimento de problemas de comportamento. Nas crianças que não apresentavam características de IF, em contrapartida, as condutas antissociais estavam mais correlacionadas a aspectos disfuncionais específicos das estratégias educativas parentais. Os dados emergidos nesse primeiro estudo foram confirmados por Viding e colaboradores (2008) na reavaliação da mesma amostra aos 9 anos de idade. Por fim, Waller e colaboradores (2015) enfatizam como a presença de comportamentos de IF na idade pré-escolar é capaz de prever o agravamento das condutas agressivas de maneira mais pontual e específica do que os sintomas de TDAH e TDO.

Outro elemento que distingue as crianças com características de IF é a presença de um perfil neurocognitivo específico caracterizado por uma disfunção nas capacidades de processamento emocional que é relativa exclusivamente aos estímulos de valência negativa, pois não foram detectados déficits no reconhecimento das emoções positivas. A dificuldade prevalece no reconhecimento de expressões de medo em outros, às quais esses sujeitos não respondem com uma adequada sintonização comportamental e/ou afetiva (Blair et al., 2006). Em um estudo recente nosso, em uma amostra de crianças com TDO, os TIF parecem estar associados a uma dificuldade precoce de processar a tristeza em vez do medo (Billeci et al., 2019). Além disso, os sujeitos com IF elevadas apresentam uma resposta reduzida às punições e uma tendência a superestimar as consequências positivas de suas condutas agressivas, ainda mais se realizadas no grupo de pares (Pardini, Lochman & Powell, 2007). Por fim, a presença de comportamentos de IF elevados correlaciona-se positivamente com a presença de traços temperamentais, como a necessidade de buscar experiências de alta ressonância emocional e um medo reduzido em contextos de risco físico (para uma revisão, cf. Frick, Ray, Thornton & Kahn, 2014). O conjunto dos aspectos neurocognitivos e afetivos descritos, que distinguem as crianças com IF, explica as importantes implicações prognósticas que a identificação desse perfil em sujeitos com TC pode acarretar. De fato, a presença de déficits na agitação diante das expressões alheias de medo e/ou estresse, a reduzida capacidade para prever as consequências dos próprios comportamentos e de avaliar o risco, mas, ao contrário, o tropismo para situações que proporcionam fortes estímulos emocionais e a superestimação da eficácia das próprias respostas agressivas constituem um complexo de mecanismos favorecedores da implementação de condutas gravemente desadaptativas e perigosas socialmente.

Embora os dados sobre possíveis influências diretas do ambiente no desenvolvimento de TIF em crianças ainda sejam insuficientes, há alguma evidência de que estes estejam relacionados a experiências de privação muito fortes e precoces (Kumsta, Sonuga-Barke & Rutter, 2012) e a uma forte presença de caoticidade no ambiente familiar na idade pré-escolar (mudanças frequentes de figuras de referência, caoticidade no contexto habitacional) (Fontaine et al., 2011). Isso não significa que pais com um alto nível de envolvimento relacional com o próprio filho não possam modular os efeitos das características de IF no comportamento da criança (Kroneman et al., 2011).

No entanto, podemos afirmar que a presença de características de IF na criança tende a modificar o comportamento parental. O temperamento destemido (pouca sensibilidade à punição e à ativação ansiosa em geral) e uma tendência à hipoativação emocional podem ser considerados a base biológica que mais torna o indivíduo vulnerável ao desenvolvimento de comportamentos dissociais caracterizados por agressividade proativa e IF. A criança com esse perfil temperamental requereria uma maior estimulação afetiva por parte dos pais para alcançar um nível de ativação ótimo. Os pais podem não conseguir sustentar essa necessidade do filho tanto por dificuldade em "interpretá-la" quanto por dificuldades relacionadas às próprias características pessoais. Assim, a criança pode desenvolver padrões comportamentais pouco interativos, caracterizados por um baixo nível de ativação emocional. A figura parental pode, por sua vez, retirar-se da relação por encontrar-se pouco motivada e pouco atraída por essa aparente autossuficiência da criança. Cria-se, assim, uma díade pouco propensa à interação; e, com o surgimento de novas tarefas evolutivas, a criança terá dificuldades em apoiar-se no cuidador para gerir momentos de tensão emocional. Com o impulso para a exploração, por exemplo, também aparecem os primeiros comportamentos desadaptativos ou perigosos nos quais os pais devem intervir. Essas primeiras intervenções parentais confrontam-se com a tendência temperamental do filho, que não alcança um nível de ansiedade suficientemente alto para inibir os comportamentos e que, por consequência, fará parecer a criança pouco responsiva aos limites dos pais. Estes, diante disso, têm uma maior probabilidade de recorrer ao uso de métodos educacionais cada vez mais duros e severos na busca de algum tipo de resposta por parte do filho. A insensibilidade da criança à punição parece, portanto, em contextos familiares típicos, levar os pais a um estilo educacional incoerente e agressivo em vez de impulsioná-los para um maior envolvimento.

Apesar de algumas características sociofamiliares determinarem certamente uma vulnerabilidade ao desenvolvimento de comportamentos de IF, nesses itinerários de desenvolvimento algumas características biológico-temperamentais específicas da criança podem, com o passar do tempo, modelar o comportamento parental. Na idade pré-escolar, por exemplo, a identificação desse peculiar perfil temperamental está altamente correlacionada a uma educação rígida e punitiva por parte dos pais, e isso demonstra uma forte influência bidirecional nesses processos interativos (Flom et al., 2019). Além disso, esse processo interativo parece ter uma diferenciação relacionada ao sexo da criança em seu epifenômeno. Nos meninos, evidencia-se principalmente com a insensibilidade às punições que os pais utilizam para modelar o comportamento do filho, ao passo que nas meninas caracteriza-se com o surgimento de comportamentos audaciosos, sem inibição quanto às novidades

(Barker et al., 2011). É possível que os pais sejam menos punitivos em relação às filhas, pois tendem a manifestar a sua agressividade de maneira menos explosiva. Na adolescência, no entanto, provavelmente em consequência da perda de motivação, bem como do sentimento de eficácia por parte dos pais, assiste-se a uma sensível diminuição do monitoramento e do interesse pelas atividades do filho (Muñoz, Pakalniskiene & Frick, 2011). Nas meninas, além disso, esse processo leva a uma diminuição da parentalidade positiva (elogios, uso de reforços positivos) principalmente por parte dos pais (Pardini, Lochman & Powell, 2007). Os pais encontram dificuldades em acolher e interpretar as necessidades especiais de um filho ligadas ao seu perfil temperamental, e esse processo interativo acaba por produzir um forte risco de parentalidade dura e punitiva na idade pré-escolar e, posteriormente, reforçar os diversos fatores de risco que levam ao surgimento de comportamentos delinquentes na adolescência: pouco monitoramento e pouco apoio parental.

Independentemente dos fatores de risco mais presentes na criança ou no seu contexto de vida, o desenvolvimento de comportamentos de IF parece estar ligado a um comportamento parental caracterizado pela falta de "controle" dos pais sobre os filhos, que prediz um aumento dos comportamentos de IF nos filhos, ao passo que a presença de altos níveis de envolvimento parental e de práticas parentais positivas (uso de reforço, elogio, interesse pelas atividades do filho) prediz uma diminuição do nível de comportamentos de IF ao longo do tempo (Hyde et al., 2016).

A presença de uma baixa permeabilidade às estratégias educativas, baseadas na punição ou na recompensa, torna desfavorável o prognóstico também em contextos de intervenção terapêutica. Esse último dado foi confirmado em muitos estudos que mostraram como crianças e adolescentes com problemas de conduta e TIF elevados mostram respostas diferentes aos tratamentos, em comparação com menores com TC, mas com TIF baixos. Hawes e Dadds (2005) relataram a presença de uma resposta reduzida às intervenções de treinamento parental em menores com TIF elevados. De maneira mais específica, os sujeitos com TC e IF pareciam igualmente sensíveis quando comparados aos sujeitos com TC na primeira fase do tratamento, em que a intervenção tinha o objetivo de implementar nos pais o uso de estratégias de reforço positivo, ao passo que o grupo com traços de IF elevados apresentava uma redução significativa da resposta em relação aos sujeitos com TC, mas com baixos níveis de IF na segunda parte do tratamento, em que o objetivo terapêutico principal era o de ampliar nos pais estratégias disciplinares eficazes baseadas no reforço negativo.

Waller e Hyde (2018) conseguem sintetizar de forma excelente as interações entre as características da criança e do ambiente que podem levar ao desenvolvimento de comportamentos de IF em uma idade extremamente precoce (Figura 1.1).

A característica clínica da falta de sentimento de culpa (em consequência de comportamentos que violam regras e/ou causam so-

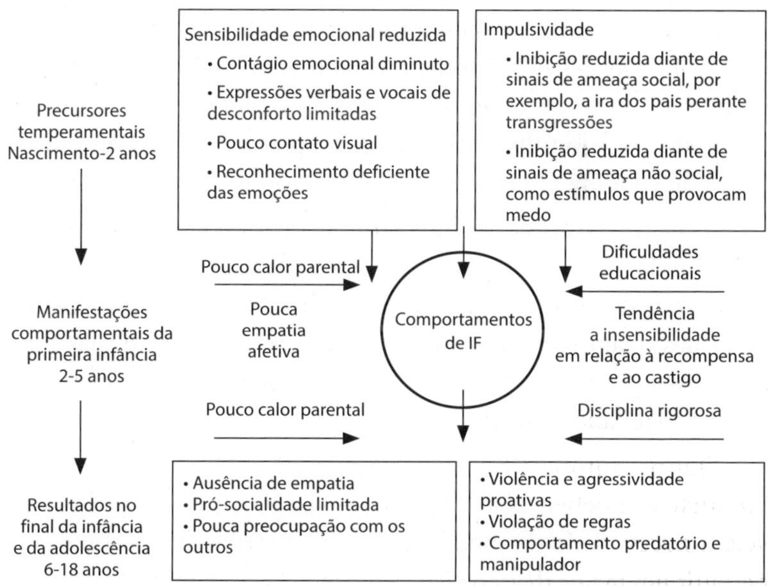

Figura 1.1 – Interações entre características da criança e do ambiente no desenvolvimento precoce dos TIF (Waller & Hyde, 2018).

frimento ao outro) não está representada nessa excelente figura. Em nosso ver, no entanto, ela é extremamente útil na diferenciação entre crianças com TIF precoces e crianças agressivas, mas sem esses traços (Goffin et al., 2018). Nesse sentido, gostaríamos de destacar como a Griffith Empathy Measure pode ser considerada um instrumento ágil para investigar a presença de um grau adequado de empatia e sentimento de culpa em crianças em idade pré-escolar. Esse questionário é uma adaptação do Index of Empathy for Children and Adolescents (Bryant, 1982) e é um instrumento composto de 23 itens, aos quais o pai, ou a mãe, responde usando uma escala Likert de nove pontos. Alguns exemplos de itens são: "Meu filho parece reagir ao humor de outras pessoas ao seu redor", "Meu filho raramente entende por que outras pessoas choram" ou "Meu filho parece não perceber quando estou triste".

Características das dificuldades de comportamento em crianças pequenas e no gênero feminino

Como já sinalizado anteriormente, na redefinição dos critérios para o TC no DSM-5, Moffit e colaboradores (2008) propõem a adaptação de alguns critérios diagnósticos para permitir a identificação de dois subgrupos relacionados à presença de graves dificuldades de conduta em idade pré-escolar e no sexo feminino.

A identificação de sujeitos com TC em épocas precoces tem, sem dúvida, um importante valor preventivo. O fato de poder intervir com técnicas terapêuticas específicas tanto em crianças tão pequenas quanto em seus pais influencia positivamente suas trajetórias evolutivas, e isso permite uma melhora significativa no prognóstico (Tremblay, 2010).

Outros autores (Keenan, Wroblewski, Hipwell, Loeber & Stouthamer-Loeber, 2010; Pardini et al., 2012) destacam, por sua vez, a necessidade de modificar certos critérios diagnósticos para permitir um maior diagnóstico também no sexo feminino, visto que a aplicação dos critérios diagnósticos do DSM-IV para os TC motivou uma baixa prevalência desse transtorno nas mulheres. Além disso, o TC no sexo feminino caracteriza-se por uma sintomatologia muito diferente da masculina; o tipo de agressividade prevalente não é caracterizado por confrontos físicos ou por conflitos manifestados abertamente, mas por uma forma de agressividade definida como "relacional", caracterizada mais por conflitos verbais com fins depreciativos e com características de premeditação. A introdução de variantes dos critérios diagnósticos que permitam um diagnóstico também nas mulheres traria indubitáveis benefícios em termos de prevenção e eficácia do tratamento.

Uma triagem adequada para identificar transtornos de comportamento destrutivo em indivíduos em idade pré-escolar é a chave na implementação de intervenções precoces, destinadas a prever possíveis resultados patológicos e a diminuir o comprometimento que uma sintomatologia enraizada acarreta à vida cotidiana da criança. De fato, os indivíduos pré-escolares definidos como *early-starter*, ao mostrar essas condutas, estão em risco na continuação do desenvolvimento de trajetórias de comportamentos dissociais (Keenan, Wroblewski, Hipwell, Loeber & Stouthamer-Loeber, 2010).

Apesar dessas premissas, crianças em idade pré-escolar frequentemente exibem uma sintomatologia subclínica ou quadros de disfuncionalidade tênue e, por isso, não se enquadram plenamente nos critérios diagnósticos para um TC ou um TDO. Com o objetivo de identificar as crianças pré-escolares em risco, é útil a identificação de instrumentos de avaliação padronizados, válidos e adequados, bem como de folhetos breves, mas eficazmente informativos, com instruções dirigidas aos pais para que se compreenda a avaliação de triagem. Studts e van Zyl (2013) estudaram não só a correlação entre 18 comportamentos que podem se manifestar em crianças pequenas, como também a medição de graves comportamentos externalizantes nessas mesmas crianças. Nesse estudo, aqui tomado como guia para a avaliação clínica e para a entrevista com os pais, os comportamentos de permanecer muito zangado, ser desobediente, parecer irritável e quebrar as regras não se mostraram correlacionados a comportamentos desviantes em crianças pré-escolares. Ao contrário disso, manifestar crueldade para com os outros, ausência de remorso após uma má ação, dificuldade em permanecer sozinho com outras crianças, não ser apreciado pelos colegas, quebrar ou destruir deliberadamente coisas e apossar-se de coisas alheias parecem ser comportamentos altamente discriminatórios e, por essa razão, oferecem informações consideráveis para uma avaliação também subclínica dos níveis de condutas problemáticas destrutivas em idades precoces.

Na idade pré-escolar, um motivo frequente de preocupação para os pais e o pessoal da escola são as crises e os acessos de raiva. Por isso, vários estudos tentaram delinear as características das crises de raiva que podem ser consideradas prenúncios de graves problemas comportamentais na criança. Em primeiro lugar, é bom esclarecer que aproximadamente uma em cada três crianças com desenvolvimento típico mostra periodicamente comportamentos de birra excessiva ou inadequados na idade pré-escolar. Uma primeira característica das crises que deve ser cuidadosamente avaliada é a sua duração: crianças em idade pré-escolar com desenvolvimento típico têm crises de raiva mais curtas (considera-se fator de risco uma crise de raiva frequentemente com duração superior a 20 minutos), então requerem menos tempo para voltar ao estado de calma em comparação com crianças que posteriormente enfrentarão graves problemas comportamentais (Belden, Thomson & Luby, 2008).

Também é fundamental avaliar o estilo das crises de raiva: as crianças em risco mostram crises de raiva em que frequentemente aparecem comportamentos violentos em relação a objetos, atos autolesivos, mordidas em si mesmas e/ou em outros. Deve-se enfatizar que os comportamentos autoagressivos e intencionais durante as crises de raiva devem ser considerados muito relevantes, independentemente da frequência da birra, da duração, da intensidade ou do contexto. Por fim, deve-se sempre avaliar a frequência das crises de raiva na criança em idade pré-escolar: as crianças que apresentam de 10 a 20 crises de raiva em um período de 30 dias, ou que têm em média mais de 5 crises por dia em vários dias, tanto em casa quanto na escola, correm maior risco de ter um problema clínico relevante.

Em resumo, as crianças que posteriormente satisfazem, já em idade precoce, os critérios de um TDO mostram crises de raiva com sinais de agressividade em relação aos outros, mais comportamentos de birra também na escola (não apenas com os cuidadores) e uma capacidade limitada de se recuperar das crises de raiva.

Quanto às características do TCD no gênero feminino, é preciso ter a premissa de que as pesquisas ainda são fragmentárias ao investigar a frequência e os modos de surgimento de transtornos comportamentais externalizantes nessa população. A proposta atual de se destacar uma divisão para o diagnóstico de TCD entre homens e mulheres é apoiada por uma evidente dissimilaridade no fenótipo sintomatológico: o tipo de agressividade predominante nas meninas, por exemplo, não é caracterizado por confrontos físicos ou por situações de conflito abertas e verificáveis, mas por uma diferente e mais sutil agressividade definida como "relacional", evidente em conflitos predominantemente verbais com intenções depreciativas e premeditadas.

Apresentamos, em seguida, alguns dados da literatura mais recente a respeito desse tema: em um estudo de Pardini, Stepp e colaboradores (2012), meninas de 5 a 8 anos com diagnóstico de TC e com elevados traços de IF mostraram maiores níveis sintomatológicos de transtornos externalizantes, maiores manifestações de prepotência e de agressividade relacional quando comparadas a outras meninas da mesma faixa etária nas quais os traços de IF estão ausentes. Isso pode levar a pensar que a subtipificação de TC com a presença de traços de IF identifica, no sexo feminino, jovens que apresentam menores níveis de problemas ansiosos, comportamentos agressivos mais intensos e graves, condutas desviantes, dificuldades no âmbito escolar e um comprometimento significativo geral. As condutas antissociais, na coorte estudada por Pardini, persistem no acompanhamento de três anos, e isso confirma a validade da identificação sintomatológica precoce que, nas mulheres, está associada à manutenção de comportamentos sociais patológicos. As meninas que mais correm risco são, portanto, identificáveis em idade precoce, pois exibem comportamentos como dominar os outros ou mostrar interações enganosas. É particularmente interessante descobrir que meninas em risco têm maior probabilidade de exibir afetos superficiais (ou frívolos) e descaso em relação às suas obrigações escolares; por isso, mostram menos evidência de falta de sentimento de culpa ou déficits empáticos, como mostram os sujeitos masculinos mais em risco.

Essas competências empáticas e relacionais, relativamente preservadas, confirmam uma insensibilidade menos pronunciada e uma ausência de completa indiferença na percepção do sofrimento alheio, fatores que são considerados protetores na evolução de formas sérias de condutas antissociais. Apesar disso, a identificação precoce de traços de IF em meninas, assim como em meninos, é um fator preditivo indispensável no desenvolvimento de problemas comportamentais. A identificação de possíveis trajetórias evolutivas patológicas em razão do reconhecimento dos traços de IF, especialmente nas mulheres, é de fundamental importância para que seja possível prevenir ou intervir prontamente com o objetivo de modificar e melhorar os possíveis cenários de desfecho.

Outros estudos confirmam não só a raridade do TC com início na adolescência nas mulheres – pois é estatisticamente mais comum uma trajetória de agravamento ou intensificação do quadro sintomatológico da primeira infância à adolescência do que um claro início dos sintomas nessa fase tardia do desenvolvimento (Keenan, Wroblewski, Hipwell, Loeber & Stouthamer-Loeber, 2010) – mas também a forma diferente de agressividade indireta como principal modo de confronto relacional.

Portanto, estabelecemos primeiro que o TC nas meninas tem uma alta frequência de surgimento na infância e que se diferencia do mesmo transtorno nos meninos por quadros sintomatológicos diferentes, especialmente em relação ao modo agressivo relacional mais frequente nas mulheres, caracterizadas também por capacidades empáticas mais funcionais. É importante destacar como o progresso dos sintomas também é diferente de acordo com o gênero: no caso das mulheres, os comportamentos agressivos opositores tendem de fato a diminuir dos 8 aos 10 anos, ao passo que isso não é observado nos meninos. Posteriormente, para as mulheres, o ápice do comportamento agressivo está associado à entrada no mundo da adolescência, ao passo que, para os meninos, esse período é menos explosivo (Dadds et al., 2005).

Ampliando a nossa visão, é importante manter sempre em mente o conceito de multifatorialidade como pré-requisito constante na análise de quadros patológicos. A pergunta à qual agora somos obrigados a responder é, portanto, quais seriam as causas ou as concausas das diferenças que indivíduos do sexo masculino e do sexo feminino com problemas comportamentais precoces mostram. Uma hipótese explicativa refere-se à variável controle inibitório, ou seja, a capacidade da criança de inibir e controlar o comportamento em função do contexto. O controle inibitório é estudado como mediador nos processos parentais e é responsável por diversas trajetórias evolutivas do transtorno externalizante correlacionadas à diferença de gênero, sobretudo na fase transicional da idade pré-escolar para a escolar.

Em uma amostra de 241 meninas e meninos pré-escolares, as dimensões analisadas (nível parental de responsividade calorosa e punições corporais) demonstraram ter um significativo efeito indireto nos comportamentos externalizantes dos sujeitos do sexo masculino, mediados pelas capacidades de controle inibitório, ao passo que essa relação se mostra ausente quando se trata das meninas (Chang et al., 2011). Isso confirma uma diferença de gênero nos processos inibitórios que interferem nos cuidados parentais e nos resultados subsequentes no que diz respeito aos comportamentos desviantes. Déficits precoces inerentes à autorregulação, em particular as habilidades da criança de regular atenção e impulsividade, foram conceituados como causa relevante de desenvolvimento de condutas externalizantes. O construto de controle inibitório refere-se a um sistema cognitivo superordenado que compreende a capacidade de organizar e regular emoções e comportamentos para objetivos específicos imediatos ou futuros. Baixos níveis dessa competência estão correlacionados com maior manifestação de ações antissociais.

Além disso, cuidados parentais sensíveis e uma disciplina baseada na compreensão promovem essas capacidades regulatórias na criança, e a diferença de gênero é potencialmente um moderador significativo nas trajetórias de desenvolvimento de condições de desvio. A primeira (e mais simples) anotação é que, nos anos pré-escolares – fase crítica de maturação de uma pequena mente –, os indivíduos do sexo masculino mostram níveis mais altos de condutas destrutivas, ao passo que, já desde a primeira infância, as mulheres manifestam maiores competências de controle inibitório se comparadas aos coetâneos do sexo oposto. Em ambos os casos, tanto nos homens quanto nas mulheres, baixos níveis de calor na relação parental e frequentes punições corporais estão associados a déficits na capacidade de controle inibitório e a problemas comportamentais.

Entretanto, as competências nas capacidades de controle inibitório parecem menos sensíveis ao contexto nas mulheres, que mantêm mais essa capacidade ainda que em contextos potencialmente patogênicos. Isso reforça a hipótese de que a variabilidade do transtorno conforme o gênero seja causada por antecedentes e mecanismos semelhantes envolvidos no desenvolvimento do próprio transtorno. A competência de autorregulação relativamente intacta pode explicar nos sujeitos do sexo feminino a presença de uma agressividade menos física e brutal, mas mais nitidamente relacional, embora sempre patológica e causa de programação de intervenção.

Posteriormente, com relação à fase da adolescência, estudos mostram como o reconhecido vínculo entre associações a grupos de pares desviantes e o desenvolvimento ou a manutenção de comportamentos antissociais seja válido tanto para os indivíduos do sexo masculino quanto para os do sexo feminino, assim como a relação entre um *status* socioeconômico desvantajoso e o risco de desenvolver transtornos do comportamento. Alguns estudos mostram, entretanto, como o contexto de amizade pode ser um fator de risco menos premente para o desenvolvimento de problemas comportamentais nas mulheres (Kroneman et al., 2011; Miller, Loeber & Hipwell, 2009). O pouco calor parental, principalmente o paterno, permanece como um fator de risco associado ao desenvolvimento de comportamentos agressivos e elevados traços de IF nas mulheres, sobretudo naqueles sujeitos que manifestam esses comportamentos somente na escola secundária de primeiro grau, no início da adolescência (Kroneman et al., 2011).

Do mesmo modo, a reatividade fisiológica a uma situação estressante prediz de modo diverso os sintomas do transtorno desafiador e de oposição nos homens e nas mulheres. Há uma diferença significativa entre homens e mulheres no que diz respeito à reatividade vagal: se nas meninas, de fato, o aumento da reatividade vagal acaba por ser associado a um aumento dos sintomas do TDO, nos meninos, ao contrário, esse aumento de reatividade foi associado a uma redução dos sintomas (Vidal-Ribas et al., 2017); era como se a agressividade nas mulheres nascesse da necessidade de regular emoções com fortes tonalidades. Geralmente, esses resultados podem nos ajudar na compreensão das diferenças de gênero dentro da psicopatologia. Essas descobertas são coerentes com a ideia de que sujeitos de sexo diverso respondem de modo diverso aos estressores, ou seja, as mulheres em relação aos homens parecem responder com uma maior reatividade emocional a situações estressantes. Os sintomas de um TDO nos homens poderiam ser explicados por uma incapacidade nesses sujeitos de ativar suficientemente os processos inibitórios, ao passo que, para as meninas, poderia tratar-se de uma desregulação das respostas autonômicas, que, de qualquer forma, leva a efeitos negativos (Marcovitch et al., 2010; Obradović, 2012).

Uma outra possibilidade parece, no entanto, referir-se às diferentes expectativas dos pais em relação aos filhos de sexo diferente em termos de estratégias de enfrentamento diante de situações de estresse. Sobretudo com filhos em idade escolar, os pais esperam que as crianças do sexo masculino sejam capazes de regular suas emoções, embora uma dificuldade em regular as emoções seja mais tolerada nas crianças do sexo feminino. Essas expectativas levariam, posteriormente, também a diferentes estilos parentais (Chang et al., 2011). Em confirmação das diferentes manifestações clínicas entre homens e mulheres, foi concebido um projeto europeu (FemNAT-CD), cujo objetivo é identificar as características específicas dos transtornos do comportamento nos sujeitos do sexo feminino. O projeto deu luz a numerosos estudos; um destes, por meio da utilização da ressonância magnética estrutural, evidenciou que os sujeitos do sexo feminino com TC apresentam uma maior espessura cortical no nível do giro supramarginal em comparação com os controles saudáveis. De particular relevância, os homens com TC, em comparação com os controles, mostram uma redução da espessura cortical na mesma região (Smaragdi et al., 2017). O giro supramarginal está associado a um bom funcionamento dos processos de tomada de decisão. Novamente se confirma que o TCD no gênero feminino é menos associado a dificuldades de controle voluntário do comportamento, como, em vez disso, o é nos sujeitos do sexo masculino. Examinando a atividade autonômica, um trabalho adicional revelou uma alteração sobretudo no sistema nervoso parassimpático nas mulheres com TC que apresentam também problemas internalizantes associados (Oldenhof et al., 2018). Levar em conta essas diferenças comporta implicações do ponto de vista clínico: as intervenções e o estudo dos marcadores precoces de risco devem considerar diferentes processos nos homens e nas mulheres.

Embora o número de sujeitos do sexo feminino que apresentam TCD esteja crescendo, a maior parte dos estudos acerca das opções terapêuticas de tratamento para esses problemas permanece, até hoje, mais concentrada em sujeitos do sexo masculino, apesar da forte evidência de que o curso e os problemas de ordem psicossocial globais associados aparecem, na realidade, frequentemente mais graves nas mulheres em comparação com os homens (fracasso escolar, abuso de substâncias, delinquência e gravidez precoce). Recentemente, dentro das instituições de assistência juvenil, foi desenvolvido um programa que se dirige de modo específico às necessidades das meninas com transtorno desafiador e de oposição e transtornos do comportamento. Esse programa, desenvolvido nos Estados Unidos pelos estudiosos da Universidade do Connecticut – cujo nome recebido é *Start Now* –, tem o objetivo de melhorar tanto o ajustamento psicossocial quanto o bem-estar das meninas e, por consequência, reduz o comportamento opositivo e agressivo (Kersten et al., 2016).

Narcisismo e agressividade

Ovídio narra a vida de Narciso, um jovem de beleza incomparável que, em razão do comportamento soberbo, arrogante e obstinado, rejeitava todo pretendente. Homem ou mulher que fosse, ninguém era digno de estar ao seu lado. Uma única vez, Narciso conseguiu experimentar um ardente sentimento de amor e uma avassaladora paixão, quando o mais belo jovem que ele jamais vira apareceu-lhe claro no espelho d'água de um rio; era tarde demais quando compreendeu que se tratava de sua própria imagem refletida. Acabou afogado no mesmo instante em que finalmente se conheceu, e o desejo de envolver os braços ao redor do pescoço daquele que não era outro, senão seu próprio reflexo, arrastou-o até ele se perder nas águas que lhe haviam acabado de mostrar quem realmente era.

Como se sabe, Narciso e suas peculiares características foram motivo de inspiração para diversos autores no campo médico/psicológico: basta pensar que o termo "narcisismo" foi usado pela primeira vez por Havelock Ellis em um estudo sobre autoerotismo, em 1898, e que Freud o usou pela primeira vez em uma reunião da Sociedade Psicanalítica de Viena (Freud & Cinato, 1973). Otto Rank, em 1911, em um primeiro escrito dedicado especificamente ao narcisismo, pela primeira vez o ligou explicitamente a fenômenos não sexuais, como a vaidade e a autoadmiração; mas foi com Freud que o conceito começou a adquirir maior relevância. Ele utilizou esse termo para indicar a assunção da própria pessoa como objeto de amor, estágio entre o autoerotismo infantil e o amor objetal. Em 1914, com *Introdução ao narcisismo*, Freud falou de "libido retirada do mundo externo e dirigida para o Eu, dando lugar, assim, a essa atitude que pode definir-se 'narcisismo'". Além disso, distinguiu o "narcisismo primário", no qual a criança toma a si mesma como centro do mundo – e, portanto, também como objeto de amor –, do "narcisismo secundário", que, em um percurso evolutivo "saudável", seria o fundamento da estima por si mesmo e deveria coincidir com o amor objetal. Para dar uma descrição mais detalhada da evolução do narcisismo, não podemos nos eximir de nomear os trabalhos de Otto Kernberg (Kernberg & Stefani, 1978).

Embora concorde em considerar que a patologia se centre em torno de um distúrbio da regulação da autoestima e na persistência de um Eu grandioso, ele não acredita que isso seja a reativação de uma fase do desenvolvimento infantil normal, mas sim patológico. Para Kernberg, o "futuro" narcisista, por volta do intervalo de 3 a 5 anos, em vez de integrar realisticamente as imagens boas e más do Eu e do objeto em representações coerentes e estáveis, reúne as representações positivas e idealizadas tanto do Eu quanto do objeto; consequentemente, forma um Eu grandioso patológico, ou seja, uma ideia irrealista e idealizada de si mesmo, a qual obviamente é fragilmente mantida. O paciente tem, então, sempre a necessidade de reforços externos para sua autoestima e está sujeito a contínuas desilusões (Kernberg, 1972). O que favoreceria a formação desse Eu grandioso patológico é a atitude de pais frios, distantes, pouco empáticos, mas, ao mesmo tempo, cheios de exageradas admirações e expectativas em relação à criança.

A psicoterapia cognitiva também ofereceu sua interessante contribuição à compreensão do narcisismo. Segundo Beck, Davis e Freeman (1990), o esquema central dos sujeitos narcisistas se expressa por meio de convicções relacionadas à singularidade pessoal e à importância de si mesmo (resultado evidente de atitudes parentais de excessiva indulgência e admiração ou resposta a situações de exclusão dolorosa e/ou humilhante), e isso se contrapõe à subestimação dos sentimentos e dos direitos dos outros e possíveis oscilações entre o polo da vitória e o da derrota. De maneira semelhante, segundo Young e colaboradores (2003), os esquemas precoces mal-adaptativos centrais do narcisismo são definidos como "exigências", "deprivação emocional" e "inadequação/vergonha". Liotti e Lorenzini (2018) também destacam que, na base da patologia narcisista, constam esquemas dolorosos aprendidos dentro de vínculos primários de apego do tipo desorganizado que, em seguida, evoluem para desafiadores modelos controladores. No conjunto, esses dados mostram que nos narcisistas estão presentes dois níveis paralelos de processamento da informação sobre si mesmo e sobre o mundo: um tácito, que processaria a informação negativa sobre si mesmo (áreas emocionais críticas, não adequadamente reconhecidas pelo sujeito: sentimentos de solidão, vulnerabilidade, humilhação etc.), e um explícito/consciente, que processa a informação positiva com contínuas e defensivas declarações explícitas de grandiosidade (Carcione & Semerari, 2018).

Em 1980, com o nascimento da terceira edição do Manual Diagnóstico e Estatístico dos Transtornos Mentais (DSM-III), o transtorno da personalidade narcisista (TPN) entra oficialmente no diagnóstico psiquiátrico (APA, 1980). A característica essencial do sujeito narcisista é o sentimento de grandiosidade que expressa em diferentes âmbitos da vida. Além disso, expressa constantemente a necessidade de receber admiração e se sente no direito de receber algo a mais em relação aos outros. Ao lado dessa deslumbrante couraça – que, inicialmente, poderia fascinar –, oculta-se uma pessoa vulnerável, sensível às críticas e incapaz de reagir adequadamente quando o outro envia respostas negativas ou de qualquer forma não alinhadas com a sua ideia de ser único, especial e merecedor de louvor. O narcisista, para defender o próprio ego, pode reagir agressivamente e mostrar comportamentos desviantes.

Se, para o narcisismo na idade adulta, há numerosas pesquisas e hipóteses terapêuticas, não podemos afirmar o mesmo com relação ao desenvolvimento do narcisismo na infância e na adolescência. Os estudos sobre a evolução e as causas do surgimento dos traços narcisistas na idade escolar são poucos e se concentram, com muito mais frequência, na análise dos níveis de autoestima na criança. É bom lembrar que o TPN não é diagnosticável na infância e na adolescência; mas, se, por um lado, seria errado aplicar um rótulo diagnóstico tão rígido, por outro, parece indubitavelmente útil para fins terapêuticos identificar traços de personalidade narcisista em nível embrionário na idade escolar. Nessa ótica, é hipotético que, a partir dos 8 anos de idade, o narcisismo seja avaliável e mensurável, embora isso não signifique que seja necessariamente um traço a ser considerado patológico.

Uma crença comum é de que o narcisismo seja uma forma inflada e exasperada de autoestima, mas as pesquisas dissiparam essa convicção (Brummelman, Thomaes & Sedikides, 2016). Autoestima e narcisismo correlacionam-se apenas fracamente. As crianças com altos níveis de autoestima estão satisfeitas consigo mesmas e não se sentem superiores aos outros. Diferentemente das crianças narcisistas, a criança com alta autoestima experimenta objetividade emocional: sente-se bem consigo mesma e com a própria vida, ainda que esteja diante de contratempos ou fracassos. Consequentemente, experimenta menos ansiedade e depressão. Quando sofre uma ofensa, raramente se volta contra os outros; em vez disso, tende a perdoar e a buscar reconciliação. Quanto aos aspectos mais evidentes da personalidade narcisista no período de desenvolvimento, pode-se observar a tendência da criança/adolescente a se gabar e a se elogiar de forma desproporcional: uma atitude teatral, encenadora por meio da qual expressa a própria sensação de ser perfeita, até mesmo quando – como frequentemente ocorre – transgride as regras que lhe são impostas em casa e na escola; mostra uma extrema sensibilidade às críticas e, no momento em que se sente julgada, reage com raiva, agressividade e reações violentas. Seu objetivo parece ser o de desqualificar e diminuir o outro constantemente, a fim de aparecer forte e digna de reconhecimento. Além disso, esconde a própria insatisfação, tende a se isolar e a experimentar estados internos de vazio. Geralmente – embora à primeira vista possa parecer uma pessoa forte e arrogante –, expressa um sentimento de superioridade doentio, que corrói a sua vida.

Um dos motivos pelos quais o narcisismo não foi adequadamente investigado na idade escolar é a falta, até pouco tempo atrás, de um instrumento que pudesse dar uma medida do grau de narcisismo presente na criança. Nessa ótica, consideramos necessário validar a Childhood Narcissism Scale (CNS), um questionário que compreende dez itens de autorrelato, de fácil administração e pontuação imediata, capaz de fornecer uma medida da dimensão de personalidade narcisista não patológica. Thomaes e seus colaboradores conduziram seis estudos para desenvolver e fornecer os dados para a validade da escala.

Os participantes eram crianças com idades entre 8 e 14 anos (Thomaes, Stegge, Bushman, Olthof & Denissen, 2008). Os itens da CNS foram selecionados de uma primeira lista de 48 itens relacionados a cognições, emoções, comportamentos apropriados à idade e características centrais para o narcisismo; a versão em uso da CNS mostrou uma boa coerência interna e uma boa confiabilidade longitudinal em populações de crianças holandesas e americanas com desenvolvimento típico. Dois estudos subsequentes, sempre conduzidos pelos colaboradores holandeses, indicam que as crianças com altos traços narcisistas não são caracterizadas por alta autoestima e que sua principal característica é a falta de preocupação empática para com os outros e a propensão para responder a ameaças ao ego por meio de agressão aos outros.

Graças a essa escala e aos importantes resultados obtidos pelo grupo de Thomaes, foi possível ampliar as pesquisas a respeito disso; em particular, nosso grupo de pesquisa, por meio de um primeiro estudo, realizou a validação italiana da CNS (Figura 1.2). Nosso grupo normativo previa 220 crianças (51% meninos) com idades entre 9 e 13 anos (M = 11,8 anos, DP = 1,10 ano). Nosso objetivo era oferecer uma validação preliminar à CNS (Muratori et al., 2018) em uma população de crianças italianas. Um estudo subsequente recrutou uma amostra clínica de 61 crianças entre 9 e 13 anos que se dirigiram ao IRCCS Fondazione Stella Maris (Pisa, Itália) e receberam um diagnóstico de TDO. O que emergiu em nossos trabalhos pode ser resumido em três pontos-chave: o primeiro é ter demonstrado que o narcisismo é avaliável desde os 9 anos, e não apenas na idade adulta; o segundo foi ter identificado níveis mais altos de narcisismo na amostra clínica, e isso tornou plausível a ideia de que o narcisismo predisponha a maiores riscos para a saúde mental do sujeito; o terceiro ponto indica que o narcisismo, ao contrário da alta autoestima, parece predizer problemas comportamentais, como raiva e agressividade, tanto na população geral quanto na amostra clínica examinada, ao passo que os problemas emocionais, como ansiedade e depressão, estão associados ao narcisismo apenas na amostra clínica. Esse estudo reforça a ideia de que o narcisismo pode ter implicações importantes para a saúde mental das crianças e seu subsequente desenvolvimento, predispondo-as a problemas comportamentais mais graves.

Marque a resposta que, no seu entendimento, esclareça melhor como você é:

1. Para mim, é importante que me considerem mais do que aos demais.	Nunca acontece	Às vezes acontece	Quase sempre acontece	Sempre acontece
2. As crianças como eu merecem mais do que as outras.	Nunca acontece	Às vezes acontece	Quase sempre acontece	Sempre acontece
3. Sem mim, nós nos divertiríamos muito menos na classe.	Nunca acontece	Às vezes acontece	Quase sempre acontece	Sempre acontece
4. Frequentemente, acontece que outras crianças recebem elogios que em verdade destinam-se a mim.	Nunca acontece	Às vezes acontece	Quase sempre acontece	Sempre acontece
5. Gosto muito de mostrar aos outros tudo o que sei fazer.	Nunca acontece	Às vezes acontece	Quase sempre acontece	Sempre acontece
6. Sou bastante hábil em levar os demais a crer no que desejo que creiam.	Nunca acontece	Às vezes acontece	Quase sempre acontece	Sempre acontece
7. Sou uma pessoa verdadeiramente especial.	Nunca acontece	Às vezes acontece	Quase sempre acontece	Sempre acontece
8. Outras crianças deveriam comportar-se como eu.	Nunca acontece	Às vezes acontece	Quase sempre acontece	Sempre acontece
9. Costumo ser rápido em obter elogios dos outros.	Nunca acontece	Às vezes acontece	Quase sempre acontece	Sempre acontece
10. Gosto de pensar no quanto sou incrível.	Nunca acontece	Às vezes acontece	Quase sempre acontece	Sempre acontece

Figura 1.2 – A Childhood Narcissism Scale (Thomaes, Stegge, Bushman, Olthof & Denissen, 2008; com a gentil permissão do autor, versão italiana por Paola Brovedani e Pietro Muratori, IRCCS Fundação Stella Maris).

Outros estudos sobre o narcisismo no período do desenvolvimento oferecem indicações muito úteis para a clínica da criança agressiva; a falta de empatia por parte das crianças com traços narcisistas se evidencia, por exemplo, quando tendem a rebaixar os outros para se colocarem em uma luz mais favorável ou quando tendem a instrumentalizar os outros nas relações sociais (Morf & Rhodewalt, 2001). Além disso, há provas que sustentam o fato de que as crianças com esses traços são propensas a adotar comportamentos violentos e agressivos quando o seu ego é ameaçado (Foster, Campbell & Twenge, 2003).

Acredita-se que a agressividade permita aos narcisistas sustentar a sua imagem publicamente e contornar a sua condição de sujeitos com uma autoestima frágil.

Acreditamos, portanto, ser importante desenvolver tratamentos voltados a cultivar uma visão saudável de si mesmo, que possam captar a sutil diferença que existe entre narcisismo e autoestima, doentio sentimento de superioridade e saudável sentimento de valor. Para desenvolver essas intervenções, é necessário entender quando e por que emergem narcisismo e autoestima. Apenas uma pesquisa se concentrou nas características parentais que mais frequentemente se associam ao desenvolvimento do narcisismo mal-adaptativo: trata-se do estudo conduzido por Brummelman e colaboradores (2015). Os pais são naturalmente levados a considerar e a avaliar positivamente os próprios filhos; mas, quando a avaliação se torna excessiva e irrealista, pode haver efeitos danosos no desenvolvimento das características psicológicas dos próprios filhos.

O narcisismo é cultivado pela superavaliação dos pais: estes veem o seu filho como um indivíduo único e extraordinário, superavaliam suas características, então exageram ao elogiar a criança e cultivam a crença fundamental que está na base do narcisismo: "Sou superior aos outros". Ao contrário disso, a autoestima é desenvolvida pelo calor dos pais: os pais expressam proximidade e afeto pelo seu filho, independentemente dos desempenhos que o filho mostra em sua vida. A pesquisa dos autores holandeses acima citados introduz um importante conceito, ou seja, a *parental overvaluation* [superavaliação parental], práticas e crenças parentais capazes de desencadear ideias de superioridade na criança. O elogio excessivo ao próprio filho parece encaixar-se bem com a necessidade constante por parte do narcisista de receber admiração e elogios. Essas características parentais são mensuráveis por uma escala breve, de apenas sete itens, a ser administrada aos pais, a Parental Overvaluation Scale (POS). A validação da escala foi concluída por meio da realização de seis estudos em amostras de crianças e pais de duas populações, holandesa e americana; a escala mostrou uma boa consistência interna e uma boa confiabilidade teste-reteste. Os autores destacaram a presença de traços narcisistas nos pais das crianças que são superavaliadas. Além disso, a superavaliação parental foi avaliada em relação às práticas parentais atuais e mostrou-se associada, em particular, aos elogios inespecíficos fornecidos ao próprio filho (Figura 1.3).

Dessas considerações, parece claro que seria útil fornecer programas de treinamento para pais, que não só sejam capazes de os direcionar a fornecer calor, proximidade e afeto, como também que evitem uma superavaliação irrealista dos próprios filhos. Tal abordagem exigiria que os programas existentes fossem aprimorados, pois muitas vezes se baseiam principalmente em elogios como instrumento para aumentar a autoestima, mas na realidade o elogio pode suscitar efeitos contraditórios, como diminuir a autoestima ou aumentar o narcisismo. Aqui, refere-se sobretudo ao elogio inespecífico, cuja frequência precisa diminuir nos pais das crianças com traços narcisistas. Deve-se encorajar, em todo caso, o elogio específico, como reforço à emissão por parte da criança de um comportamento-alvo adaptativo.

Marque a resposta que, no seu entendimento, descreve melhor como você vê seu filho:

1. Sem meu filho, a classe seria menos divertida.	Nunca acontece	Às vezes acontece	Quase sempre acontece	Sempre acontece
2. Meu filho merece receber tratamento especial.	Nunca acontece	Às vezes acontece	Quase sempre acontece	Sempre acontece
3. Eu não me surpreenderia se meu filho tivesse talentos e habilidades excepcionais.	Nunca acontece	Às vezes acontece	Quase sempre acontece	Sempre acontece
4. Duvido que meu filho seja apenas mais uma criança entre outras.	Nunca acontece	Às vezes acontece	Quase sempre acontece	Sempre acontece
5. Meu filho é mais extraordinário que as demais crianças.	Nunca acontece	Às vezes acontece	Quase sempre acontece	Sempre acontece
6. É meu filho que merece algo mais na vida.	Nunca acontece	Às vezes acontece	Quase sempre acontece	Sempre acontece
7. Meu filho é um modelo fantástico a ser seguido por outras crianças.	Nunca acontece	Às vezes acontece	Quase sempre acontece	Sempre acontece

Figura 1.3 – A Parental Overvaluation Scale (Brummelman et al., 2015; com a gentil permissão do autor, versão italiana por Paola Brovedani e Pietro Muratori, IRCCS Fundação Stella Maris).

Portanto, no momento em que se deseja aprofundar a presença de traços narcisistas em crianças, deveria prever-se administrar uma medida do narcisismo não patológico, como a CNS, e uma medida que nos dê um nível de autoestima, como o TMA, que tem o mérito de ser amplo e subdividido em subescalas que exploram os diferentes domínios da autoestima. Alternativamente, pode-se utilizar o "Teste de Autoavaliação da Autoestima", de Rosenberg, mais manejável pelo reduzido número de itens, que nos propõe uma ideia do nível geral de autoestima. Lembremo-nos de que o perfil mais arriscado é uma pontuação alta na CNS e baixa no TMA (ou Rosenberg). Eventualmente, em relação ao contexto, pode-se usar uma seção do Alabama Parenting Questionnaire (APQ), prestando-se especial atenção ao nível de envolvimento que os pais relatam. Graças às últimas pesquisas de Brummelman, é possível investigar a superavaliação dos pais em relação aos próprios filhos. As poucas pesquisas nos indicam que o perfil parental mais associado ao desenvolvimento de traços narcisistas nas crianças é caracterizado por baixo envolvimento e alta superavaliação parental. Nossa esperança é que em breve possam aumentar as pesquisas nesse âmbito, para que se torne viável um plano terapêutico capaz de intervir tanto nas crenças da criança quanto nas práticas parentais aptas a sustentar, senão mesmo fazer surgir, os traços narcisistas no período do desenvolvimento.

2
Parentalidade e transtornos externalizantes

A parentalidade

O termo parentalidade [*parenting*] refere-se a um sentido amplo e certamente de definição não simples. Independentemente das diversas possíveis tipologias de família hoje existentes e das individualidades singulares, o que se mostra essencial é o vínculo de dependência que une a criança a quem cuida dela, aspecto que implica uma disparidade de responsabilidades, deveres e papéis no par. Isso acontece apesar da competência que a criança apresenta desde o nascimento como parceira ativa e participante dentro da relação (Barone, 2007; Lambruschi & Lionetti, 2015; Reddy, 2010).

No plano *procedimental*, levando em consideração os modelos tácitos, a "parentalidade" expressa-se em específicos padrões comportamentais voltados ao cuidado do filho em relação a uma variedade de necessidades: a) de tipo *físico*, como as inerentes a alimentação, saúde, higiene, vestuário, segurança física, condições ambientais e habitacionais etc. (cuidado nutricional e cuidado material; Bornstein, 1995); b) de tipo *psicológico*, como a aprendizagem de conhecimentos e autonomia pessoal e social capazes de orientar e sustentar a criança na realidade; a aquisição de regras educativas e morais e de estratégias adequadas de socialização; a necessidade de segurança emocional e afetiva, de conforto e tranquilidade em situações de vulnerabilidade e estresse emocional etc. (cuidado didático e cuidado social; Bornstein, 1995). As configurações de resposta do adulto a essas necessidades da criança expressam-se em uma gama mais ou menos ampla de atitudes e comportamentos interpessoais observáveis, que vão definir o que comumente se entende por *estilo parental*.

Na definição de "parentalidade", existem dois construtos teóricos que, no plano da pesquisa e dos instrumentos de avaliação, foram tradicionalmente distinguidos em duas importantes subfunções: o componente dito *educacional*, ou seja, relativo a aspectos disciplinares como estabelecer limites, definir regras, promover estratégias de socialização, veicular modelos culturais e morais; e o componente dito *afetivo*, que, como já salientamos ao falar de sensibilidade e responsividade, refere-se à capacidade de captar, interpretar e responder de modo adequado (e com o tempo certo de sintonização) aos sinais comunicativos do próprio filho.

Também um vasto âmbito de pesquisa no campo da *psicopatologia do desenvolvimento* tende a distingui-los para melhor focalizar e articular as suas funções individuais (DeKlyen & Greenberg, 2008; Greenberg, 1999). Assim enquadrados, capacidades de estabelecer regras e de veicular afetividade poderiam parecer como construtos diferentes e distantes entre si, porém a experiência clínica e os dados da pesquisa mostram como esses dois componentes estão estreitamente relacionados, sugerindo de fato como seria impossível educar sem amar e vice-versa. Em outros termos, como veremos, as estratégias de regulação emocional que a criança desenvolve na relação afetiva com os pais influenciam também o grau de adesão a aspectos de tipo educacional no plano comportamental e social (Lambruschi & Muratori, 2013).

O papel do cuidador é fundamental para sustentar o desenvolvimento físico, emocional, relacional e cognitivo da criança; e esta, por sua vez, mostra uma motivação inata e primária à busca de um adulto afetivamente significativo, mais forte e mais sábio, que saiba fornecer cuidados não apenas no plano físico, mas também no emocional, de modo que se represente não apenas uma base segura da qual a criança possa partir para breves ou longas explorações, mas também um porto a que possa retornar para reencontrar proximidade e apoio (Ainsworth et al., 1978a, 1978b; Bowlby,

1969). No decorrer dessas primeiras trocas relacionais, entre a busca de proteção e a exploração, graças à interação mútua entre processos neurobiológicos e relações interpessoais, desde a primeira infância, forma-se a mente. Nessa evolução, os relacionamentos com as figuras parentais agem por meio do favorecimento ou da inibição não só do desenvolvimento e da organização dos circuitos neurais, como também da sua ativação.

Esse processo relacional encerra mudanças progressivas ao longo do tempo e requer um contínuo reajuste do equilíbrio entre o papel de proteção desempenhado pelo cuidador e as crescentes necessidades de autonomia e exploração por parte da criança em crescimento; isso representa uma verdadeira *tarefa de desenvolvimento conjunto*. Nessa troca relacional, é importante o grau em que os pais conseguem reconhecer e interpretar corretamente os sinais da criança, atribuindo a eles um significado (Downing, Bürgin, Reck & Ziegenhain, 2008) e sustentando o desenvolvimento com afetividade e disponibilidade emocional (Biringen, 2000), mas também com capacidade de estruturação e definição das regras de modo sensível (Barone & Lionetti, 2013; Juffer, Bakermans-Kranenburg & Van IJzendoorn, 2008).

É na relação com as figuras de apego primárias que se organiza, desde as primeiras fases da vida, o Eu da criança. Por isso, uma avaliação adequada da parentalidade é tão importante no âmbito dos transtornos externalizantes, assim como em toda a psicopatologia infantil: identificar precocemente eventuais vulnerabilidades e fatores de risco representa o primeiro passo para apoiá-la de forma eficaz e, indiretamente, promover a adaptação e o desenvolvimento harmonioso da própria criança. Isso é ainda mais verdadeiro à medida que o transtorno do comportamento (em termos opositivos provocatórios ou de primeiros sinais alarmantes de raiva) se apresenta precocemente à nossa observação. Aqui, as figuras parentais deverão ser mantidas firmemente no centro do processo terapêutico desde as primeiras fases da avaliação.

As modalidades de parentalidades observáveis nos pais são fruto de sua *história evolutiva*, que se expressa em um particular *estado mental*, caracterizado por níveis mais ou menos bons de integração do Eu, de *mentalização* em primeira e terceira pessoas e, portanto, de *mind-mindedness* ou *insightfulness* (Meins, 1997; Meins et al., 2003; Oppenheim & Koren-Karie, 2002), ou seja, de orientação à mente do próprio filho. Tudo isso se reflete, somando-se os graus maiores ou menores de sensibilidade e responsividade observáveis na interação com o filho, em uma maior ou menor segurança no vínculo de apego que ele desenvolverá em relação aos pais e, portanto, em harmonia no desenvolvimento afetivo, social e moral (para uma descrição mais aprofundada dessas passagens, cf. Lambruschi & Lionetti, 2015).

Disciplina sensível

O conceito de "disciplina sensível" (Barone & Lionetti, 2013; Juffer, Bakermans-Kranenburg & Van IJzendoorn, 2008) está se tornando central tanto na compreensão quanto nos percursos de tratamento dos transtornos externalizantes.

As disposições temperamentais inatas da criança (com os respectivos correlatos neurobiológicos) já podem, por si só, impor aos pais restrições importantes no exercício de sua função educacional e de orientação nas estratégias de socialização. No capítulo 4, descreveremos como a agressividade no período do desenvolvimento pode estar associada a um funcionamento neurobiológico caracterizado basicamente por hiper-reatividade emocional ou, inversamente, por hiporregulação e pouca sensibilidade ao ambiente. Estabelecer regras educativas para crianças caracterizadas por esse funcionamento básico é uma tarefa árdua, que exige dos próprios pais um estado mental particularmente equilibrado e reflexivo, capaz de adaptar-se, de forma flexível, às maneiras atípicas de sinalização da criança e de tolerar conscientemente os sentimentos de frustração e impotência que situações relacionais desse tipo inevitavelmente provocam.

Além disso, deve-se enfatizar outra competência importante que um pai ou uma mãe com estado mental seguro geralmente deveria ser capaz de demonstrar na relação com o próprio filho, ou seja, uma boa capacidade "reparadora" nos processos de sintonização afetiva. Estabelecer limites e regras morais e sociais ocasiona inevitavelmente a ativação na criança de sentimento de frustração, vergonha, medo, desgosto e tristeza. Caso a relação seja caracterizada em termos de segurança relativa, as estruturas representativas de si mesmo e do outro, suficientemente positivas e coesas, já interiorizadas pela criança – juntamente com a qualidade positiva duradoura do vínculo de apego –, permitirão reconhecer e integrar tais estados emocionais de maneira não ameaçadora e destrutiva. O cuidador será capaz de empatizar com esses estados internos secundários da criança, ajudando-a a tolerá-los, regulá-los e "resolvê-los" adequadamente, na confiança e na garantia mútua de que essa conflitualidade temporária não ameaçará de forma irreparável o estado da relação. Dentro de um vínculo caracterizado por bons níveis de sensibilidade e responsividade no cuidador, de fato a criança perceberá que essas emoções de medo, tristeza, frustração ou vergonha (em si evolutivamente adaptativas) não correm o risco de se transformar em ansiedade e ameaça, sentimento de desespero, raiva desregulada ou sentimento intolerável de humilhação. Não perceber o conflito com os pais (a autoridade) como ameaçador ao estado da relação representa, portanto, a base para uma interiorização adequada (não apenas teórica) das regras morais e sociais e de estratégias de socialização adequadas. Nos modelos de apego inseguro, ao contrário, justamente a raiva e a oposição podem se tornar paradoxalmente a única maneira de gerenciamento ativo e regulação do estado da relação (Lambruschi & Muratori, 2013).

É evidente, desse modo, a importância do equilíbrio integrativo entre o componente educacional e o componente afetivo da parentalidade, equilíbrio que encontra respaldo exatamente no conceito de "disciplina sensível", em que o justo impulso dos pais para a adesão aos valores morais ou sociais *não é percebido pela criança como ameaçador à manutenção do estado de relação afetiva.*

Kochanska e colaboradores dedicaram-se amplamente à relação entre a segurança do apego e o desenvolvimento de comportamentos pró-sociais e morais nas crianças. Em primeiro lugar, observaram como as crianças com apego seguro se mostram mais "honestas" em contextos de jogo livre, como se tivessem desenvolvido uma visão de si mesmas como agentes morais; e, posteriormente, essas mesmas crianças mostraram uma melhor cognição moral (Kochanska et al., 2004).

Em outro estudo, conduzido em pares considerados suscetíveis a futuros desenvolvimentos psicopatológicos, evidenciou-se como o apego seguro é promotor de uma maior confiança na figura materna e, consequentemente, de melhores processos de socialização com os pares da criança (Kochanska et al., 2010). Em um estudo longitudinal adicional e interessante, Kochanska e Kim (2012) trazem à luz, de maneira ainda mais precisa, como a segurança, ou a insegurança, opera no vínculo de apego como moderador ou catalisador do futuro processo de socialização e de modulação das emoções; para isso, observa-se como o desenvolvimento de um comportamento agressivo aos 8 anos de idade pode ser previsto por sua aparição durante a primeira infância. Essa relação é claramente mediada pelas modalidades com as quais a mãe tenta modular e enfrentar o comportamento agressivo do filho desde suas primeiras manifestações em torno dos 2 ou 3 anos de vida. De fato, apenas nos pares inseguros a mãe tende a ter necessidade de afirmar seu poder e seu controle também por meio de métodos educacionais coercitivos em resposta ao comportamento desregulado da criança. Nos pares seguros, no entanto, para o comportamento desregulado da criança (ainda que de igual intensidade, nas suas primeiras manifestações, em comparação ao das crianças nos pares inseguros), a mãe adota comportamentos responsivos, sem a necessidade de assumir o controle ou de afirmar seu poder.

Essa maior "permeabilidade" em relação às comunicações e aos aprendizados culturais com valência moral, observável nas crianças com experiências de apego seguro, remete de maneira bem evidente ao conceito de *epistemic trust* (Corriveau et al., 2009; Fonagy, Gergely

& Target, 2007; Sperber et al., 2010; Wilson & Sperber, 2012). Esses autores identificaram e estudaram experimentalmente como esse fator é capaz de explicar de que maneira a criança tira proveito do comportamento mentalizante do cuidador.

As experiências de apego seguro não apenas abririam o caminho para a aquisição da mentalização, mas também seriam a chave para a formação de uma *confiança epistêmica* básica na criança, ou seja, de sua vontade de considerar o novo conhecimento proveniente do outro significativo algo confiável, generalizável e relevante para o Eu. A predisposição do cuidador para responder de forma contingente aos sinais comunicativos explícitos da criança, por meio de respostas comunicativas igualmente explícitas (*sinais ostensivos*), cria a base por meio da qual a criança se torna disponível para adquirir mais conhecimentos do próprio cuidador, atenuando a vigilância epistêmica natural, ou seja, a tendência autoprotetiva natural de ser desconfiado em relação às informações que vêm dos outros porque podem ser potencialmente prejudiciais, falaciosas ou imprecisas (Fonagy & Allison, 2014). Dessa forma, o apego poderia mediar a transmissão confiável do conhecimento (primeiramente das cognições *morais* mais relevantes e compartilhadas) de uma geração para outra. Nesse sentido, os graves transtornos externalizantes da infância e da adolescência (e suas mais prováveis evoluções psicopatológicas adultas na forma de graves transtornos de personalidade), frequentemente caracterizados por trajetórias de desenvolvimento particularmente inseguras e/ou traumáticas, representariam as expressões mais evidentes de desconfiança epistêmica (*epistemic mistrust*) e, portanto, de refratariedade e impermeabilidade em relação ao conhecimento cultural e moral socialmente compartilhado (Fonagy & Allison, 2014).

Liotti e colaboradores (Liotti, 1994, 2001; Liotti & Farina, 2011; Liotti & Monticelli, 2008, 2014) nos ofereceram uma conceitualização interessante e inovadora da motivação humana em termos de sistemas motivacionais inatos (SMI), baseada nos mais recentes conhecimentos neurocientíficos e evolutivos, conceitualização esta que gradualmente substituiu os conceitos clássicos de "instinto" ou de "pulsão"[4].

Essa conceituação pode nos ajudar a compreender melhor a relação entre natureza/inato e cultura/aprendizado sem colocar essas dimensões, como frequentemente ocorreu, em uma relação antitética, com o risco de repropor a rígida dicotomia freudiana entre princípio do prazer (processos primários) e princípio da realidade (processos secundários), segundo a qual a criança viria ao mundo apenas com impulsos pulsionais (como ser "perverso polimorfo"), totalmente desprovida de uma dimensão "ética" e que apenas posteriormente seria forçada a se adaptar ao princípio da realidade e, portanto, às regras sociais e morais.

Apesar disso, a teoria do apego e, mais amplamente, a teoria dos sistemas motivacionais inatos (SMI) nos ajudam a entender que desde o início há uma relação dinâmica entre essas instâncias. Os sistemas motivacionais presentes desde o nascimento representam, na verdade, a síntese evolutiva do que é "bom" para nós e para nossa espécie em termos de regulação emocional e comportamental, de adaptação, de evitamento de conflitos destrutivos, de reprodução etc. Portanto, na realidade, não chegamos ao mundo como uma *tabula rasa* em relação à dimensão ética, mas, poderíamos dizer, com uma bagagem ética sensório-motora inata, já evolutivamente socializada e teleológica – ou seja, orientada a propósitos, valores, fins muito importantes, ainda que não explícitos.

4. Segundo essa perspectiva, cada um de nós vem ao mundo dotado de uma estrutura biológica que prevê um conjunto de sistemas comportamentais ou motivacionais sociais que regulam tacitamente nosso comportamento interpessoal, ou seja, um conjunto de regras inatas (selecionadas filogeneticamente e dispensáveis na aprendizagem) que têm o significado de disposições para perceber e agir em relação a coespecíficos em vista de um objetivo biologicamente prefixado: o sistema motivacional do *apego* (que nos impulsiona em situações de vulnerabilidade a buscar conforto de coespecíficos percebidos como mais fortes e mais sábios), do *acudimento/cuidado* (que nos impulsiona a dar cuidados a coespecíficos que mostram sinais de vulnerabilidade), *agonístico* (que regula as relações de dominância e subordinação entre indivíduos), *sexual* (que regula as ritualidades ligadas ao comportamento reprodutivo), *cooperativo/igualitário* (que organiza os comportamentos de colaboração entre coespecíficos em vista de um objetivo conjunto).

Em uma perspectiva evolutiva moderna, a fase primária de desenvolvimento em que prevalece a função afetiva da parentalidade (e que vê ativos em acoplamento estrutural os SMI de apego na criança e de cuidado e atenção nos pais) de modo algum deve ser entendida como uma fase de "anarquia" no plano ético na criança. Pelo contrário, o objetivo evolutivo nessa fase, para ambos, é a regulação dos estados de ativação emocional (Hill & Wang, 2015) com a consequente obtenção de uma organização diádica (sensório-motora) suficientemente regulada e adaptada, extremamente "trabalhosa" para ambos porque implica ciclos contínuos de busca de sintonização, frequentes rupturas fisiológicas, movimentos de reparação. O objetivo do sistema motivacional de apego nessa fase, chamada de *regulação fundamental* (0-3 meses), é permitir que a criança construa um programa adequado para a manutenção do estado de relação com aquele cuidador, com aquelas suas específicas prioridades emocionais, naquelas particulares condições ambientais. Longe de uma condição ou de um hipotético princípio do prazer, nessa perspectiva evolutiva a criança deve trabalhar muito duro para alcançar esse objetivo.

Da mesma forma, mesmo quando os outros sistemas motivacionais começam a se ativar no desenvolvimento da criança, não devemos imaginar que se ativem, por exemplo, o prazer do agonismo como desejo de supremacia, ou o prazer sexual como cobiça desregrada. Tais sistemas motivacionais já são, por si só, sistemas regulados, valores inatos, coisas "boas" para sentir e fazer, predisposições para perceber e agir de forma regulada a agressividade (canalizando-a e regulando-a em relações de categorias definidas) ou a sexualidade (com toda uma série de sinais codificados de disponibilidade para o acasalamento, de cortejo etc.).

Portanto, algumas dimensões reguladoras "éticas" os seres humanos já têm desde o nascimento, como legado filogenético. O problema, sobretudo para nós humanos, é a tamanha facilidade em perdê-las: relações afetivas inseguras podem facilmente complicar ou destruir (já nos primeiros anos de vida) o *saber ético implícito* que a evolução construiu pacientemente em milhões de anos.

Obviamente, dentro dos diferentes sistemas motivacionais e nos valores inatos veiculados por eles, há relações hierárquicas de ordem superior ou inferior, com uma *decidida centralidade nas primeiras fases de desenvolvimento do sistema de apego* a respeito dos outros. Quando as coisas vão bem nas vicissitudes afetivas primárias e se estruturam modelos de apego suficientemente seguros, todo o "pentagrama motivacional" acaba por funcionar de forma mais harmônica e com um "equilíbrio ético" extraordinário. Usamos, por exemplo, o agonismo de forma equilibrada, conseguimos nos descentralizar e, consequentemente, sair do egocentrismo cognitivo primário colaborando mais facilmente, porque nos descentralizar e olhar as coisas do ponto de vista do outro não é perigoso afetivamente, ou seja, não ameaça a manutenção do estado de relação.

Essa ameaça, no entanto, é percebida nos padrões de apego definidos como "coercitivos" (Crittenden, 2008), com um excesso de critérios egocêntricos em relação aos alocêntricos: nesses casos, a criança sente que não se descentralizar e perseverar com seu comportamento tirânico (apesar de todos os "efeitos colaterais" e punitivos que isso implica) é a maneira mais eficaz de evitar que o outro, em sua instabilidade e imprevisibilidade, possa esquecer-se dela. Ela não faz isso porque é intrinsecamente "má" ou porque não interiorizou adequadamente as regras morais, mas porque busca sentir um mínimo de segurança afetiva, de estabilidade na relação e, portanto, de consistência identitária.

Para algumas crianças, pode ser essencial já aos 2 anos e meio de idade corresponder sistematicamente às expectativas da mãe (e, por isso, tornar-se um "bom soldadinho"): trata-se das expectativas que, no modelo dinâmico maturacional do apego de Patricia Crittenden (2008), são definidas como *padrões compulsivamente complacentes* (A4). Para outras crianças, pode ser importante cuidar amorosamente delas para manter um estado mínimo de relação: essas são definidas como *padrões compulsivamente cuidadores* (A3). Essas crianças, cujo contexto afetivo primário forçadamente as levou a se descentralizar – colocando em destaque precoce o ponto de vista parental –, já aos 4 ou 5 anos mostram no plano relacional e moral um excesso (igualmente disfuncional) de critérios alocêntricos em relação aos egocêntricos.

Nas estruturas de personalidade organizadas de forma "obsessiva" (ou seja, normalmente subjacentes a transtornos do tipo obsessivo-compulsivo), podemos encontrar, em certos aspectos, padrões de funcionamento interno diametralmente *opostos* aos observáveis nos transtornos da conduta, caracterizados, portanto, por extrema rigidez na adesão às regras morais e por *hipertrofia do senso de responsabilidade moral.* Toda a sua subjetiva experiência de vida – seja a orientação perceptiva, seja os processos inferenciais e avaliativos, seja as disposições neurofisiológicas e motoras – gira em torno dessa rígida estrutura identitária, com a possibilidade, portanto, de experimentar profundos sentimentos de culpa, indignidade moral e desprezo por si mesmo, em caso de percebida invalidação desses padrões. Temos dados de pesquisa interessantes (Doron & Kyrios, 2005; Doron et al., 2008; Doron et al., 2009; Doron, Sar-El, Mikulincer & Talmor, 2012; Doron et al., 2012; Seah, Fassnacht & Kyrios, 2018) que fornecem evidências empíricas a respeito dessa área organizativa do Eu, destacando também aqui como a insegurança do apego, preocupada ou distanciadora, pode desempenhar um papel importante de mediação entre a acentuada sensibilidade moral e o surgimento da sintomatologia obsessiva e compulsiva. É interessante notar como, nesses contextos, não é somente a rigidez educacional do contexto familiar que determina o risco psicopatológico, mas sim a sua manifestação dentro de um contexto de insegurança nos vínculos de apego e de percepção de ameaça ao estado de relação. Em outras palavras, "se, de modo negligente, não me comporto de maneira atenta, prudente e responsável, no rosto do outro posso captar o desprezo e uma séria ameaça de ruptura do estado de relação". É o olhar repreensivo e desprezível dos pais que torna imperdoável o erro e torna intolerável o sentimento de culpa moral (Tenore & Serrani, 2013).

Dessa forma, o equilíbrio no desenvolvimento de um senso moral adequado está intimamente ligado ao grau da segurança percebida nos vínculos de apego, como contexto de transmissão do *nómos*. Quando a regra é transmitida dentro de laços afetivos suficientemente seguros, será mais facilmente aceita e assimilada pela criança, que desenvolverá com maior probabilidade um impulso para a *autonomia*; quando, porém, essa regra encontra contextos de cuidado/afeto afetivamente inseguros, estes resultarão em um impulso alocêntrico impróprio e excessivo, ou em um impulso disfuncional e patológico do tipo egocêntrico.

Apego e transtornos externalizantes

Conforme veremos ainda melhor no capítulo 4, o nível de excitação, mediado por diversas inclinações temperamentais, representa um claro fator de vulnerabilidade para dificuldades na interiorização de normas, no controle da impulsividade e na modulação da agressividade. Entretanto, conforme acabamos de destacar, ao determinar o risco de desenvolver um TC (Kochanska, 1997), essa inclinação é dificilmente separável da qualidade dos cuidados parentais.

Na gênese dos transtornos externalizantes, o processo interativo caracterizado por *ciclos coercitivos* específicos entre os pais e a criança há muito tempo foi delineado (Patterson, 1986) como o desfecho típico do encontro entre uma criança com temperamento difícil – predisposição que torna o filho menos capaz de regular o estresse subsequente à imposição de um limite – e um pai ou uma mãe incapaz de sustentar ou compreender as demandas da criança. Da literatura emerge o modo como todas as categorias diagnósticas compreendidas no grupo dos TC são frequentemente associadas a *quadros familiares típicos*. De modo particular, emerge o modo como a presença de psicopatologia nos pais, sintomas depressivos na mãe e comportamentos delinquentes no pai estão ligados ao desenvolvimento do TC (Pfiffner et al., 2005), ao passo que metodologias educativas incoerentes e ineficazes podem contribuir para a manutenção dos sintomas do TDO ou do TDAH. A presença de um transtorno psicopatológico nos pais influencia, obviamente, também a percepção do comportamento do filho e, portanto, o modo educacional-relacional adotado por eles mesmos (Frick et al., 1992). Querido, Bearss e Eyberg (2002) mostraram, por exemplo, como as mães com síndrome depressiva percebem o comportamento de seus filhos como mais perturbado nos momentos piores de depressão. Outras pesquisas mostram como a presença de um transtorno psicopatológico na mãe pode levar a uma mudança no modo de perceber o comportamento do filho – é visto como intencional, sobretudo se desadaptativo, bem como ligado a traços estáveis de personalidade "maligna". Essa percepção alterada do comportamento do filho pode levar os pais a um maior uso de práticas educativas duras e agressivas, que acabam por alterar ainda mais seu comportamento, reforçando assim a percepção "distorcida" desses pais.

Tudo isso tem importantes implicações no plano operacional e no tratamento (cf. mais a esse respeito no capítulo 3 e no capítulo 4): já nas fases iniciais de avaliação, será particularmente útil explorar cuidadosamente as atribuições causais expressas pelos pais diante do comportamento do próprio filho e, então, monitorá-las nas diversas fases do processo psicoterapêutico.

Entre as características do contexto relacional, certamente a segurança, ou insegurança, dos laços de apego que a criança foi capaz de construir com as próprias figuras de referência representa uma das variáveis protetoras ou de risco fundamentais. Em contrapartida, os estudos originais de Bowlby a respeito de apego e separação ofereciam indicações bem substanciais no que diz respeito à possibilidade de que a insegurança nos laços de apego primários pudesse desempenhar um papel importante no desenvolvimento futuro de agressividade e de comportamento antissocial (Bowlby, 1944). Essas hipóteses influenciaram muito uma série de reflexões e de estudos subsequentes a respeito das relações entre apego e agressividade no desenvolvimento infantil (Lewis et al., 1984; Van IJzendoorn, 1997). No agora clássico estudo longitudinal Minnesota Parent-Child Project (Egeland & Sroufe, 1981; Erickson, Sroufe & Egeland, 1985; Sroufe, 1983), os sujeitos com apego inseguro evidenciavam um risco mais alto de desenvolver na pré-adolescência transtornos do humor com sintomas depressivos internalizantes ou transtornos comportamentais externalizantes de tipo agressivo. De maneira geral, nesses primeiros estudos parecia haver uma especificidade de ligação tanto entre apego evitante e problemas externalizantes subsequentes quanto entre apego ambivalente e transtornos de tipo internalizante. O subsequente uso dos sistemas de codificação de quatro vias, compreendendo não apenas as três configurações centrais de apego (A, B e C), mas também o apego desorientado-desorganizado (Main & Solomon, 1990), abriu novas hipóteses e resultados interessantes de pesquisa que evidenciam uma forte correlação entre essa tipologia de apego e problemas externalizantes. Em alguns estudos relacionados às populações de alto risco (Lyons-Ruth et al., 1989; Shaw & Vondra, 1995; Shaw et al., 1997), o apego desorganizado mostrou-se claramente correlacionado com elevados níveis de hostilidade e de agressividade na idade pré-escolar e, portanto, com a categoria dos transtornos da conduta. Mais especificamente, o apego inseguro e a personalidade materna eram ambos preditivos de dificuldades clinicamente relevantes aos 5 anos: enquanto 60% das crianças desorganizadas mostravam níveis elevados de agressividade, comportamentos idênticos eram evidenciados por 31% dos evitantes, por 28% dos resistentes e apenas por 17% dos seguros.

Em contrapartida, também nesses estudos é interessante notar que, ao passo que a combinação entre apego desorganizado e temperamento difícil constitui um poderoso preditor (as crianças com ambos os fatores de risco mostravam índices de agressividade no 99º percentil), a presença de apenas um desses fatores correlaciona-se com níveis de agressividade dentro da norma. Em confirmação a esse dado, também um estudo de Pasalich, Hawes, Dadds e Brennan (2011) evidencia como, em uma ampla amostra de crianças com TC, a gravidade desse transtorno (medida pelo nível dos TIF) é associada à presença de apego desorganizado e, em medida menos significativa, a um apego inseguro coercitivo, enquanto não aparece na presença de apego evitante. Os estudos de Carlson

(1998), Lyons-Ruth, Alpern e Repacholi (1993), Van IJzendoorn (1997), Moss, Cyr e Dubois-Comtois (2004) mostram correlações robustas e semelhantes entre apego desorganizado, de um lado, e agressividade e problemas externalizantes, do outro. Algumas importantes metanálises (Fearon et al., 2010; Groh et al., 2012), estendidas a um corpo de pesquisas bastante amplo (globalmente cerca de 6 mil sujeitos), confirmaram a ligação entre insegurança geral no apego e subsequente desenvolvimento de agressividade e problemas externalizantes. Em particular, a desorganização do apego é decididamente a categoria mais em risco nesse sentido. Entre as duas categorias inseguras organizadas (evitação e ambivalência), como parecem confirmar também diversos outros estudos (Burgess et al., 2003; Keller, Spieker & Gilchrist, 2005; Munson, McMahon & Spieker, 2001), a evitação parece constituir um fator de risco mais evidente na determinação de problemáticas de tipo externalizante, e isso orienta os comportamentos infantis para a expressão de condutas agressivas e pouco controladas em relação aos outros e, em particular, aos pares. Esses dados se mostram ainda mais significativos se for considerado que a maior parte dos estudos incluídos na análise é de tipo longitudinal, frequentemente com vários anos de intervalo entre as medidas da variável independente e da variável dependente; e que as medidas do comportamento externalizante são principalmente de tipo observacional direto, mais do que indireto. Também o trabalho de metanálise de Yaholkoski, Hurl e Theule (2016) confirma em grande parte os resultados das pesquisas anteriores: a presença de TC ou de TDO correlaciona-se de modo moderado com a insegurança geral do apego, com a experiência de contextos relacionais caracterizados por um grau mais elevado de perigo proveniente da própria figura de apego. Como é conhecido, a desorganização do apego medida na primeira infância, com base nas novas competências cognitivas, emocionais e sociais postas à disposição pelo desenvolvimento, tende a evoluir no curso da idade pré-escolar e escolar em direção a estratégias particulares de proteção do Eu, com uma sua bem definida coerência e organização na conduta interpessoal.

Essas estratégias foram definidas por Cassidy e Marvin (1992) como *controladoras* tanto em sentido punitivo e humilhante para com os pais quanto por meio de modos acolhedores, confortantes e tranquilizadores em relação a eles; essa posição também se encontra em Hennighausen e Lyons-Ruth (2005), em Hesse et al. (2003), bem como em Lyons-Ruth e Jacobvitz (2008). No articulado sistema dinâmico maturativo de Crittenden (1997, 1999; Crittenden & Landini, 2012), esses modelos são definidos como *coercitivos ativos* (C3/5/7) e *defensivos* (A3/4/5/6) *com índices médio e alto*. Numerosas pesquisas, tanto em amostras de alto risco quanto em amostras clínicas (Greenberg et al., 1991; Speltz, DeKlyen & Greenberg, 1999; Speltz, Greenberg & DeKlyen, 1990), bem como em amostras não clínicas (Fagot & Pears, 1996), mostram como essas configurações resultam particularmente no risco de desenvolvimento de transtornos da conduta ou de um TDO.

Fonagy e colaboradores (Allen & Fonagy, 2008; Fonagy, Gergely, Jurist & Target, 2002; Fonagy & Target, 1997) forneceram a própria interpretação dos comportamentos agressivos baseada nas *dificuldades metacognitivas* ou de *mentalização* presentes nessas crianças. Partindo do pressuposto de que as funções metacognitivas estão estritamente conectadas com o funcionamento básico do apego, eles mostraram como a aquisição da função reflexiva (ou mentalização) está estritamente ligada às oportunidades que a criança teve para explorar a mente da própria figura de apego nos primeiros anos de vida (e, portanto, ligada às competências reflexivas do cuidador). Em particular nos apegos do tipo desorganizado, os níveis de invasividade e de hostilidade para com a criança por parte da figura de apego tornam-se tão maciços e pervasivos a ponto de introduzir, dentro da relação, elementos consistentes de ameaça e medo. A compreensão do comportamento do cuidador, assumir sua perspectiva mental, poderia levar essas crianças a confrontarem-se com representações extremamente dolorosas, carregadas de ódio, crueldade ou indiferença. Além do mais, isso poderia determinar um rompimento entre estados internos e ações, com o desenvolvimento de graves déficits metacognitivos: a essas crianças não seria concedido o "luxo" da mentalização, e elas prefeririam confiar em modelos procedurais autoprotetivos mais seguros (atos agressivos). A dificuldade em mentalizar e em reconhecer os estados internos próprios e alheios, no entanto, iria privá-las do principal dissuasor na implementação do comportamento agressivo: a possibilidade de representar os estados mentais alheios e seu possível sofrimento (Fonagy & Target, 1997).

Alguns estudos recentes (Bizzi et al., 2019) utilizaram a Child Attachment Interview em crianças entre 8 e 15 anos, para avaliar, além da qualidade do apego, também a função reflexiva (FR). Os estudos envolveram tanto grupos clínicos (transtornos de sintomas somáticos e transtornos do comportamento disruptivo, do controle de impulsos e da conduta) quanto grupos não clínicos, encontrando significativamente naqueles uma função reflexiva mais baixa e um apego inseguro (mais de 80%) ou desorganizado (mais de 40%) em comparação com estes. Além disso, dentro dos grupos clínicos, a FR é significativamente mais baixa nos sujeitos com TCD em comparação aos com problemas somatoformes. Por fim, ao passo que naqueles é significativamente mais baixa a FR relativa aos outros, nestes emerge como deficitária a FR referente ao Eu.

Quando as variáveis de risco se somam

A qualidade do contexto relacional parece ter, portanto, um papel crucial em sustentar, modular e, se necessário, compensar as modalidades de regulação do comportamento e dos estados emocionais expressos pela criança, introduzindo ou expressividade emocional/afetiva onde for necessário, ou, ao contrário, ordenamento e contenção emocional quando for mais funcional. É fácil imaginar que os piores resultados regulatórios se determinam quando perfis temperamentais críticos se encontram com pais nos quais o estado mental pode exacerbar a desregulação básica da criança. Assim, conformam-se o que, no plano do apego, foi definido anteriormente como configurações *defensivas de alto índice* ou *coercitivas de alto índice.*

A teoria do apego é, diante disso, útil para que se imagine como tem se estruturado o Eu da criança. Levando-se em conta a contribuição que a neurobiologia e as variáveis ambientais precoces dão à patogênese dos transtornos do comportamento, a pergunta à qual se gostaria de responder nesse contexto é a seguinte: Como se percebe uma criança com esse transtorno? Em nossa opinião, é possível encontrar essa resposta pela análise das configurações típicas dos padrões dos comportamentos de apego. Nos transtornos da conduta que gradualmente tomam forma dentro de organizações do Eu defensivas de alto índice, podem ser observados um contínuo e angustiante distanciamento dos afetos negativos do Eu (raiva, medo, vulnerabilidade, rejeição) e uma reduzida consciência das próprias necessidades emocionais. Dentro desses itinerários de desenvolvimento, desde a idade pré-escolar, o senso do Eu vai se organizando nas percepções tácitas de não amabilidade (gerida, desde a idade pré-escolar, por meio da elaboração de uma apresentação positiva de tipo compulsivamente complacente ou compulsivamente cuidadora) e uma correspondente percepção da realidade externa como constantemente não acessível e distante, se não intrusiva e/ou hostil. A destrutividade patológica abre caminho quando esses arranjos defensivos tendem a ceder no impacto com alguns eventos críticos específicos. Frequentemente, a agressividade se ativa quando o Eu é "ameaçado", ou de algum modo forçado, a entrar em contato com pensamentos e sentimentos seus e alheios relacionados ao apego, nos quais ele não é capaz de refletir. Seria possível dizer que aqui a raiva agonística tende a se configurar como um potente "antidepressivo". É possível que se evidenciem condutas de retraimento e de isolamento, às quais se alternam episódios e súbitas explosões de ira, mais frequentemente expressas fora do próprio contexto familiar (amizades, escola), ou formas de *bullying*, momentos em que a agressividade tende a se expressar de modo frio, com condutas desprezíveis e de insensibilidade para com os outros e para com as instituições. O furto, a ausência da escola, a mentira... todos estes consistem, frequentemente, em atos com uma função *não* diretamente provocatória e controladora em relação aos pais. Nesses casos, é efetivamente possível falar de uma espécie de déficit empático, sustentado por um considerável déficit integrativo de tipo emocional-afetivo. Essas organizações do Eu e relacionais são as que, com maior probabilidade, tendem a evoluir para o transtorno da personalidade antissocial. Larstone, Craig e Moretti (2018) recentemente ofereceram uma perspectiva semelhante e interessante a respeito da evolução ao longo do tempo das características de insensibilidade-frieza emocional baseada no apego, distinguindo um arranjo de IF "primário" (prevalentemente condicionado pela organização neurobiológica primária do indivíduo) e um "secundário", conectado a condições relacionais complexas ou traumáticas. Enquanto as crianças com TIF primários podem, basicamente, ser insuficientemente ativadas pelos estímulos emocionais sociais, aquelas com TIF adquiridos poderiam aprender ainda mais a evitar se concentrar nesses estímulos, percebendo-os como emocionalmente irresistíveis – por exemplo, uma raiva imprópria dos pais em relação a eles (Frick & Morris, 2004).

Algo semelhante, embora com efeitos desreguladores opostos, podemos observar nessas trajetórias evolutivas em que disposições temperamentais já orientadas em sentido hiperativante são exacerbadas por estados mentais parentais preocupados e igualmente reativos. Nas organizações do Eu de tipo coercitivo ativo de alto índice, desde a idade pré-escolar os modelos operativos internos vão se estruturando em torno de uma percepção tácita de fragilidade e vulnerabilidade, diante de uma realidade externa percebida como intoleravelmente imprevisível e perigosa (realidade esta na qual o perigo não reside apenas no ambiente, mas na própria figura de apego). Contrariamente ao apego distanciador (em que os afetos penosos são distanciados do Eu), nesse caso se determina uma separação desses afetos negativos com a ênfase da raiva (até o ódio), bem como com a ostentação de um Eu falsamente potente, e o distanciamento da vulnerabilidade. Os sentimentos de fraqueza são transformados em força mediante o confronto com o medo e a submissão do outro. Nessa condição, seria possível dizer que a raiva agonística desempenha uma função de potente "ansiolítico".

No entanto, na idade pré-escolar as crianças podem facilmente estruturar graves transtornos desafiadores e de oposição com comportamentos "tirânicos" e dramaticamente vinculantes em relação aos pais, que frequentemente chegam à consulta com a sensação de ter perdido a própria autoridade e o controle educacional do filho. Para a criança, perceber um mínimo sentido de controle da relação com os pais – por meio da oposição e da raiva – é absolutamente vital para perceber uma sensação, ainda que tênue, de estabilidade e previsibilidade na relação. É essencial à manutenção do estado de relação que a criança permaneça obsessivamente firme em seu próprio modo de pensar enquanto ignora decididamente a perspectiva alheia. De fato, essas crianças não parecem sofrer de déficits empáticos particulares; ao contrário, tendem a entrar frequentemente em "contágio afetivo" com o outro. Elas têm uma extraordinária capacidade de captar as prioridades emocionais não resolvidas no estado mental do outro (em primeiro lugar, dos pais) e de utilizá-las provocativamente com o objetivo de estabilizar o estado de relação. Essas organizações do Eu e relacionais tenderão a evoluir mais facilmente para quadros psicopatológicos adultos caracterizados por forte descontrole dos impulsos, como o transtorno da personalidade *borderline*.

Essas diferenciações explicativas – em termos de trajetórias de desenvolvimento, estilos de regulação emocional e organizações cognitivo-emocionais, como veremos no capítulo 4 – obviamente poderão ajudar o clínico a orientar de modo mais calibrado e profícuo não só a definição dos objetivos terapêuticos, a construção da aliança de trabalho com a criança e com sua família, mas também a implementação das linhas estratégicas de intervenção.

3
Procedimentos e instrumentos de avaliação

As bases da avaliação clínica nos transtornos do comportamento

A ampla gama de manifestações sintomatológicas, associada à complexidade dos contextos sociofamiliares em que os transtornos externalizantes se originam, torna particularmente difícil o planejamento e a realização de uma intervenção terapêutica, que deve levar em conta os múltiplos aspectos envolvidos no transtorno e os diversos fatores de risco/protetivos envolvidos na etiopatogenia.

Nos TC, de fato, está agora amplamente demonstrado como é possível obter resultados mais evidentes e mais estáveis ao longo do tempo apenas por meio de intervenções *multimodais* e *multidimensionais* (Eyberg, Nelson & Boggs, 2008; Farmer et al., 2002; Henggeler & Borduin, 1990; Kazdin, 2000; Kazdin & Weisz, 2003; Lochman & Wells, 2002; Weisz & Kazdin, 2010), nas quais não apenas são adequadamente integradas e dosadas intervenções psicoterapêuticas para a criança e para os pais, como também intervenções de aconselhamento são voltadas a todos os operadores que interagem com a criança nos diversos contextos de vida (escolar, esportivo, social).

Além disso, a possibilidade de prever múltiplos ambientes para o paciente, ou seja, mais profissionais que interagem com a criança de várias maneiras, representa um elemento adicional de proteção e garantia em relação à "sustentação" da intervenção. Essa configuração terapêutica permite que se aja, com uma variedade de instrumentos e modalidades operacionais, nos múltiplos fatores de risco que contribuem para o surgimento do comportamento problemático da criança (Burke, Loeber & Birmaher, 2002; Garland, Hawley & Hurlburt, 2008; Lochman & Wells, 2002). Além disso, a pluralidade de operadores que interagem com a criança e sua família permite expressar, de tempos em tempos, posicionamentos relacionais e modalidades comportamentais que, adequadamente coordenados entre si, oferecem a oportunidade de uma maior compreensão e regulação das complexas manifestações emocionais e comportamentais expressas pela criança e seu sistema familiar.

Conforme vimos, os transtornos da conduta são frequentemente conectados a contextos relacionais particularmente críticos e complexos, com estruturações do Eu às vezes marcadas por graves déficits nas competências autorreflexivas e metacognitivas. Ao confrontar-se com esses contextos relacionais – assim como acontece nos graves transtornos de personalidade no adulto (Liotti, 1999, 2001; Liotti & Farina, 2011) –, o terapeuta deveria saber, quase como regra, que é necessário renunciar à ideia onipotente de compensar esses limites metacognitivos ao confiar apenas em seus próprios recursos e no poder da relação terapêutica que a criança e seu sistema familiar estabeleceram com ele. Essa relação, aliás, justamente na ativação dos estados emocionais e afetivos conectados ao apego, se tornará, com toda probabilidade, palco de dramáticos atos, resultado das imponentes desconexões internas entre os sistemas de memória, e mais adequadamente gerenciáveis dentro de um contexto terapêutico estruturado em múltiplos ambientes.

A introdução de um ambiente paralelo (o educador domiciliar, o neuropsiquiatra infantil que gerencia o plano farmacológico, um ambiente grupal para a criança ou para os pais etc.) tem, portanto, o efeito benéfico de limitar a ativação intensa do sistema motivacional do apego; consequentemente, impede que uma única relação se torne receptáculo de representações não integradas, contraditórias e saturadas de intensos estados afetivos, positivos e negativos, tornando-se confusa e ameaçadora e determinando atos impulsivos e desistências "inexplicáveis".

Uma avaliação clínica adequada na infância deveria permitir a coleta de todos os dados comportamentais e cognitivos úteis para a formulação de um bom *diagnóstico descritivo*, com base nos manuais de classificação diagnóstica atualmente disponíveis: DSM-5 e CID-11. Simultaneamente, deveremos tentar formular também um *diagnóstico explicativo*, ou seja, capaz de explicar por que uma determinada criança, com uma determinada organização do Eu, no relacionamento com determinadas figuras de apego, chegou a expressar justamente um determinado quadro sintomatológico específico, num determinado momento de seu ciclo de vida. Desse modo, deveremos coletar dados que nos permitam compreender não só o funcionamento interno, o estilo de regulação emocional da criança, suas capacidades de negociação e suas estratégias interpessoais, como também a organização cognitivo/emocional dos pais, seu estado mental em relação aos apegos, bem como a maneira que tudo isso se reflete na qualidade do sistema de cuidado que os pais são capazes de expressar em relação ao filho. Igualmente, deveremos investigar os desequilíbrios afetivos, bem como os mecanismos de descompensação que podem ter levado ao sofrimento sintomatológico da criança e, portanto, o significado que esses sintomas podem ter na lógica do sistema diante do qual nos encontramos.

Construção da aliança de trabalho com os pais e a criança

Como se sabe, todo o processo diagnóstico e, subsequentemente, o terapêutico são amplamente influenciados em cada uma de suas fases pela qualidade da relação terapêutica construída com a criança e com sua família (Norcross, 2002). A qualidade da aliança terapêutica, tanto com a criança quanto com seus pais, correlaciona-se não apenas com mudanças significativas na criança, mas também com um evidente aumento das competências parentais e com a percepção das melhoras na situação problemática por parte dos pais (Kazdin, Whitley & Marciano, 2006). Desse modo, além das metodologias e técnicas específicas utilizadas, a análise e o gerenciamento desse espaço relacional deverão constituir uma das variáveis cruciais na estruturação de cada fase da intervenção, especialmente no trabalho clínico com a criança com TC, cujo Eu geralmente tende a se expressar no ambiente, de forma emocionalmente imediata, por meio de atos impulsivos e, por vezes, dramáticos. A criança com TC é, de fato, um paciente muito pouco paciente e previsível, cujos limites são expostos em razão de todas as regras tranquilizadoras do ambiente clínico, típicas do trabalho na infância, de maneira que constantemente sejam causadas no terapeuta reações emocionais mais ou menos intensas, que requerem ser monitoradas, compreendidas e adequadamente gerenciadas. Paralelamente a isso, também na relação com o casal parental, o terapeuta se encontra envolvido em dinâmicas emocionais complexas, ora marcadas por alarme e urgentes expectativas de cuidado e de tranquilização, ora impregnadas de sentimentos de culpa e necessidades de atos reparadores urgentes, sentimentos de inadequação, incapacidade e necessidade de confirmação, raiva e hostilidade em relação ao mundo exterior – incluindo, às vezes, o próprio terapeuta.

Será necessário, em primeiro lugar, facilitar a construção de um clima de compartilhamento emocional e de uma relação colaborativa com os pais, de modo que se evitem comunicações, inclusive tácitas ou contextuais, de caráter julgador, desvalorizador ou desconfirmante em relação a eles. Com o casal parental e com a criança, se a idade permitir, deverão ser claramente acordados os tempos e os objetivos do trabalho de avaliação e de cunho terapêutico, as modalidades e os instrumentos que serão utilizados, bem como os papéis recíprocos. Deve ser necessariamente explicitado e acordado com as famílias das crianças com TC tudo o que no ambiente ordinário da terapia da infância é geralmente implicitamente pressuposto e dado por certo; isso inclui os aspectos mais concretos (horários e duração das sessões, acordos sobre eventuais sessões faltantes, tempos globais do tratamento, momentos de verificação conjunta dos objetivos etc.), para que não haja risco de distorção ou de manipulação do subentendido que pode se tornar matéria de polêmica e ataque ao terapeuta.

Outro aspecto importante, por meio do qual os terapeutas às vezes acabam por não ser um modelo particularmente adequado de autorreflexividade e tolerância à frustração para seus pacientes nesse difícil campo psicopatológico, diz respeito à dificuldade em se abster de oferecer respostas ou soluções imediatas e impulsivas às iniciais (compreensivelmente urgentes) solicitações dos pais. Nos transtornos do comportamento disruptivo, mais do que em outras áreas psicopatológicas, é muito importante que se consiga transmitir aos familiares uma atitude de "suspensão" da ação, introduzindo o pensamento e a reflexividade ("primeiro tentamos entender, depois fazemos um plano juntos") e evitando atos imediatos e colusivos com as modalidades impulsivas características dos vários membros do sistema familiar. Uma atitude como essa, muito envolvida em disponibilizar orientações prematuras não apoiadas por uma avaliação adequada, tem o risco de induzir um sentimento de frustração e incompetência adicional nos pais. Além disso, essa atitude mantém o foco da atenção exclusivamente no plano "educacional" e comportamental, desencorajando a curiosidade em relação à mentalização e à busca de conexões entre a sintomatologia do jovem e a qualidade das relações e emoções que se manifestam na família.

A equipe terapêutica deverá, portanto, manter-se o mais firme possível em uma posição autorreflexiva, evitando atos imediatos e oferecendo à família oportunidades de conexão, de contínua elaboração interna e de profunda compreensão dos sintomas do filho. Obviamente, isso será possível na medida em que o terapeuta tenderá a sustentar e a veicular uma ideia do sintoma não como uma trágica e incompreensível desgraça, acidente sem sentido a ser combatido com firmeza ou a ser mantido sob rígido controle, mas como um sinal dotado de sentido, como meio que, ainda que na dor, está desempenhando uma função particular para a criança e para sua família, em termos de "cuidado" e de manutenção do estado de relação.

Apenas uma tal orientação "positiva" em relação ao sintoma, de aceitação e legitimação de cada parte do paciente em suas intencionalidades e propósitos positivos, pode estimular uma atitude adequada de cooperação e curiosidade nele e em sua família. Nos graves transtornos do comportamento disruptivo, em particular a possibilidade de desconectar, de modo mais ou menos acentuado, o próprio conhecimento procedimental do declarativo explícito, evitando a mentalização, constitui, como já observamos, a modalidade autoprotetiva mais segura, na qual a consideração dos conteúdos mentais alheios e próprios poderia constituir fonte intolerável de angústia e dor. Dessa forma, será possível proteger, manter e fortalecer a qualidade de nossa relação com os pais e com a criança, mas apenas na medida em que se conseguir manter desperta a consciência desses necessários e delicados equilíbrios em seu funcionamento interno e interpessoal. Caso a criança se sinta suficientemente compreendida e apoiada nessas profundas necessidades, conseguirá se tornar disponível para uma gradual e arriscada experimentação de alternativas comportamentais e cognitivas (Lambruschi, 2004).

Atenções semelhantes deverão ser colocadas na construção da aliança de trabalho com a criança agressiva ou com TDO, que frequentemente chega à consulta com a ideia de que "lá alguém terá de colocá-la no lugar" ou "ensiná-la como se faz para estar no mundo". Essas são representações da terapia às vezes derivadas dos sentimentos de exasperação e da necessidade de "remédios imediatos", expressos mais ou menos explicitamente pelo contexto familiar e educacional que circunda o próprio rapaz. Portanto, um primeiro aspecto relacional importante está em transmitir-lhe gradualmente a ideia de um contexto de trabalho suficientemente compreensivo, não julgador e com atitude e intencionalidade fundamentais do tipo "mentalizante" em relação a ele, sem, contudo, renunciar ao claro reconhecimento do caráter disfuncional e desvantajoso de seus sintomas para ele e para os outros.

Em outros termos, atribuindo "legendas" ao comportamento do terapeuta, seria imperioso poder ler o seguinte: "O que impele você a fazer algo quando perde o controle certamente não é bom, é danoso para você e para os outros. Tentaremos juntos entender o que acontece com você por dentro: quando a raiva e a oposição ultrapassam a medida, ali deve haver alguma emoção crítica que agora nos escapa". Enquanto o rapaz – embora não compartilhe alguns de seus comportamentos agressivos – não sentir que o terapeuta está presente somente para ele, incondicionalmente do seu lado, sem emitir julgamentos ou conotações de valor, a aliança terapêutica terá dificuldade em obter êxito. Por isso, é essencial que o terapeuta saiba manter em suas atitudes uma clara distinção entre comportamento e valor humano. Ao analisar juntos as situações cotidianas de conflito com os familiares, com os professores e com os colegas, será essencial manter-se focado nos propósitos relacionais positivos que certamente ele propunha a si, compartilhando-os e legitimando-os, distinguindo-os, em cada vez, dos meios frequentemente ineficazes (agressividade verbal ou física, oposição) utilizados para alcançar esses objetivos (Lambruschi et al., 2014).

Um segundo aspecto está em encontrar a justa distância na relação – tendo cuidado para que não se estimule prematuramente a ativação do sistema de apego com todas as tonalidades emocionais a ele conectadas – por meio de atitudes muito cuidadosas e "ingenuamente empáticas", que incitem de maneira bem direta as áreas emocionais críticas de vulnerabilidade, fragilidade, medo, dor, tristeza, comumente geridas por meio dos atos munidos de ira. É justamente no funcionamento do sistema motivacional do apego que esses pacientes viveram os sofrimentos mais intensos, por isso tentativas inapropriadas de compartilhamento de áreas de experiência de difícil acesso podem provocar no rapaz resistências e, por vezes, reações defensivas de tipo agressivo.

Embora como objetivo final permaneça a promoção de quotas razoáveis de reflexividade, é importante que os operadores e educadores que giram em torno do rapaz com TC mantenham bem desperta a consciência de seu funcionamento interno: através de seus olhos, ele pode observar um mundo (nós incluídos) feito principalmente de ações e reações comportamentais, de "outros" pouco humanizados, pois em grande parte estão privados das características mais distintamente humanas, isto é, pensamentos, imagens, sentimentos, emoções, expectativas, intenções. A construção da relação deverá, pois, desenvolver-se com base no domínio procedimental, isto é, no domínio da concretude de sua cotidianidade, do seu "fazer" cotidiano, da partilha de algum simples interesse dele (montar e desmontar carrinhos ou armas de brinquedo etc.); isto é, trata-se de estar mais no *exterior* do que no *interior*.

É fácil imaginar que os desafios e as provações que essas crianças podem apresentar na relação terapêutica sejam potencialmente infinitos e obviamente conectados ao funcionamento de seus caóticos e múltiplos modelos operacionais internos do Eu com o outro. Em termos de sistemas motivacionais interpessoais (Liotti, 2001; Liotti & Farina, 2011; Liotti & Monticelli, 2008), deveremos esperar que o sistema motivacional agonístico, o sexual ou o de cuidado apareçam frequentemente, com o objetivo de substituir a impossibilidade (ou a periculosidade) percebida da ativação do sistema de apego. Essas ativações motivacionais deverão ser reconhecidas pelo terapeuta e, de fato, adequadamente utilizadas em termos de sintonização e de construção da aliança de trabalho.

O terapeuta certamente terá de aprender a "jogar" com o sistema agonístico, em geral massivamente ativo, buscando áreas de possível compartilhamento e sintonização com a parte ostensivamente forte, invulnerável e onipotente do Eu da criança (p.ex., com foco em jogos "revigorantes", como futebol ou queda de braço, tendo o cuidado de ritualizá-los ou enquadrá-los com a metacomunicação divertida). Em outras ocasiões, na impossibilidade de ativação do apego na sessão, este poderá ser substituído pela solicitação no rapaz do *sistema de cuidado* em relação ao terapeuta (p.ex.: "Marcos, dê-me uma mãozinha, por favor, para tirar esses jogos do móvel?"). O sistema de cuidado é (como o agonístico) um sistema de tipo hierárquico que lhe permite manter uma posição de relativa superioridade e controle em relação ao outro, contudo sugerida por alguma tonalidade afetiva. Com rapazes pré-adolescentes ou adolescentes, também o *sistema motivacional sexual* pode ser impropriamente ativado em situações de vulnerabilidade ou de "arriscada" intimidade interpessoal, apresentando aparência fanfarrona e atitudes sexuais em relação aos colegas, ora no âmbito escolar (com grande alarme de professores e educadores), ora no contexto terapêutico. É importante, com relação a isso, que essas atitudes ou comportamentos sexualizados não sejam excessivamente reforçados e, por consequência, mantidos por reações assustadas e assustadoras por parte dos operadores escolares ou do próprio terapeuta, profissionais estes que deveriam, ao contrário disso, manter clara a representação interna de uma criança incapaz de passar pelos sentimentos de ternura conectados à proximidade afetiva.

Compete ao terapeuta, portanto, esperar e suportar a possível ativação na sessão de cada um desses sistemas motivacionais, com o objetivo de operar um gradual deslizamento para uma dimensão interpessoal mais paritária e colaborativa (Liotti & Farina, 2011; Liotti & Monticelli, 2008).

Roteiro para a entrevista clínica com os pais

Geralmente, conduz-se a primeira consulta apenas com o casal parental, com o objetivo de definir juntos o problema sob a perspectiva específica deles. Cremos que, no primeiro encontro, a presença da criança torna difícil compartilhar com os pais eventuais problemáticas conjugais e, sobretudo, compartilhar de modo autêntico como os pais se veem e se sentem em seu papel parental e como veem seu filho. Não levantar desde o início esses temas espinhosos pode dificultar o estabelecimento comum dos objetivos da terapia, e isso pode influenciar negativamente a criação de uma boa aliança terapêutica. Outro aspecto importante a ser considerado é o envolvimento ativo, na primeira sessão, de ambos os pais. Um exemplo típico é uma mãe que descreve seus problemas educacionais com seu filho, ao passo que o pai declara que os problemas do filho são todos ocasionados pela incapacidade da mãe de ser uma boa genitora. O terapeuta pode tender a proteger a mãe do ataque do pai sem solicitar explicações mais detalhadas pela ótica paterna e sem declarar que o ponto de vista do pai será devidamente considerado no plano terapêutico. É igualmente importante, na primeira sessão, fazer perguntas e compartilhar alguns temas essenciais para a conceitualização do caso: por exemplo, o estado da relação conjugal, problemas comportamentais presentes ou passados dos pais, as explicações mais imediatas e automáticas que os pais dão para o comportamento da criança e o eventual uso de disciplina rígida dentro da família.

Na realidade, ao longo de todo o processo terapêutico, mesmo quando a intervenção seja preferencialmente direcionada à criança, é adequado atribuir sempre grande centralidade ao casal parental, não apenas como referente primário e responsável pelo contrato de trabalho, mas também e sobretudo como único verdadeiro "especialista" do filho, evitando operações relacionais com a criança que possam nos colocar, ainda que indiretamente, em oposição ao seu papel parental ou questioná-lo de alguma forma. A mãe e o pai devem sempre ser colocados em uma posição de autoridade e de competência em relação ao próprio filho, e o terapeuta deve procurar unir-se a eles na exploração de modos úteis para uma gradual transformação do comportamento e das reações emotivas da criança.

Em algumas situações clínicas sustentadas por modelos relacionais criança/pais de tipo coercitivo e marcadas por uma evidente dificuldade em estabelecer limites entre os universos mentais dos vários membros do sistema familiar, a possibilidade de experimentar, para o casal parental, um momento de compartilhamento e troca entre adultos, de "respiro" em relação às dinâmicas cotidianas mutuamente coercitivas e intrusivas com o filho, pode representar uma experiência saudável e evolutiva, visando a um trabalho terapêutico mais articulado e aprofundado de demarcação de seus limites.

Desde o primeiro contato telefônico, convém que o terapeuta se esforce para obter a presença de *ambos os pais* na sessão. Primeiramente, por uma necessidade de caráter jurídico, de consentimento por parte de ambos os pais (tanto para o tratamento dos dados quanto para a intervenção terapêutica propriamente dita). Contudo, a esse vínculo jurídico subjaz um valor mais estritamente clínico. Em razão de um estereótipo cultural dominante, segundo o qual é a mãe quem cuida do bem-estar emocional dos filhos e de suas problemáticas cotidianas, frequentemente a comunicação é feita pela mãe, e somente ela manifesta disponibilidade explícita para os encontros. Nossa solicitação de envolvimento da figura paterna pretende comunicar, desde o início, a todos os membros do sistema familiar que o ponto de vista do pai, bem como suas vivências, suas convicções e sua posição nas dinâmicas familiares, são particularmente importantes, nos interessam e, de alguma forma, estão relacionados aos desconfortos e às possibilidades de crescimento do nosso pequeno paciente. Essa nossa solicitação também pretende comunicar que não podemos considerar relevante apenas aquilo que é interno à criança. Por fim, o objetivo dessa solicitação é comunicar também que é importante para a criança perceber que ambos os pais compreendem sua dificuldade, participam dela e oferecem sua contribuição para a mudança.

A presença conjunta de ambos os pais também destaca a importância de suas competências e de sua solidez como casal parental em seu funcionamento global em relação à criança. A teoria do apego é fundamentalmente uma teoria diádica, mas atribui grande importância à função paterna na estruturação do contexto global de cuidado para com o filho. O funcionamento dos dois cônjuges como casal parental adquire, em geral, uma qualidade global que vai além de seu funcionamento como figuras individuais de cuidado: eles tendem a construir gradualmente ao redor do filho um *sistema complexo de cuidado* em que são integradas mais ou menos harmonicamente as competências parentais de cada um, complementando-se um ao outro em seus recursos e em seus "vácuos" afetivos. Portanto, a possibilidade de interagir também com o pai, de observar diretamente suas competências contidas no relacionamento com a mãe (e sua particular reciprocidade afetiva), além da qualidade específica do vínculo com o filho, constitui, especialmente para quem trabalha na área dos transtornos externalizantes, uma possibilidade e um recurso de grande relevância.

Às vezes, pode ser difícil falar com os pais a respeito de seus problemas de casal e de como estes podem ser fatores de manutenção para os problemas comportamentais da criança. Uma técnica eficaz para tratar dessa questão pode ser solicitar aos pais que escrevam uma lista extensa dos problemas comportamentais do filho, para que então atribuam uma pontuação a cada um desses comportamentos com base no estresse que lhes provoca e, em particular, no quanto estresse causou à relação conjugal deles; depois, é necessário discutir esses pontos com os pais.

Dentro desse cenário de casal, a entrevista clínica com os pais de crianças com problemas do tipo externalizante poderia seguir, com a devida flexibilidade, o seguinte roteiro:

a) Dados pessoais da criança:
   - nome;
   - idade.

b) Dados pessoais dos pais:
   - nome;
   - idade;
   - ocupação;
   - escolaridade.

c) Estrutura da família (listando todas as pessoas envolvidas na vida da criança):
   - nome;
   - idade.

d) Tratamentos anteriores da criança:
   - motivos da consulta;
   - frequência, duração e motivo de cada tratamento;
   - resposta aos tratamentos passados.

As tentativas de solução que os pais e a criança empreenderam até aquele momento (o modo como cada um deles tentou enfrentar o problema) podem constituir um elemento importante de investigação e de aprofundamento: não só os *recursos pessoais* aos quais recorreram (ignorar o problema, solicitar mais autocontrole e disciplina na criança, métodos punitivos, levá-la a um curandeiro, ajudá-la por meio de massagens, distraí-la, prometer-lhe prêmios, mudar a alimentação etc.) – que nos oferecem informações interessantes relacionadas ao seu modo de explicar o problema e às suas capacidades de leitura interna –, como também os *recursos profissionais* eventualmente ativados (consultas neuropsiquiátricas e eventuais tratamentos farmacológicos, outras consultas psicológicas ou tratamentos psicoterapêuticos). Quanto às eventuais psicoterapias anteriores, seria conveniente obter uma descrição adequada delas, uma representação subjetiva com as respectivas vivências e lembranças significativas, suas impressões e explicações acerca do que funcionou e do que viveram como fracasso, inútil, negativo. Em particular, recriminações de atribuições externas acerca de eventuais fracassos ou de idealizações excessivas dos terapeutas anteriores podem nos ajudar a antecipar potenciais dificuldades na capacidade de formar uma aliança de trabalho produtiva.

Problema atual

O clínico procura investigar o ponto de vista dos pais a respeito do comportamento do filho:

- "O que mais preocupa você em seu filho?"
- "O que aconteceu exatamente na última vez que seu filho se comportou assim?"
- "Com que frequência esse comportamento de seu filho ocorre?"
- "Quanto tempo costuma durar esse comportamento?"
- "Em quais locais de vida (família, escola, esportes) seu filho pratica esse comportamento?"
- "Quanto esse comportamento interfere na adaptação de seu filho às regras domésticas, na escola e nas relações com os pares?"

A esse respeito, também a descrição sequencial e detalhada de um *dia típico* da criança pode tornar evidentes de forma muito imediata e vívida os modelos interpessoais da própria criança e, reciprocamente, os esquemas de resposta dos pais, analisando em particular os momentos de maior necessidade e vulnerabilidade que inevitavelmente marcam seu cotidiano. Será particularmente significativa a análise dos momentos de separação e de reencontro, de mal-estar físico ou emocional, de gestão das regras educativas, bem como de situações relacionais carregadas de significados pessoais, como as do almoço (e em geral a gestão da alimentação) ou do adormecimento noturno: é realmente interessante notar como dentro de cada configuração específica de apego se expressam rituais compartilhados e formas únicas de gestão emocional de cada uma dessas áreas.

Quanto à análise do problema atual, em consonância com a perspectiva cognitivo-comportamental, é importante que os principais sintomas de tipo agressivo ou desafiador e de oposição sejam explorados e reconstruídos desde a primeira sessão com os pais em termos de *análise funcional*, um procedimento que nos ajuda a compreender os comportamentos disruptivos em função dos estímulos antecedentes que os desencadeiam e dos reforços ambientais que os seguem. Também se poderá solicitar aos pais uma observação sistemática do comportamento do filho por meio de diários que reflitam simplesmente o ABC comportamental. O importante é que as sequências sintomáticas sejam reconstruídas, de forma adequada e detalhada, de acordo com três aspectos fundamentais analisados a seguir.

1. *Antecedentes situacionais.* Trata-se de ajudar os pais a descrever de modo o mais detalhado e exaustivo possível o contexto ambiental no qual o comportamento agressivo ou opositivo do filho ocorre: onde, em quais contextos e lugares específicos, durante quais atividades (p.ex.: Mais em casa ou mais na escola? Na casa de amigos? No supermercado? No catecismo? etc.); quando (p.ex.: Pela manhã, antes de ir para a escola? Ao voltar da escola? Enquanto

faz os deveres de casa? À noite, antes de dormir, ou em momentos de cansaço ou de tédio?); com quem (Mais com o pai ou com a mãe? Com os avós? Com quais professores mais, e com quais menos?). Frequentemente, os pais generalizam o comportamento da criança com afirmações como: "É sempre agressivo!", impedindo-se a diferenciação entre situações diversas que muitas vezes levantam de modo evidente questões a respeito de outros significados: por exemplo, nos TC sustentados por modelos de apego do tipo defensivo, é mais fácil que a criança tenda a expressar a raiva fora do contexto familiar, em que isso seria percebido como ameaçador ao estado de relação com os pais; podemos esperar o oposto disso nos itinerários de desenvolvimento do tipo coercitivo, nos quais a raiva deve ser utilizada para agravar dramaticamente o estado de relação com os próprios pais.

2. *Comportamentos problemáticos.* Os pais serão estimulados a observar o que exatamente o filho faz e o que diz nas situações que ativam o comportamento disruptivo. O termo "agressivo", por exemplo, representa uma generalização que não nos diz muito da expressividade daquela criança específica, na relação com aquelas figuras específicas de apego. O que exatamente a criança faz e diz quando é agressiva em casa ou na escola? Dessa forma, começamos a ajudar os pais a evitar conotações disfuncionais e hipergeneralizantes acerca da criança em termos de "maldade", distinguindo comportamentos e valor humano; além disso, contribuímos para tornar o problema mais gerenciável, na medida em que é mais claramente definido; por fim, esclarecemos o tipo de expressividade emocional do sintoma, o que nos oferece informações de grande relevância a respeito do estilo de regulação emocional da criança e de sua provável função relacional, permitindo-nos formular hipóteses específicas acerca dos modelos de apego que o sustentam. Obviamente, caso a idade da criança e suas competências reflexivas o permitirem, ela também poderá ser ativamente envolvida no processo de análise das sequências problemáticas, tentando, por meio do jogo e de modalidades comunicativas adequadas, reconstruir com base em sua perspectiva particular os antecedentes e consequentes.

3. *Consequências ambientais.* Trata-se de observar e descrever as diversas reações ao comportamento agressivo por parte dos pais e de outras figuras significativas presentes. Analisando, juntamente com o terapeuta, as consequências do sintoma, os pais podem ampliar ainda mais as margens de consciência a respeito do papel que desempenham em sua manutenção, tocando com as próprias mãos e recuperando a própria responsabilidade pessoal em relação aos dados sintomatológicos apresentados. Quando um comportamento opositivo ou agressivo se mantém – ou talvez se amplifique – no tempo, é porque encontra de forma tácita (embora não intencionalmente) suportes relacionais reforçadores. Além disso, esses comportamentos obviamente são sustentados por representações internas, pensamentos, imagens, áreas emocionais críticas dos pais, que remetem a aspectos pouco resolvidos e elaborados de sua própria história de desenvolvimento. Uma análise funcional, caso seja bem conduzida, é capaz de ajudar os pais a contextualizar o comportamento do filho e, frequentemente, a captar uma "inteligência" inesperada, um valor relacional mais claro, às vezes provocando neles algum tipo de movimento autorreflexivo e, portanto, de ativação do pensamento e de alguma estratégia de resolução de problemas, tais como antecipar-se aos antecedentes (estruturando o ambiente de modo diferente) ou evitar algumas respostas reforçadoras óbvias.

Evolução histórica do comportamento problemático da criança

O clínico procura investigar o ponto de vista dos pais a respeito das primeiras dificuldades comportamentais que emergiram no filho:

- "Quando vocês viram pela primeira vez aparecer esse comportamento em seu filho?"
- "Apareceu de repente ou começou gradualmente?"
- "A manifestação mudou desde a primeira aparição?"
- "Desde sua primeira aparição, manifestou-se de modo contínuo ou há períodos em que não se manifesta?"

É fundamental, na fase de avaliação, situar historicamente o surgimento da sintomatologia disruptiva da criança, tentando reconstruir, juntamente com os pais, o momento preciso de sua vida e história familiar em que se apresentaram, ou se agravaram particularmente, os problemas comportamentais do filho. Haverá uma busca pela identificação de eventos familiares significativos que possam estar de alguma forma ligados ao surgimento do problema (a passagem da escola infantil para a escola primária, a mudança de um professor, uma mudança de residência, uma separação ou um luto etc.). Isso não ocorrerá muito na ideia de identificar "eventos traumáticos" objetivamente responsáveis pelo transtorno, mas na intenção de identificar uma condição capaz de determinar a percepção subjetiva na criança de um *desequilíbrio afetivo* difícil de gerir e integrar com base em seus habituais esquemas interpessoais.

Não são apenas os acontecimentos em si, mas o significado que os familiares atribuem a eles que determinam os desfechos psicopatológicos. Não é raro, nos transtornos do comportamento disruptivo, que a dinâmica do descompasso esteja conectada à ativação de áreas emocionais críticas específicas, percebidas como egodistônicas e não compartilháveis com as próprias figuras de apego, e, portanto, impulsivamente contornadas por meio de atos raivosos: por exemplo, medo com sentimentos de abandono ou tristeza com sentimentos de solidão (às vezes conectados a condições de luto não adequadamente resolvido).

Ao reconstituir a história do sintoma e sua evolução no tempo, será possível encontrar variações significativas e flutuações na intensidade e na frequência manifestadas em provável conexão com eventos críticos familiares específicos. Por exemplo, o transtorno desafiador e de oposição de Mário, uma criança de 5 anos que frequenta o último ano da escola infantil e chegou à consulta pelo desespero de ambos os pais – muito abalados pelo constante negativismo do filho. Nos últimos dois anos, ele apresentou fases de remissão e de subsequente recrudescimento sintomatológico que, no decorrer da avaliação, foram gradualmente associadas a períodos de atenuação ou acentuação de um estado de "mal-estar" materno, posteriormente identificado como depressão.

História do desenvolvimento da criança

O clínico procura investigar o ponto de vista dos pais a respeito das primeiras etapas de desenvolvimento do filho.

a) Gravidez:

- "Foi uma gravidez planejada?"
- "Houve complicações na gravidez, no parto?"

b) Primeira infância:

- alimentação;
- problemas de sono;
- etapas do desenvolvimento psicomotor e da linguagem;
- o modo como foram as primeiras separações e como cada um dos pais vivia as relações nesse período.

Nossa atenção na seleção e ordenação dos dados anamnésicos deverá ser colocada, por um lado, nas modalidades específicas de sinalização da criança nas situações de vulnerabilidade física e emocional que se encontram tipicamente ao longo do desenvolvimento; por outro lado, serão analisadas as modalidades recíprocas de cada um dos pais de acolher e gerir esses sinais, em termos de disponibilidade e acessibilidade. Os diversos componentes da sensibilidade e responsividade da figura parental deverão ser observados e avaliados com atenção: a orientação perceptiva dos pais para os sinais do pequeno; a capacidade de decodificar e interpretar adequadamente tais sinais, ao menos como compreensão de caráter cognitivo; a competência dos pais em termos de sintonização afetiva com os estados internos do filho, ou seja, de compartilhamento empático de suas emoções (é importante, com relação a isso, tentar identificar as eventuais prioridades emocionais dos pais, os registros para eles mais críticos e menos articulados, as categorias emocionais que não conseguem processar); a prontidão na resposta aos sinais do bebê;

a adequação da resposta (tanto em termos de congruência com a solicitação quanto em termos de intensidade e completude); a constância com que os pais são capazes de expressar cada uma dessas competências.

É possível, neste nível anamnésico, observar como algumas características temperamentais da criança (capacidade de se orientar, de sustentar a atenção, irritabilidade e instabilidade comportamental), bem como doenças crônicas graves desde o nascimento, possam determinar nos pais sentimentos ambivalentes. Em particular, não é raro que, nessas situações, mães que operam no limite da sensibilidade enfrentem problemas de descontinuidade e ambivalência, produzindo na relação com o filho "difícil" ou doente uma amplificação de estados emocionais que não é mais empatia, mas sim contágio afetivo. Em contrapartida, bebês "irritáveis" podem mostrar um apego inseguro, mais frequentemente do tipo resistente, com maior probabilidade se suas mães dispõem de baixos níveis de apoio social. Isso confirma, além dos mais específicos projetos de tipo psicoterapêutico, a potencial relevância de intervenções de suporte externo à função parental, com o objetivo de promover um apego seguro entre mãe e criança.

a) Idade pré-escolar:

- aquisição de habilidades básicas;
- primeiras relações com os outros;
- nível de ativação motora;
- capacidade de aderir às primeiras rotinas estruturadas dos pais;
- como os pais viviam a relação com o próprio filho.

b) Entrada na escola (infantil ou primária):

- como foi administrado pelos pais o ingresso do filho à escola;
- relação com os pares e professores;
- aparição de eventuais comportamentos disfuncionais ou dificuldades autorreguladoras.

Além disso, recomendamos que, nos primeiros encontros com os pais, sejam investigadas as seguintes áreas:

- "Vocês geralmente têm problemas de saúde?"
- "Estão satisfeitos com a própria vida hoje, além das questões com seu filho?"
- "Têm amigos ou familiares que os ajudam a lidar com as dificuldades da vida?"
- "Dedicam tempo a atividades extralaborais nas quais se relacionam com amigos ou parentes (passatempos, saídas com amigos)?"
- "Como dividem os compromissos concretos ligados à gestão de seu filho?"
- "Quanto tempo passam com seu filho?"
- "Como poderiam descrever os sentimentos que têm hoje para com seu filho?"
- "Do que vocês mais têm medo em relação ao futuro de seu filho?"
- "Como eram vocês quando crianças?"
- "Há algum aspecto semelhante entre o seu modo de ser quando crianças e como hoje veem seu filho?"
- "Às vezes, as dificuldades parentais podem também pôr em crise a relação de casal dos pais. Está acontecendo algo semelhante com vocês?"
- "Há alguma dificuldade financeira no momento que causa estresse a vocês e torna mais difícil a gestão do tempo com seu filho?"
- "Alguém (um de vocês ou de seus familiares) já teve problemas psiquiátricos ou psicológicos?"

Teorias explicativas acerca do problema: análise das atribuições parentais a respeito do problema do filho

Outra área relevante, pelas suas potenciais implicações psicopatológicas, é a relativa às atribuições causais dos pais em relação aos sintomas, ou seja, as suas teorias ingênuas quanto ao sofrimento do filho, que podem ser exploradas por meio da investigação das seguintes áreas:

- Como os pais explicam a agressividade, o negativismo, a provocatividade do filho?
- Em que medida consideram grave e enraizado o problema?
- Como imaginam que possa mudar?
- Como representam o percurso terapêutico (em termos de tempo, esforço, empenho, capacidades requeridas etc.)?
- Qual imaginam que será o nosso papel, e qual o deles?

Não raro, as teorias explicativas da mãe diferem tanto das do pai quanto das que o próprio filho tem a respeito do seu sofrimento. Será, pois, particularmente interessante fazer interagir explicitamente os membros da família quanto a essa condição, evidenciando as eventuais identidades, semelhanças, distinções ou diferenças radicais nas várias perspectivas pessoais. Sawrikar e Dadds (2018) destacaram como o papel das atribuições parentais representa, há muito tempo, um tema de grande relevância para pesquisadores e clínicos interessados em melhorar os resultados dos tratamentos no âmbito dos transtornos do comportamento, embora ainda devam ser identificados protocolos específicos e manualizáveis em vista desse objetivo.

Perguntas hipotéticas para a conclusão da entrevista

Pode ser interessante concluir a entrevista com os pais por meio de duas perguntas que os levem a raciocinar em termos "hipotéticos":

- "Repensando as dificuldades de seu filho, tal como vocês as descreveram, o que deveria acontecer concretamente para que possam dizer que o problema não está mais presente, e que vocês, portanto, não precisam mais de ajuda?"

Essa primeira solicitação imaginada impulsiona os pais a representarem de modo mais claro e concreto as mudanças desejáveis e a construírem uma imagem mais definida delas.

- “Tentem agora imaginar que seu filho esteja bem a partir de amanhã, que a situação tenha mudado como vocês desejam (p.ex., que ele não seja mais tão opositivo, que aceite mais suas regras, que não tenha mais explosões tão intensas de raiva etc.): o que mudaria na sua vida (na sua relação com ele, entre vocês, nos seus hábitos diários etc.)?”

Esse segundo esforço representativo hipotético os leva, no entanto, a explorar mais detalhadamente cenários que geralmente evitam investigar ou que consideram de modo genérico. A análise cuidadosa desses cenários permite, às vezes, recuperar indícios particularmente interessantes a respeito do sentido de ameaça implícito na mudança, ou seja, não só acerca das áreas de experiência vividas como pouco domináveis com base no próprio atual sistema de relações, mas também acerca da funcionalidade do sintoma no seu contexto interpessoal.

A entrada em cena da criança

Uma vez realizado o primeiro encontro apenas com o casal parental, o terapeuta terá formulado uma série de hipóteses sobre os fatores causais do comportamento disfuncional da criança. Quanto a isso, pode-se programar um segundo encontro no qual se envolva também a criança, baseado na observação, em sessão, das dinâmicas entre pais e filho. Pode-se estruturar uma série de atividades que busquem não só colocar em interação os pais e a criança, como também observar os padrões interativos no seio da família. Com as crianças menores, pode-se pedir que desenhem algo juntos, que brinquem sozinhas, que brinquem conjuntamente com ambos os pais ou individualmente com cada um deles; mas também se podem imaginar situações de valor “disciplinar”, como o jogo do “não pode tocar” (no qual, por certo período, um dos pais deve impedir a criança de acessar um brinquedo) ou “arrumar os brinquedos”. Para recuperar o sentido mais profundo – o afetivo – dos sinais de sofrimento mostrados pela criança, é necessário captar a qualidade específica da relação que aquela criança e aqueles pais conseguem expressar. Disto, obviamente, se inferem também dados relevantes acerca da construção do Eu da criança e dos pais. Portanto, *o foco da atenção é a relação*: nosso aparato perceptivo estará seletivamente focalizado nos aspectos funcionais que cada comportamento da criança pode revestir na manutenção do estado de relação com o cuidador.

Obviamente, além de observar a qualidade geral da relação entre a criança e os pais, nessas situações um objetivo mais específico é observar os antecedentes de um eventual comportamento opositivo do filho, a sua específica expressividade verbal e não verbal, bem como as consequências que os pais põem em prática enquanto interagem com o filho. Em famílias com crianças mais velhas, pode ser usado um procedimento chamado Problem Solving Discussion, no qual se pede aos pais e ao filho que concordem com um assunto que habitualmente leva a discussões dentro da família; o objetivo é observar se os membros da família se escutam reciprocamente, se dão tempo para expressar o seu ponto de vista ou se, pelo contrário, diante do problema se interrompem e oferecem soluções vagas e pouco concretas. Esse procedimento requer poucos minutos e deve tratar de um problema trazido pela criança e outro pelos pais. No fim dessas observações, o terapeuta deve reservar um tempo para partilhar com toda a família o que observou e para sugerir como as dificuldades surgidas durante essas interações podem ser enfrentadas positivamente por meio das atividades do percurso terapêutico.

O conselho é não só gravar, em vídeo, os diferentes momentos interativos (ou situações) de observação, com o objetivo de poder revê-las e estudá-las atentamente no plano diagnóstico, mas também, e sobretudo (como veremos na descrição das possíveis intervenções terapêuticas), para poder utilizá-las posteriormente em termos de *videofeedback*, ou seja, rever o filme conjuntamente com intuito mais elaborativo e mentalizante do que pedagógico, dentro de uma relação sensível e não julgadora com os pais.

Os encontros com a criança deverão ser utilizados também para aprofundar a avaliação cognitiva dos comportamentos críticos, estimulando a curiosidade a respeito do seu mundo "interno":

podemos imaginar que esses comportamentos sintomatológicos e essas sequências interativas sejam sustentados por pensamentos específicos, imagens, representações, ou seja, por um "filme" interno ainda todo a ser explorado.

Em outros termos, do ABC comportamental, que nos permitiu uma primeira análise funcional do sintoma, passamos agora ao ABC cognitivo. Com as crianças, será interessante explorar diretamente a sua experiência interna, ou seja, diálogo interno, pensamentos, imagens, expectativas, reações emocionais, sensações corporais etc., nos momentos de raiva mais intensa, por meio da forma estimulante e lúdica do desenho ou da história em quadrinhos. No capítulo 4, são apresentados vários exemplos de ABC cognitivo sob a forma de história em quadrinhos por crianças com transtorno da conduta. O fluxo representativo do nosso jovem paciente poderá ser, então, objeto de elaboração e de trabalho em termos terapêuticos (distanciamento crítico, reestruturação cognitiva etc.).

Instrumentos de avaliação

A formulação de uma intervenção terapêutica eficaz nos TC não pode prescindir, além de uma entrevista clínica minuciosa com os pais e com a criança, da aplicação de alguns instrumentos psicodiagnósticos suficientemente confiáveis e validados. Citamos, a seguir: algumas listas de verificação comportamentais úteis para guiar a um correto enquadramento segundo os critérios dos manuais diagnósticos internacionais; alguns questionários voltados mais especificamente à avaliação do comportamento agressivo e ao diagnóstico de TDO ou de TC; e alguns instrumentos mais complexos, voltados à observação e avaliação da qualidade do vínculo de apego entre a criança e seus cuidadores.

Questionários de avaliação do quadro psicopatológico geral

CBCL – Child Behavior Checklist (Achenbach, 1991): é uma das escalas mais conhecidas e mais utilizadas no âmbito da consulta clínica da infância e adolescência. Existem seis versões: três para os pais, divididas por faixas etárias (2-3 anos; 4-5 anos; 6-18 anos); duas para os professores (2-5 anos; 6-18 anos); uma autoadministrável para os adolescentes. Há 118 itens no total, e a elaboração automática das respostas aos itens fornece um perfil comportamental em oito subescalas sindrômicas (retraimento; ansiedade/depressão; problemas somáticos; problemas sociais; problemas de pensamento; problemas de atenção; comportamento delinquente; problemas de agressividade) e três escalas globais (problemas totais, que mede a extensão global dos problemas de comportamento; problemas internalizantes, que fornece uma medida da área emocional dos transtornos da criança; problemas externalizantes, que mede a tendência da criança ao comportamento disruptivo).

Conforme demonstrado no capítulo 1, pode ter particular relevância para o nosso campo psicopatológico o Child Behavior Checklist – Dysregulation Profile (CBCL-DP), caracterizado por uma pontuação superior a 210 na soma das pontuações-padrão em três escalas sindrômicas (ansioso/deprimido, problemas de atenção e comportamento agressivo), considerando, contudo, que a criança, para enquadrar-se nesse perfil, deve apresentar valores elevados (ou seja, superiores a dois desvios-padrão) em pelo menos duas escalas simultaneamente, indicador de elevada irritabilidade e agressividade reativa.

K-SADS-PL – Schedule for Affective Disorders and Schizophrenia for School-Age Children (Kaufman et al., 2004): trata-se de uma entrevista diagnóstica semiestruturada que permite realizar um diagnóstico psiquiátrico de acordo com os critérios do DSM-III-R e do DSM-IV. Há uma versão para os pais e outra para as crianças; é composta por nove seções principais (estado de humor deprimido, transtornos maníacos, transtornos alimentares, transtornos de ansiedade, fobias, obsessões/compulsões, transtorno de déficit de atenção/hiperatividade, transtornos de comportamento, sintomatologia psicótica).

CRS-R – Conners' Rating Scales-Revised (Conners, 2007): são escalas comportamentais que permitem uma avaliação abrangente dos comportamentos problemáticos presentes no período do desenvolvimento, para crianças e adolescentes dos 3 aos 17 anos. Existem três versões, que podem ser preenchidas pelos pais (CPRS-R), pelos professores (CTRS-R), e um questionário de autorrelato para adolescentes dos 12 aos 17 anos (YSR-R). Dos questionários preenchidos pelos pais e professores, obtêm-se sete subescalas (opositividade, distúrbios cognitivos, hiperatividade/impulsividade, ansiedade/timidez, perfeccionismo, problemas sociais e traços psicossomáticos, esta última apenas na versão dos pais) e alguns índices que dizem respeito mais especificamente aos problemas de desatenção/hiperatividade (índice TDAH, CGI; inquietude/impulsividade, instabilidade emocional, DSM-IV; desatenção, DSM-IV; hiperatividade/impulsividade, DSM-IV; total) e um índice que diz respeito à presença de um comportamento problemático geral (CGI, total). Dos questionários preenchidos pelos adolescentes, obtêm-se, no entanto, seis subescalas (problemas familiares, problemas emocionais, problemas de conduta, transtornos cognitivos, problemas de autocontrole, hiperatividade) e um índice TDAH.

SDQ – Strengths and Difficulties Questionnaire (Goodman, 1997). Questionário de avaliação dos comportamentos da criança. É geralmente utilizado para avaliações de triagem em vez de avaliações clínicas. Em comparação com os questionários acima descritos, é de código aberto. Tem uma versão de autoavaliação, uma versão que pode ser preenchida pelos professores e outra pelos pais; a versão italiana foi validada em 2012 (Tobia, Gabriele & Marzocchi, 2012). O SDQ pode ser fornecido a sujeitos entre 4 e 16 anos, é composto de 25 itens e avalia comportamentos associados a problemas da conduta (p.ex., atos de *bullying*), hiperatividade (p.ex., nível de agitação), sintomas emocionais (p.ex., quanto se mostra ansioso, preocupado), dificuldades dentro do grupo de pares (p.ex., em que medida é aceito pelas outras crianças) e comportamentos pró-sociais (p.ex., se tende a ajudar os outros).

A pontuação que se refere às dificuldades da criança é calculada pela soma dos pontos obtidos nos itens que se referem a problemas de conduta ou hiperatividade, a sintomas emocionais e a problemas dentro do grupo de pares. A pontuação do item individual do SDQ baseia-se numa escala Likert que varia de um mínimo de 0 a um máximo de 2. Para cada uma das cinco escalas, a pontuação pode variar de 0 a 10 se todos os itens forem completados. A pontuação total do SDQ é 40, e, obviamente, uma pontuação mais alta nas escalas que identificam as dificuldades da criança corresponde a uma presença mais marcada de problemas comportamentais, exceto no que diz respeito à escala do comportamento pró-social. A confiabilidade do SDQ é geralmente satisfatória, como demonstrado pela consistência interna média das subescalas e dos numerosos estudos realizados em amostras de crianças italianas.

MOAS – Modified Overt Aggression Scale (Kay, Wolkenfeld & Murrill, 1988): essa escala fornece uma avaliação semanal da agressividade articulada em quatro seções: agressividade verbal, agressividade física contra objetos, agressividade física autodirigida e agressividade física heterodirigida. Além disso, fornece uma pontuação total que reflete a gravidade global da agressividade.

Questionários para a avaliação dos TIF

Os instrumentos que aqui descrevemos devem ser entendidos como meios para conduzir uma avaliação dos TIF em crianças. O clínico pode utilizá-los tanto como questionários a serem preenchidos pelo paciente e/ou pelos seus pais quanto como guias para extrair, por meio da entrevista, a presença de determinados comportamentos e atitudes na criança. Além disso, a avaliação clínica dos TIF em pacientes com transtornos do comportamento pode apresentar condições específicas, especialmente no que tange à estabilidade dos TIF ao longo do tempo. Embora os TIF sejam habitualmente considerados estáveis durante o desenvolvimento, nem todos os pacientes que apresentam essas características na primeira avaliação continuam a manifestá-las ao longo do tempo (Masi et al., 2018). Dessa forma, deduzimos que as pontuações obtidas nos questionários que apresentaremos podem indicar a presença de TIF no paciente, especialmente se resultarem positivas em pelo menos duas avaliações espaçadas por um período mínimo de seis meses. Nessa perspectiva, Fontaine, McCrory, Boivin, Moffitt e Viding (2011) descobriram que uma pequena porcentagem de crianças apresenta níveis estáveis de TIF ao longo do tempo. De qualquer maneira, tanto na prática clínica quanto na literatura, estão disponíveis diversas medidas dos TIF em crianças. Nesta seção do livro, descrevemos detalhadamente – com uma discussão crítica das provas disponíveis, propriedades psicométricas e pontos fortes/fracos – algumas das medidas mais frequentemente utilizadas.

APSD – Antisocial Process Screening Device (Frick & Hare, 2001): é uma escala de avaliação composta de 20 itens, fornecida à criança, aos pais ou aos professores, normatizada com uma amostra comunitária de pré-adolescentes americanos. Os itens são classificados em uma escala Likert de três pontos. A escala é composta de três dimensões principais, baseadas na análise fatorial: narcisismo (sete itens), impulsividade (cinco itens) e insensibilidade-frieza (seis itens). O ponto de corte para a subescala IF do APSD é geralmente de seis pontos; há um suporte substancial para a validade da escala IF do APSD em distinguir os subgrupos de jovens antissociais com comportamento mais severo e agressivo que apresentam características semelhantes aos adultos com psicopatia (Frick et al., 2003). Frick, Bodin e Barry (2000) sugeriram adaptar o APSD também aos adolescentes, no que diz respeito ao autorrelato, dado que esse tipo de medição é geralmente mais confiável nessa faixa etária, particularmente quando se avaliam os comportamentos antissociais e as atitudes que podem escapar a pais e professores.

ICU – Inventory of Callous-Unemotional Traits (Frick, 2004): escala desenvolvida em 2004 por Frick com o objetivo de superar alguns defeitos psicométricos do APSD. O ICU inclui 12 itens positivos e 12 negativos, entre os quais 4 itens se referem aos especificadores do DSM-5 para os TIF, a saber: “Importa-me o nível de bom desempenho na escola”, “Sinto-me culpado quando faço algo errado”, “Não demonstro emoções” e “Preocupo-me com os sentimentos dos outros". O ICU dispõe de uma versão de autorrelato, uma versão para os pais e outra para os professores. O ICU mede três fatores específicos característicos de crianças com TIF: insensibilidade – por exemplo, não se preocupar com os sentimentos dos outros; frieza – por exemplo, não se sentir mal ou culpado quando faz algo errado; e não emocionalidade – por exemplo, não expressar sentimentos abertamente. As pontuações obtidas nos itens do ICU são, então, somadas para obter-se uma pontuação geral de comportamento de IF. Em síntese, o total obtido pela soma de todos os itens do ICU é a pontuação mais confiável a considerar dentro de um processo avaliativo, ao passo que as pontuações obtidas nas subescalas, tomadas individualmente, são menos indicativas (Essau et al., 2006). Importa salientar que, mesmo para o ICU, alguns pontos de corte podem ser considerados: 28 para o autorrelato, 30 para o relato preenchido pelos pais e 33 para o relato preenchido pelos professores. O ICU foi utilizado para avaliar os TIF em uma população pré-escolar (Ezpeleta et al., 2013). Kimonis et al. (2016) confirmaram a utilidade e a validade dos relatos tanto dos pais quanto dos professores para avaliar os TIF em idade pré-escolar (3-5 anos). Os autores demonstraram que uma alta pontuação total no ICU em idade pré-escolar estava correlacionada com a presença de comportamentos agressivos e com um déficit tanto no reconhecimento de expressões faciais quanto na orientação atencional aos sinais de sofrimento do outro.

Questionário UNSW (Universidade de Nova Gales do Sul): provas mais limitadas sustentam o uso do questionário UNSW elaborado por Dadds, Fraser, Frost e Hawes, em 2005, para o diagnóstico dos TIF. Essa medição agrupou elementos do APSD e do SDQ – Strengths and Difficulties Questionnaire (Goodman, 1997), para produzir um questionário que mede os TIF com propriedades psicométricas melhores do que as do próprio APSD. Esse teste inclui os itens que no APSD avaliam os TIF e os itens provenientes da escala de *comportamento pró-social* do SDQ, considerando estes últimos como indicadores de IF caso apresentem baixas pontuações. De fato, parece que o UNSW não só melhora a consistência interna da subescala IF do APSD como também apresenta boa estabilidade ao longo de um ano (r = 0,65) (cf. Dadds, Fraser, Frost & Hawes, 2005).

Importa salientar que, na avaliação dos TIF no período do desenvolvimento, é necessário considerar os resultados de um estudo conduzido com uma amostra clínica de jovens provenientes de famílias de baixa renda (Kahn et al., 2013), estudo do qual emergiram três grupos de pacientes, um com baixos TIF e dois com altos níveis de TIF, diferenciando-se no nível de ansiedade e traumas passados. Em outras palavras, se utilizarmos apenas os questionários para avaliar os TIF, esse traço poderá emergir também em crianças e adolescentes com altos níveis de ansiedade. O grupo com ansiedade elevada (apesar de apresentar altas pontuações nos questionários que avaliam os TIF) não é caracterizado primariamente pela pouca afetividade e empatia, mas pela impulsividade e agressividade frequentemente reativa. Portanto, os pacientes com altos TIF e ansiedade apresentam quadros sintomatológicos caracterizados por irritabilidade, impulsividade e maior sensibilidade emocional a estímulos emotivos negativos (Fanti, Demetriou & Kimonis, 2013; Kimonis et al., 2011). Frequentemente, os TIF manifestam-se juntamente com altos níveis de ansiedade em crianças que apresentam histórico de abusos e traumas, de maneira que são considerados, de certa forma, adquiridos e não biologicamente determinados como os TIF sem manifestação de ansiedade. Conforme aprofundaremos no capítulo 4, para essas crianças (com TIF e ansiedade), os objetivos primários do tratamento são totalmente diferentes dos objetivos terapêuticos a serem alcançados com crianças que têm TIF e baixos níveis de ansiedade.

PSM – Problem Solving Measure of Conflict (Lochman & Lampron, 1986): instrumento utilizado para identificar a maneira como as crianças lidam com os problemas sociais e com suas habilidades de resolução de situações conflituosas. Trata-se de seis breves histórias das quais o operador lê o início e a conclusão, enquanto à criança se pede que imagine a parte central da história, solicitando que proponha pelo menos duas possibilidades diferentes. As respostas são, então, codificadas na identificação do tipo de solução proposta. Remete-se ao capítulo 4 para uma descrição aprofundada do possível uso clínico desse instrumento.

MD – Moral Disengagement (Bandura et al., 1996; Caprara, Barbaranelli & Zimbardo, 1996): instrumento de autorrelato composto de 32 itens. As escalas do teste avaliam a disposição para utilizar estratégias cognitivas de evasão da autossanção no plano moral relativamente a diferentes formas de comportamentos reprováveis em variados contextos e situações interpessoais. Os 32 itens do teste revelam diferentes mecanismos de desengajamento moral, e cada item é avaliado pelo sujeito em uma escala Likert de cinco pontos.

CNS – Childhood Narcissism Scale (Thomaes et al., 2008): conforme tratado no capítulo 1, tendo em vista a relevância de alguns traços narcisistas nas dinâmicas psicopatológicas dos transtornos externalizantes (discriminando entre narcisismo e autoestima, sentimento patológico de superioridade e sentimento saudável de valor), pode ser útil a aplicação dessa escala, um questionário de autorrelato de fácil aplicação (dez itens) e pontuação imediata, capaz de fornecer rapidamente ao profissional uma medida dessa dimensão clínica.

Questionários e instrumentos de avaliação da parentalidade e do estado mental dos pais em relação à própria história de apego

PSI – Parenting Stress Index (Abidin, 1995): instrumento de autorrelato para a identificação precoce de sistemas relacionais estressantes, entre pais e filhos, destinado a pais de crianças de idade entre 1 mês e 12 anos. O PSI é composto de 101 itens que preveem uma resposta em escala Likert de 1 a 5, identificando a medida do estresse relacionado às características da criança (escala "domínio da criança") e ao funcionamento parental (escala "domínio dos pais"). Além disso, o instrumento prevê o preenchimento de uma lista de 19 eventos situacionais estressantes ocorridos nos últimos 12 meses (escala *life stress*), para os quais é prevista uma resposta conforme a ausência ou a presença do evento. A escala "domínio da criança" avalia em detalhe seis dimensões, das quais quatro são relacionadas ao temperamento (adaptabilidade, distração/hiperatividade, exigência, humor), ao passo que as outras duas (aceitabilidade e reforço aos pais) representam fatores interativos que implicam um impacto na personalidade e no senso de si dos pais. A escala "domínio dos pais" avalia em detalhe sete dimensões, das quais três (apego, competência e depressão) referem-se à componente de personalidade e patologia do modelo de estresse parental, ao passo que as outras quatro (isolamento, restrição de papel, saúde e estado conjugal) são subescalas situacionais. A soma das pontuações obtidas nas escalas "domínio da criança" e "domínio dos pais" gera a medida total de estresse parental (pontuação "estresse total").

APQ – Alabama Parenting Questionnaire (Shelton, Frick & Wootton, 1996): trata-se de um questionário composto de 42 itens subdivididos em cinco subescalas que avaliam os estilos parentais, acrescidos de sete itens que monitoram outras práticas disciplinares. Há uma versão para o pai e outra para a mãe, aos quais ambos respondem em uma escala Likert de cinco pontos, organizada conforme a frequência (de 1 = nunca a 5 = sempre). As pontuações são obtidas pela soma dos valores dos itens condizentes com cada escala. As áreas investigadas são as seguintes: *envolvimento dos pais nas atividades do filho* (dez itens), como brincadeiras, participação em atividades do filho, atividades direcionadas ao filho; *parentalidade positiva* (seis itens), como encorajamento, relação calorosa com o filho, reforço, interações físicas positivas; *baixa supervisão ou monitoramento* (dez itens), como atividades da criança fora de um contexto familiar ou permanência fora de casa sem a presença de um adulto; *disciplina incoerente* (seis itens), como a perspectiva de punições que depois não são aplicadas ou a aplicação de punições desproporcionais à gravidade dos comportamentos; *punição física* (três itens), como palmadas, bofetadas, uso de cintos ou objetos.

AAI – Adult Attachment Interview (George, Kaplan & Main, 1985): conforme enfatizado, os processos de descompensação na criança estão estreitamente ligados à possibilidade, ou impossibilidade, de manter o estado de relação com as figuras parentais, sintonizando-se com suas prioridades emotivas, sendo essencial um trabalho mínimo de reconstrução de alguns aspectos da história de desenvolvimento e da organização cognitiva e emocional dos pais. A teoria do apego, e em particular os estudos realizados com a AAI [Entrevista de Apego Adulto], podem constituir um excelente direcionamento procedimental e/ou conceitual na coleta e análise da história, de forma que se estimule o terapeuta a focar a atenção, na análise das narrativas parentais, em duas distintas fontes de informação: de um lado, os conteúdos expressos; de outro, a específica forma do discurso, rica em indicações sobre o funcionamento preferencial do sujeito dentro dos diversos sistemas de memória e sobre suas capacidades ou limitações integrativas.

Uma das características que parecem diferenciar de modo muito claro as narrativas seguras das inseguras na AAI é a *capacidade de monitoramento metacognitivo* dos próprios processos internos; ou seja, é a capacidade de observar e explicar os processos de pensamento e de lembrança que ocorrem na própria interioridade enquanto a comunicação está em andamento (notar e comentar discrepâncias no próprio discurso que extrai um novo significado, reconhecer possíveis distorções pessoais errôneas, reconhecer a própria falta de lembrança, ter consciência de alguns aspectos de distinção entre aparência e realidade, e assim por diante). Essa capacidade, revelando a continuidade e a eficácia dos processos de monitoramento e integração da consciência-memória, resulta em um dado observacional de grande relevância clínica. Fonagy, Steele e colaboradores (1991) desenvolveram uma escala (Reflective Self-Function Scale) para a AAI, destinada a avaliar de maneira mais detalhada a capacidade e a clareza dos sujeitos em representar e compreender os próprios estados mentais e os de outros, bem como a prontidão para refletir nesses estados de modo coerente.

Instrumentos de avaliação da qualidade do vínculo de apego entre criança e pais

Com crianças em *idade pré-escolar*, quando o senso de si ainda se manifesta principalmente por vias procedurais e emocionalmente imediatas, parte importante da avaliação pode ser dedicada à observação direta em consultório da qualidade do vínculo de apego entre a criança e suas figuras de apego.

PAA – Preschool Assessment of Attachment (Crittenden, 1992, 1994, 2002): trata-se de um instrumento de grande importância nessa faixa etária, uma *strange situation* (situação estranha) adequadamente modificada para as competências de desenvolvimento dessa idade (cognitivas, emocionais e sociais). Os critérios observacionais utilizados são os seguintes: a) *modalidades de negociação*, como são negociados necessidades, desejos e planos; b) como se realiza a *regulação dos estados afetivos*, tanto internamente quanto na sua expressão; c) *modalidades de exploração/afiliação*, ou seja, como são regulados os sistemas comportamentais exploratórios e afiliativos por meio da figura de apego; d) *estratégia* diádica em ação e *táticas* para implementá-la (p.ex., sobrecarregar o estado de relação, utilizando modalidades comportamentais passivas e desarmantes); e) *reações emocionais e comportamentais* que a estratégia é capaz de suscitar no terapeuta.

Em contrapartida, na idade escolar poderão ser de grande utilidade instrumentos destinados a identificar de forma projetiva ou semiprojetiva os modelos operacionais internos de si e do outro interiorizados pela criança. A esse respeito, considerem-se, por exemplo, os seguintes instrumentos:

SAT – Separation Anxiety Test (Attili, 2001): composto de dois conjuntos de seis imagens cada (um para meninos e um para meninas). A criança é guiada por meio de uma primeira série de perguntas projetivas relativas à "criança hipotética" ("O que você acha que esta criança sente? Por que pensa que ela se sente assim? O que você acha que ela fará agora? O que você acha que ela fará quando reencontrar a mãe?"), com perguntas de aprofundamento caso a criança não responda; e uma segunda série de perguntas análogas relativas à "criança real" ("O que você sentiria se fosse você esta criança?" etc.). O sistema de classificação baseia-se principalmente na análise das reações emocionais (classificadas em 17 categorias e, posteriormente, em 8 classes derivadas da teoria do apego) e das modalidades de enfrentamento nas situações de dificuldade, modalidades estas que depois foram atribuídas às classificações A, B, C, D e Co (apego confuso).

SAA – School-Age Assessment of Attachment (Crittenden, 1997-2005): composto de sete imagens que representam circunstâncias perigosas que podem ativar os apegos com os pares e com a família, em duas versões diferenciadas para meninos e meninas de 7 a 14 anos. As imagens servem de suporte para uma verdadeira entrevista, durante a qual o examinador solicita à criança que invente uma história relacionada às circunstâncias representadas (aprofundada com perguntas de prosseguimento destinadas a sondar os diversos sistemas de memória), e depois evoque um episódio autobiográfico similar ou relacionado às circunstâncias perigosas representadas. No sistema de classificação, conforme o modelo dinâmico-maturativo, além das várias configurações da idade pré-escolar são consideradas as possíveis articulações previstas para essa idade. As respostas dos sujeitos são codificadas principalmente quanto à forma do discurso, de modo que se utilizem os critérios de análise da linguagem verbal baseados no modelo dinâmico-maturativo (Crittenden & Landini, 2012).

MCAST – Manchester Child Attachment Story Task (Green et al., 2000): utilizável entre a fase de 5 e 7 anos, durante a qual a criança é não só convidada a brincar com bonecos que representam uma das figuras de apego, como também é colocada em situações de vulnerabilidade. A criança é convidada a identificar-se com o protagonista e, assim, completar a história proposta. O protocolo prevê que a aplicação seja gravada em vídeo. À criança é solicitado completar quatro histórias que contenham elementos ativadores do sistema de apego, como acordar à noite por causa de um pesadelo, cair e ferir o joelho, sentir-se mal repentinamente (dor de barriga), perder-se em um centro comercial. É prevista também uma história conclusiva de relaxamento. A criança é envolvida emocional e cognitivamente na situação imaginada, identificando-se com a "boneca criança" em relação a uma outra boneca que representa uma das figuras de apego.

CAI – Child Attachment Interview (Shmueli-Goetz et al., 2000): desenvolvida com base na Entrevista de Apego Adulto (AAI), durante a qual é solicitado descrever com adjetivos a relação com os próprios pais e, depois, apresentar episódios específicos como apoio, mas pede-se à criança que ela fale da sua relação atual com ambos os pais. A transcrição é avaliada com a atribuição de uma pontuação de 1 a 9 às seguintes escalas: abertura emocional, equilíbrio de referências positivas e negativas às figuras de apego, uso de exemplos, raiva preocupante, resolução de conflitos, idealização, distanciamento, comportamentos atípicos/desorganizados, coerência global.

Conclui-se, igualmente, que o "desenho da família" e outras clássicas provas de lápis e papel podem ser facilmente utilizados na fase de avaliação e interpretados à luz dos critérios conceituais oferecidos pela teoria do apego (Landini, Lambruschi & Bertaccini, 2014).

O envolvimento da escola e dos contextos educacionais

A escola representa um dos âmbitos nos quais os diferentes aspectos sintomatológicos dos transtornos da conduta podem manifestar-se em toda a sua gravidade, e, frequentemente, é a própria escola que solicita aos pais a intervenção do especialista por não conseguir mais lidar com os comportamentos agressivos e com as múltiplas dificuldades de comportamento desses filhos.

Portanto, no contexto do trabalho integrado já indicado para os transtornos da conduta, assumem grande importância também o envolvimento ativo e o apoio dos profissionais escolares, assim como de outros contextos educacionais (centros educacionais vespertinos, paróquia etc.). A iniciativa de sustentar a capacidade dos professores de conduzir a atividade escolar por meio de estratégias positivas de gestão do comportamento em sala de aula, desenvolver um programa que promova habilidades sociais e competências emocionais, bem como encorajar o envolvimento afetivo entre professor e crianças, constitui um importante fator de proteção contra um possível desenvolvimento de transtornos da conduta (Ladd, Birch & Buhs, 1999; Walker, Colvin & Ramsey, 1995).

Importa, aliás, que nessas situações clínicas o terapeuta, em vez de "jogar na defensiva", na expectativa de um contato da escola, adote uma postura proativa, de modo que ele próprio construa – de maneira ativa, reflexiva e colaborativa – o contexto de observação, incluindo desde o início a escola. Dificilmente os professores e a família compartilham a mesma visão da situação escolar do jovem; ao contrário disso, encontram-se frequentemente em conflito aberto, acusando-se mutuamente pelas dificuldades dele. Nesse clima de tensão, torna-se necessário que o terapeuta, antes de propor qualquer instrumento ou técnica específica de intervenção, procure identificar alguma área mínima de acordo ou compartilhamento entre família e escola, sob pena de fracasso da própria intervenção. Apenas com base em uma sólida comunhão de objetivos e estratégias será possível projetar uma intervenção; caso contrário, até a mais refinada das técnicas reconhecidas como eficazes no âmbito escolar perderá valor e, de modo mais ou menos consciente, será considerada inadequada, abandonada – ou até boicotada.

O trabalho técnico com os professores deverá iniciar-se por meio de adequada observação e compreensão do comportamento agressivo da criança na sala de aula, para a qual utilizarão primeiramente alguns dos instrumentos objetivos mencionados na sua versão para professores. Cada um dos itens indicados como críticos poderá ser analisado e detalhado com a recuperação de exemplos específicos que permitam uma descrição que seja operacional e a mais articulada possível dos contextos. Assim como os pais, os professores necessitam de auxílio para conduzir uma observação mais atenta do comportamento da criança em termos de análise funcional, mediante a compilação de fichas (ABC) análogas às utilizadas com os pais. Após uma fase adequada de observação, poderão ser mais facilmente guiados e orientados rumo a uma transformação mais adaptativa dos A (antecedentes ambientais que desencadeiam o comportamento agressivo) e dos C (consequências ambientais: p.ex., algumas de suas modalidades de resposta que reforçam não intencionalmente o comportamento agressivo). Por fim, pode ser aconselhado aos professores que apliquem em suas classes modelos específicos destinados à gestão dos comportamentos problemáticos no contexto escolar (cf. o modelo do Coping Power, aplicável atualmente em todos os níveis de ensino).

Os pais deverão, entretanto, ser constantemente atualizados quanto aos progressos e devidamente envolvidos nas atividades escolares de seu filho.

Tabela 3.1 – Resumo dos instrumentos de avaliação (Fairchild et al., 2019)

Objetivos	**Instrumentos**	**Motivo subjacente à escolha**
• Avaliar uma ampla gama de problemas de comportamento e investigar quando surgiram (antes ou depois dos 10 anos de idade).	• Questionários e escalas padronizadas, preenchíveis por pais, professores e/ou pela própria criança: Child Behavior Checklist, Strengths and Difficulties Questionnaire, Conners' Rating Scale, Modified Overt Aggression Scale.	• As crianças com problemas comportamentais diferem amplamente entre si quanto à tipologia e à gravidade dos comportamentos.
• Avaliar o grau em que os comportamentos da criança prejudicam os outros.	• Sessões e/ou entrevistas semiestruturadas a serem aplicadas aos pais e à criança: K-SADS-PL.	
• Avaliar o nível de mal-estar causado pelos problemas da criança em diversos contextos (p.ex., em casa, na escola, com os pares etc.).	• Sessão com os professores. • Instrumentos para a avaliação global do funcionamento da criança: Children's Global Assessment Scale (CGAS).	
• Investigar a presença de uma ampla gama de problemas frequentemente associados aos problemas de comportamento (TDAH, ansiedade, depressão e transtornos específicos da aprendizagem).	• Questionários e escalas padronizadas, preenchíveis por pais, professores e/ou pela própria criança: Child Behavior Checklist, Strengths and Difficulties Questionnaire, Child Depression Inventory, Multidimensional Anxiety Scale for Children. • Instrumentos para a avaliação das aprendizagens escolares: provas MT, Bateria DDE-2, BVSCO-2, BDE-2. • Instrumentos para a avaliação da atenção: Bateria italiana para a avaliação do TDAH, Teste de Cancelamento dos Sinos.	• As crianças com problemas comportamentais frequentemente apresentam outros transtornos em comorbidade e dificuldades de aprendizagem.

Objetivos	Instrumentos	Motivo subjacente à escolha
• Investigar a presença de uma ampla gama de fatores de risco individuais, como baixo funcionamento cognitivo, busca de sensações, desatenção, impulsividade, problemas de regulação emocional, traços narcisistas, traços de insensibilidade-frieza emocional, alterações no desenvolvimento moral, dificuldades na resolução de situações conflituosas.	• Analisar o perfil de desregulação do CBCL. • Instrumentos para a avaliação do funcionamento cognitivo: WPPSI-III, WISC-IV. • Instrumentos para a avaliação dos traços de insensibilidade-frieza emocional e do desenvolvimento moral: Antisocial Process Screening Device, Inventory of Callous-Unemotional Traits, Moral Disengagement. • Instrumentos para a avaliação dos traços narcisistas: Childhood Narcissism Scale, Antisocial Process Screening Device. • Instrumentos para a avaliação da impulsividade: Antisocial Process Screening Device, bateria para avaliação do TDAH (p.ex., prova MF). • Instrumentos para a avaliação da capacidade de resolver situações conflituosas: Problem Solving Measure of Conflict.	• Os problemas comportamentais frequentemente resultam de múltiplos fatores de risco, incluindo as características individuais da criança.
• Investigar a presença de uma vasta gama de fatores de risco ambientais que podem contribuir para os problemas comportamentais da criança, como uma disciplina rígida e inconsistente, psicopatologia dos pais, conflitos familiares, exposição a maus-tratos ou violência.	• Entrevistas não estruturadas conduzidas com a criança e com os pais. • Instrumentos para investigar a presença de psicopatologia e estresse nos pais: SCL-90, Parenting Stress Index. • Instrumentos para avaliar o estilo de parentalidade: Alabama Parenting Questionnaire, Parental Overvaluation Scale. • Instrumentos para investigar a exposição a maus-tratos ou abuso: Maltreatment Index Clinician-report. • Instrumentos para avaliar a qualidade do vínculo de apego entre criança e pais: Preschool Assessment of Attachment, Separation Anxiety Test, School-Age Assessment of Attachment, Manchester Child Attachment Story Task, Child Attachment Interview.	• Os problemas comportamentais frequentemente resultam de múltiplos fatores de risco, incluindo os fatores ambientais e os relacionados à relação entre pais e filhos.

4
Uma abordagem neurocientífica cognitiva para a terapia dos transtornos do comportamento na infância e na adolescência

Introdução

Conforme destacado nos capítulos anteriores, o comportamento agressivo e antissocial constitui um dos motivos mais frequentes de solicitação de consulta aos serviços sociossanitários. Além disso, sabe-se que esses comportamentos frequentemente levam crianças e adolescentes a enfrentar desfechos negativos, tais como dificuldades na escola, comportamentos delinquenciais, uso de substâncias e permanência do diagnóstico psiquiátrico. Por essas razões, foram desenvolvidos inúmeros modelos que buscam identificar os fatores de risco e os mecanismos de manutenção do comportamento agressivo e antissocial no período do desenvolvimento. Geralmente, todos esses modelos de tratamento descrevem diversos alvos terapêuticos que nada mais são que a manifestação do funcionamento de distintos sistemas de base neurobiológica, bem como o produto de como esses sistemas foram regulados pelos cuidadores ao longo do desenvolvimento da criança.

O modelo psicopatológico e de tratamento que será apresentado neste capítulo fundamenta-se na abordagem denominada *psicopatologia do desenvolvimento* (*developmental psychopathology*; Sameroff, 2010), abordagem esta que, em primeiro lugar, destaca a importância do princípio da *multifatorialidade* na determinação das problemáticas comportamentais e emocionais de relevância clínica no período do desenvolvimento. Em outros termos, as razões de uma dada manifestação psicopatológica são sempre buscadas na interseção e no equilíbrio dinâmico entre fatores de risco, de um lado, e fatores protetivos, do outro. Em particular, na observação de como as *características neurogenéticas e neurobiológicas* próprias da criança e as diversas *variáveis ecológicas ou ambientais* (adversidades econômicas, estresses sociais, grupos de pares etc.) articulam-se com a qualidade da parentalidade (estratégias educativas e de socialização, qualidade dos vínculos de apego), conforme descrito no capítulo 2. Diversas combinações de fatores de risco podem conduzir ao mesmo tipo de transtorno (princípio da *equifinalidade*). Além disso, o efeito de cada fator de risco individual dependerá do momento em que ele intervém e da combinação com outros fatores (*multifinalidade*).

Essa abordagem, portanto, busca integrar o estudo do desenvolvimento típico e atípico com o intuito de explicar como determinadas tarefas de desenvolvimento podem não ser concluídas no indivíduo. Nesse sentido, mantém estreita relação com a postura que o clínico deve adotar diante de uma criança com sérios problemas de conduta: o clínico, já na fase de avaliação, deve delinear as diversas tarefas de desenvolvimento que se estagnaram na criança e que a levaram a manifestar sérios problemas de conduta. Também é importante destacar como a abordagem da psicopatologia do desenvolvimento considera tanto o desenvolvimento típico quanto o atípico não como um estado estático, mas como um processo dinâmico e sempre em evolução. Os fatores de risco podem ser enfrentados e manipulados por meio de intervenções específicas, às vezes até por meio da relação terapêutica, conduzindo a criança a readquirir competências que permitam reduzir os problemas de controle da agressividade e as problemáticas de conduta.

O intento deste capítulo é delinear alguns processos cognitivo-afetivos que, com seu desenvolvimento atípico, podem ter contribuído para o surgimento do comportamento agressivo na criança. Para cada um desses processos, propõem-se uma descrição clínica e evolutiva, bem como algumas sugestões para a intervenção terapêutica. Além das dificuldades no âmbito da parentalidade, que podem representar uma variável adicional de risco e das quais também trataremos, o clínico que essencialmente se ocupa de transtornos do comportamento pode encontrar-se diante de três diferentes fenótipos, descritos como segue (cf. Figura 4.1):

- *a criança com dificuldade para reconhecer a ansiedade*, frequentemente contagiada emocionalmente pelo contexto e com pouca capacidade de interpretar as intenções alheias; os cuidadores dessa criança costumam criar um contexto de vida ansiogênico e, por vezes, maltratante;

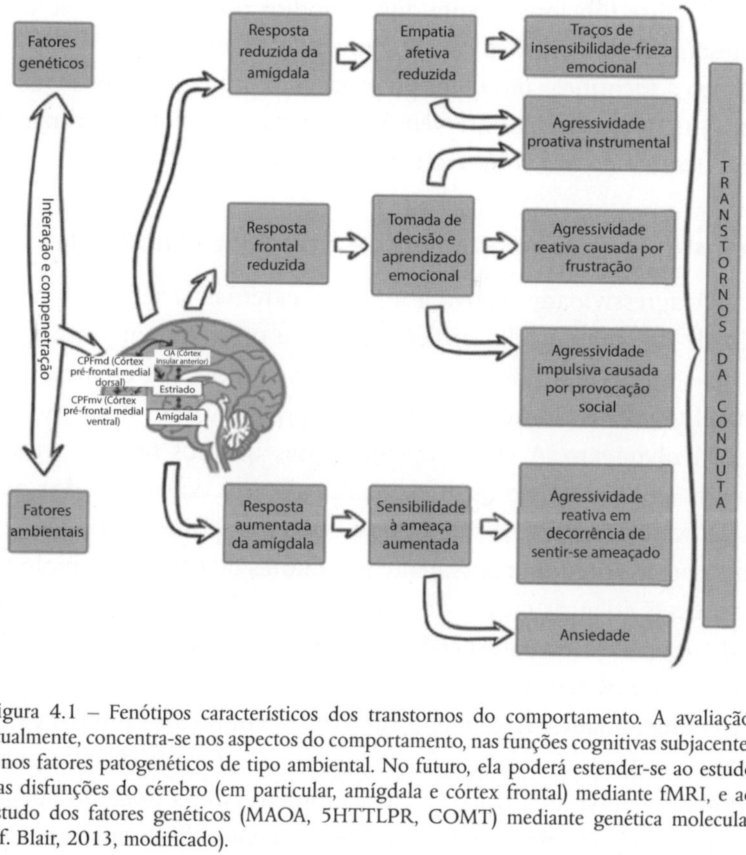

Figura 4.1 – Fenótipos característicos dos transtornos do comportamento. A avaliação, atualmente, concentra-se nos aspectos do comportamento, nas funções cognitivas subjacentes e nos fatores patogenéticos de tipo ambiental. No futuro, ela poderá estender-se ao estudo das disfunções do cérebro (em particular, amígdala e córtex frontal) mediante fMRI, e ao estudo dos fatores genéticos (MAOA, 5HTTLPR, COMT) mediante genética molecular (cf. Blair, 2013, modificado).

- *a criança com pouco interesse e pouca empatia afetiva pelo outro*, frequentemente caracterizada por agressividade planejada; os cuidadores dessa criança costumam criar um contexto de vida pouco envolvente e pouco recompensador;
- *a criança com dificuldades no processo de resolução de problemas*, frequentemente caracterizada por comportamento impulsivo e por uma forte sensibilidade à frustração; os cuidadores dessa criança costumam criar um contexto educacional incoerente e inconsistente.

Na prática clínica cotidiana, os quadros psicopatológicos frequentemente aparecem mais confusos do que agora tentaremos descrever. No entanto, estamos profundamente convencidos de que uma análise funcional atenta dos episódios nos quais mais se manifestam as dificuldades comportamentais da criança pode levar o clínico a identificar um fenótipo específico primário e, consequentemente, a ajustar sua intervenção a essas características primárias da criança e do seu contexto familiar.

Transtorno do comportamento e ansiedade (fenótipo 1)

A agressividade reativa a ameaças externas, a reduzida capacidade de compreender a mente alheia e o estado emocional perenemente ativado são as características clínicas das crianças que manifestam problemas de conduta e provêm desse itinerário de desenvolvimento. A etiopatogenia desses quadros tem uma forte matriz ambiental: isso os diferencia dos outros dois itinerários que descreveremos, caracterizados, pelo contrário, por uma etiopatogenia marcada predominantemente por fatores de risco neurobiológicos. Essas crianças cresceram em contextos de vida caracterizados pela pervasividade da experiência de medo. A transmissão do medo por parte dos seus cuidadores ocorre essencialmente por meio de duas modalidades. A primeira caracteriza contextos familiares nos quais a criança é exposta frequentemente a formas de disciplina rígida e maus-tratos físicos ou psicológicos (sob a ótica do apego, o maltrato pode ocorrer mesmo em contextos de distanciamento, mas pode levar à submissão complacente e não à ansiedade, porque permite previsibilidade; nos padrões C de alto índice há, porém, imprevisibilidade na ameaça, que causa ansiedade). A segunda modalidade refere-se, entretanto, aos contextos nos quais os cuidadores permeiam a relação com o filho com base nos seus medos, prefigurando ao pequeno um mundo perigoso que ele jamais será capaz de explorar sozinho. Nesses casos, os modelos de apego frequentemente se configuram como ansioso-resistentes, e a estruturação do Eu tende a evoluir não só com uma percepção de si mesmo em termos de vulnerabilidade física e emocional, mas também com uma correspondente percepção do mundo em termos de perigo e ameaça. São bloqueados os processos de separação e de exploração autônoma do ambiente.

Ambos os tipos de contextos compartilham a característica da imprevisibilidade. Esta, associada à ameaça à qual a criança é exposta, molda a mente dela, tornando-a extremamente reativa às ameaças e pouco interessada em descobrir o que pode haver cognitivamente na mente do outro e na exploração do ambiente. Numa perspectiva evolutiva, a criança desenvolveu uma atenção seletiva para os sinais de ameaça; sua mente foi assim moldada para defender sua integridade física e psicológica dos comportamentos ameaçadores dos cuidadores, ou dos comportamentos ansiosos ou hiperapreensivos dos cuidadores, que vão prejudicar sua autoestima. Com o passar dos anos, a criança generaliza essa atenção seletiva para todos os seus contextos de vida; simplificando, pode-se dizer que sua área amigdaloide se calibrou para captar os sinais de ameaça e responder a eles. Por consequência a isso, em todos os contextos de vida da criança a atenção será reativa a todos os possíveis sinais de ameaça (mesmo pequenos, como mudanças no contexto), tornando-a mais propensa a reagir a essa hipotética e superestimada ameaça com agressividade reativa e explosiva.

Diversos estudos (Dodge & Pettit, 2003; Dodge et al., 1997; Waldman, 1996) sugerem que, para essas crianças, as representações de estados emocionais são facilmente e frequentemente ativadas por sinais emocionais inapropriados, resultando em erros de rotulagem desses sinais (p.ex., a expressão benigna de um colega pode ser interpretada como raiva, a partir de uma leitura equivocada de um sorriso, que pode ser visto como sorriso de escárnio, em vez de sorriso pró-social). Em outras palavras, pode-se afirmar que crianças que sofreram maus-tratos apresentam um esquema geral de processamento atípico de afetos, mesmo fora da consciência. Dada a evidência de que o processo de afetos pré-atentivos está alterado também em indivíduos diagnosticados com transtornos de ansiedade, sugere-se que esse padrão de aumento da ativação da amígdala e do sistema nervoso autônomo em crianças maltratadas possa constituir um marcador neural latente de risco, que está associado a uma maior vulnerabilidade a futuros transtornos psiquiátricos, não apenas aos transtornos da conduta.

Como manifestam a agressividade?

A agressividade dessas crianças é tipicamente *reativa*. Os mamíferos apresentam uma resposta gradual e instintiva à ameaça: as ameaças distantes provocam congelamento, ao passo que a agressividade reativa é induzida quando as ameaças estão muito próximas, e quando a fuga é impossível. A agressividade reativa caracteriza-se por agressões não programadas e furiosas dirigidas ao objeto percebido como fonte de ameaça. Estudos em animais demonstraram que a agressividade reativa é mediada por um circuito que parte da amígdala medial, em grande parte através da estria terminal, até o hipotálamo medial, e, então, à metade dorsal da substância cinzenta periaquedutal (Lin et al., 2011). Polimorfismos genéticos específicos, juntamente com a exposição a condições ambientais precoces desfavoráveis, podem levar a uma maior reatividade da amígdala, sobretudo diante dos sinais de ameaça. Essa aumentada reatividade, por sua vez, eleva a sensibilidade às ameaças, e o estado de perene ativação emocional torna a criança mais sensível às mudanças no contexto e, somado a isso, aumenta a probabilidade de que até mesmo uma pequena mudança imprevista no contexto desencadeie uma agressão reativa. Esses indivíduos representam provavelmente 40% dos casos com TC e frequentemente satisfazem os critérios para um transtorno de ansiedade (Lahey et al., 2002).

Estar exposto a um contexto de maus-tratos representa grave risco para o desenvolvimento de uma adequada regulação das emoções nas crianças. Nas famílias maltratantes, os pais fornecem menor suporte quando os filhos estão perturbados, e isso, ao longo do tempo, limita a capacidade das crianças de aprenderem estratégias construtivas para regular seus estados emocionais. Além disso, os cuidadores maltratantes tendem a envolver menos seus filhos nas denominadas "discussões emocionais", demonstrando reduzida capacidade de compreender a expressão afetiva dos filhos e oferecendo menos estratégias de gerenciamento da raiva em comparação com os pais típicos.

Um frequente risco é que uma criança com reiterados acessos de ira possa aos seus pais, aos seus professores – e até a si mesma – parecer tudo, exceto ansiosa. Provavelmente, o primeiro objetivo terapêutico, nesses casos, é levar a criança, bem como seu contexto de vida, a reconhecer a ansiedade, frequentemente pervasiva, que a caracteriza. Nesse caso, utilizamos o termo "ansiedade", mas a descrição clínica mais correta que delineia essas crianças seria "estar em um estado de perene ativação emocional e constante percepção de vulnerabilidade". De fato, essas crianças apresentam pouca capacidade de reconhecer o medo como um estado emocional genuíno e compartilhável. Por isso, percebem esse sentimento, antes, em termos sensoriais, como somatizações, e o desregulam em ansiedade ou o transformam em raiva. Trata-se, em suma, dos padrões "quentes" descritos no capítulo 2, nos quais a raiva agonística desempenha função de potente ansiolítico e nos quais, para a criança, sentir – por meio da contrariedade e da raiva – um mínimo de controle no relacionamento com os pais é absolutamente vital para a manutenção do estado de relação.

Frequentemente, essas crianças também demonstram reduzida capacidade de compreender cognitivamente a mente alheia.

A empatia cognitiva implica uma compreensão explícita do estado mental alheio, sem necessariamente ser acompanhada por um estado afetivo específico. Esse termo refere-se à capacidade de assumir intelectualmente o papel ou a perspectiva de outra pessoa, e isso acarreta tanto a decodificação quanto o reconhecimento das emoções e dos seus sinais situacionais. Por fim, há muito se sabe que os déficits no desenvolvimento da linguagem e da inteligência verbal são comuns entre crianças com problemas da conduta; as evidências atuais, porém, indicam que são, de certo modo, específicos para as crianças provenientes do itinerário que descrevemos agora (Muñoz et al., 2008; Salekin et al., 2004). A criança apresenta-se ao terapeuta carregada de emoções à flor da pele, carregada de imagens para descrever o que lhe acontece, mas com pouco diálogo interno para controlar cognitivamente tudo isso. O perfil em questão descreve uma criança com o termômetro das emoções calibrado para cima, sensível à ameaça, que não só tem dificuldade em verbalizar as sutilezas das emoções em si mesma e nos outros (pouca empatia cognitiva), mas também experimenta um contágio emocional frequente e intenso, talvez até acentuado (empatia afetiva intacta).

A intervenção com a criança

Investiguemos que processos cognitivo-afetivos, com seu desenvolvimento atípico, contribuíram para o surgimento do comportamento agressivo na criança no quadro clínico descrito. Nesse caso, para nós, trata-se não só da regulação e do reconhecimento da emotividade "negativa" como reação ao sentimento de ameaça, mas também da capacidade de leitura do ambiente circundante e da mente alheia (empatia cognitiva). Para cada um desses processos (resumidos na Figura 4.2), ofereceremos alguns conselhos para a intervenção terapêutica.

Primeiramente, é importante não só ajudar a criança a desenvolver a auto-observação e o monitoramento das situações críticas, como também analisar conjuntamente alguns episódios nos quais recentemente manifestou crises de raiva. O primeiro instrumento

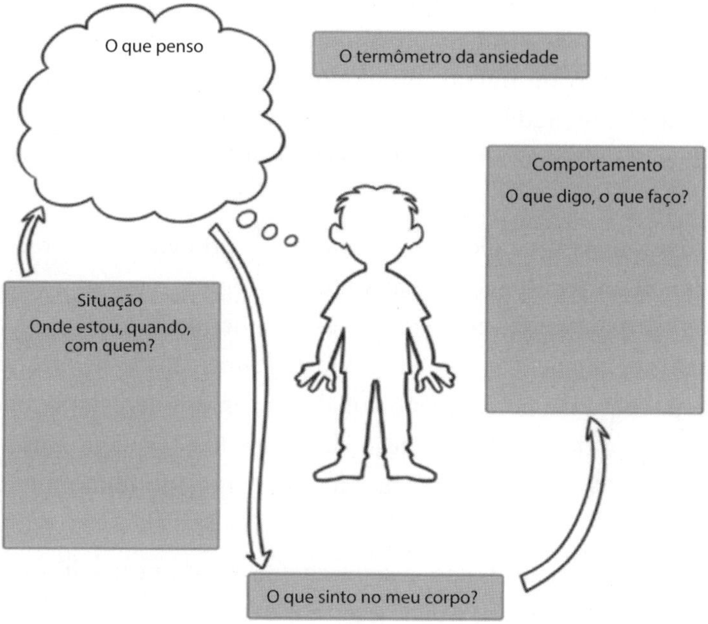

Figura 4.2 – Processos de regulação emocional.

terapêutico é, a nosso ver, a ficha ABC (cf. capítulo 3), em que A representa os antecedentes de um episódio de "raiva" ocorrido recentemente, de preferência na última semana da criança; B representa os pensamentos sobre si mesma e sobre os outros que acompanharam esses episódios; e C representa as emoções, além da raiva, que estavam presentes na criança durante o episódio. A utilização da ficha ABC pode tornar-se mais atraente para a criança se apresentada como um jogo – por exemplo, o jogo do "detetive das emoções", no qual se busca descobrir conjuntamente quem ou o que é a causa de tanta raiva. O jogo deve ser passado para a criança como uma modalidade para ajudá-la a evitar as consequências negativas que a raiva frequentemente lhe traz: punições, perda de relações sociais e emoções desagradáveis. No entanto, para isso, é necessário buscar conjuntamente o que especificamente desencadeou a raiva. A ficha ABC é apenas um esquema geral: com as crianças, é adequado que as fichas sejam adaptadas, modificadas e embelezadas com imagens, fotos ou figuras, de modo que sua compilação se torne agradável e interativa (pode-se começar com uma folha em branco e desenhar ou escrever conjuntamente as diferentes partes da ficha; cf. Figura 4.3).

Nesse passo terapêutico, o objetivo é, primeiramente, reconstruir com ordem as sequências sintomatológicas e tornar a criança mais consciente das chamadas "molas" que mais frequentemente desencadeiam nela a raiva: em outras palavras, busca-se introduzir ordem cognitiva no caos emocional. Para isso, é necessário ajudar a criança a desviar sua atenção de suas emoções, bem como de seu comportamento, para o que havia acontecido num momento anterior.

Como se pode notar, o antecedente típico nesses itinerários é expresso pela criança pela seguinte expressão: "Ele tem algum problema comigo". As descrições são quentes e envolventes, o estilo narrativo baseia-se principalmente em imagens sensoriais ativadoras e no linguajar conotativo evocativo. Portanto, o diálogo interno não tem uma função cognitivamente ordenadora, de guia e de controle sobre o próprio comportamento e emoções. A leitura das emoções é geralmente corporal e sensorial. Compartilhar e falar da existência dessas molas que fundamentam muitos acessos de raiva da criança é o primeiro passo do percurso terapêutico que nos espera. Outra mola frequentemente encontrada em uma criança que vive em um contexto coercitivo e controlador é o impulso para a autonomia, com os sentimentos de vulnerabilidade e medo (muito pouco reconhecidos) que isso provoca na criança. Nesse caso, além de trabalhar na conscientização que a criança pode ter da mola que a faz reagir, é adequado aprofundar a conversa com os pais, procurando evidenciar quais habilidades cotidianas a criança pode aprender a realizar autonomamente: escovar os dentes, vestir-se, preparar a mochila para ir à escola.

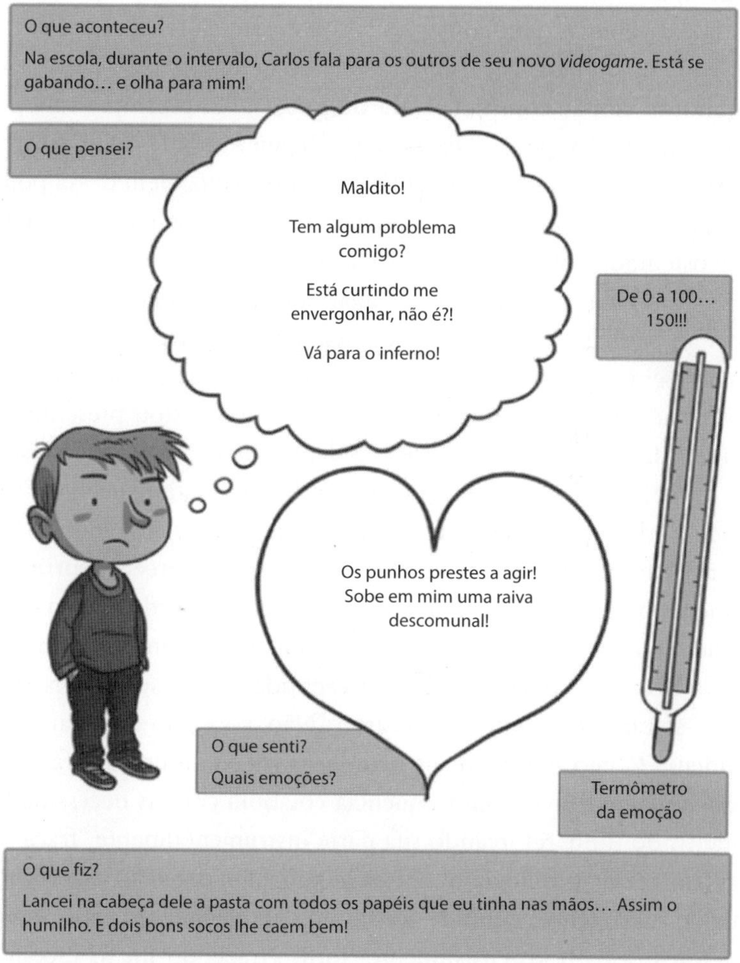

Figura 4.3 – ABC típico de uma criança do subtipo 1.

Por exemplo, Carlos é uma criança de 7 anos e meio, e seus pais chegam à consulta extremamente preocupados com alguns dos comportamentos "tirânicos" do filho, manifestados principalmente em relação à mãe. Ao passo que na escola parece ser suficientemente educado e adequado, em casa, com a mãe, é "difícil em tudo!": é constantemente opositor quanto aos deveres, ao levantar-se pela manhã, ao vestir-se, ao escovar os dentes; não deseja permanecer à mesa para comer, quer comer na sala e diante da televisão; e exige ser alimentado pela mãe. "Para fazê-lo comer um prato", diz a mãe, "tenho de contar com uma hora de gritos". "Está sempre raivoso, diz muitos palavrões... Diz sempre e apenas 'não!'; é um esforço incrível, um braço de ferro contínuo". Entretanto, além dessa polaridade coercitiva ativa, os pais relatam também uma parte de intensa e ostentada vulnerabilidade, toda voltada a solicitar o auxílio da mãe: "Em casa, move-se apenas agarrado a mim, não consegue ir nem ao banheiro se eu não o acompanhar... ou vice-versa, se vou ao banheiro, preciso deixar a porta aberta para que ele me veja; não dorme se não estou presente; não come se não estou presente. Se em um dado momento se distrai e depois percebe que me afastei, corre rapidamente para me alcançar gritando histericamente". Ou ainda: "Adormece comigo na cama de casal, depois eu o levanto e o coloco em sua caminha; mas, assim que acorda e percebe, corre novamente para a cama de casal conosco. Quando acorda pela manhã, começa a chamar 'mamãe!' de forma lamentosa, como uma criança muito pequena". Se a mãe não corresponde a essas suas demandas, torna-se raivoso, tirânico e opositor: "Não, você não deve sair! Entendeu?" Como muitas vezes ocorre nessas configurações familiares, enquanto a mãe com frequência colabora com as necessidades infantis do filho, reforçando sua parte instrumentalmente "fraca", o pai (em vez de promover de forma genuína um percurso de autonomia no filho) tende, contudo (de modo completamente dissociado), a reforçar a parte ostensivamente "forte", trazendo-lhe às escondidas da mãe "um fuzil de ar comprimido para que possamos disparar juntos", ou dirigindo-se a ele com o termo "Nós, homens...", ou "Mas por que você está chorando? É um homem, homens não choram!" Como veremos, é importante nesses casos ajudar os pais a integrarem as duas partes, reconhecendo de maneira genuína os medos que desencadeiam os atos agressivos.

É oportuno, em geral, treinar a criança para reconhecer as diversas emoções. Nosso objetivo será favorecer o surgimento, na mente da criança, da ideia de que há muitas emoções no mundo e nos outros, e que nem todas elas são ameaçadoras. É importante que as crianças aprendam a identificar os sinais fisiológicos, emocionais e comportamentais da ativação das diversas emoções, bem como os estímulos que podem desencadear as experiências emocionais. O construto de competência emocional é definido por Saarni (1999) como o conjunto de habilidades que permitem manter ou modificar as transações com o ambiente de modo eficaz e socialmente apropriado. A competência emocional diz respeito à habilidade de lidar funcionalmente com as próprias emoções e com as dos outros no âmbito da vida cotidiana, mantendo ou modificando de modo adequado e socialmente apropriado as interações com o ambiente.

Para aprofundar inicialmente a discussão acerca dos estados emocionais, pode-se começar, como já mencionado, a conversar com as crianças a respeito do que definimos como "molas" das emoções, ou seja, os estímulos ou situações que provocam o surgimento de uma emoção. É possível perguntar às crianças algo que as faz *felizes* (p.ex., brincar com os amigos), algo que as *assusta* (p.ex., aranhas) ou algo que as *entristece* (p.ex., quando o sorvete recém-comprado cai no chão). Além disso, é necessário ajudar a criança a compreender que uma mesma situação *não* provoca sempre a mesma emoção em sujeitos diferentes: nesse caso, pode-se brincar com a criança propondo a ela que adivinhe as molas das emoções do terapeuta.

Para favorecer o reconhecimento das emoções, é possível estruturar atividades em forma de jogo com o auxílio de imagens, como o jogo do "detetive das emoções": apresentam-se às crianças fotos ou desenhos que representam emoções específicas e pede-se que identifiquem a emoção na imagem, indicando por quais "indícios" conseguiram descobri-la. Imaginemos, por exemplo, apresentar a figura de uma pessoa que expressa a emoção da raiva: a criança poderá nos dizer que a reconheceu pelas sobrancelhas franzidas ou pelos dentes cerrados. Essas crianças tendem a elaborar as emoções em termos sensoriais, por isso um adequado "etiquetamento semântico" (dar um nome ao que sentem) de seus estados internos poderá ajudá-las a dar-lhes um sentido e a considerá-los menos ameaçadores.

O passo terapêutico subsequente com essas crianças é ajudá-las a reconhecer as inúmeras sutilezas das diferentes emoções, portanto um elemento crucial é a implementação da capacidade de avaliar sua intensidade. Dosar uma emoção constitui uma competência autorreguladora importante, pois essas crianças geralmente têm a sensação de serem submersas de maneira incompreensível por um estado emocional, representando-o frequentemente em relação a tudo ou a nada. Para trabalhar terapeuticamente essa dificuldade, podem ser utilizados os chamados "termômetros das emoções", que constituem instrumentos claros e simples para conduzir essas atividades. Um modo de apresentar às crianças o conceito do termômetro das emoções é mostrar-lhes uma lista de palavras que descrevem diferentes níveis de uma mesma emoção – por exemplo, de felicidade (alegre, despreocupado, animado) ou de raiva (agitado, furioso ou irritado) – e pedir-lhes que as reordenem do menos intenso ao mais intenso, com o auxílio da imagem de um termômetro, instrumento geralmente conhecido até pelas crianças mais novas (Figura 4.4).

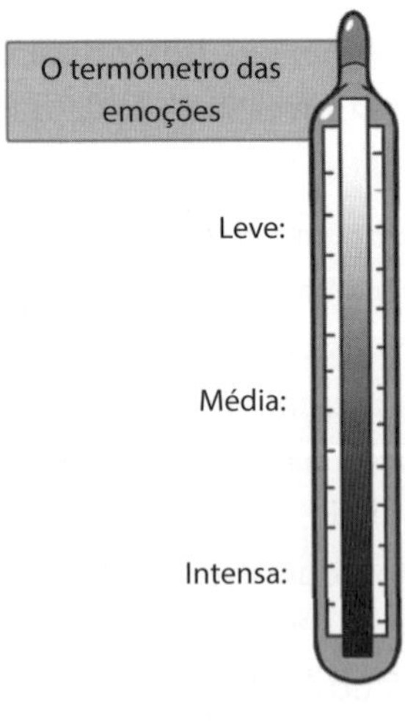

Figura 4.4 – O termômetro das emoções.

Para cada nível de emoção, há uma descrição correspondente das sensações corporais experimentadas pela criança, por exemplo, aumento dos batimentos cardíacos, sudorese fria e coceira nas mãos. Após a introdução do uso do termômetro, o instrumento deve permanecer sempre visível para a criança durante a sessão. Pode-se criar uma representação em um cartaz mantido na sala, de modo que ele possa ser utilizado quando se perceber que a criança está começando a se agitar. Bastará direcionar a atenção para o termômetro e perguntar: "Em que ponto estava o seu termômetro da raiva neste exato momento?" Dessa maneira, a criança estará habituada a pensar na sua raiva como um contínuo que pode variar desde uma simples sensação de incômodo até uma explosão de ira furiosa. Com esse procedimento, o termômetro evoluirá, sessão após sessão, relato após relato, e isso passará gradualmente de um "exercício terapêutico" à forma mental da criança em relação à sua própria raiva.

Nesse momento, torna-se fundamental ensinar à criança que ela pode controlar sua raiva, que existem "truques" para diminuir seus níveis de nervosismo. Uma das maneiras mais simples de ensinar isso consiste no uso das "frases da calma", ou seja, as frases que a criança pode aprender a repetir mentalmente quando perceber que seu termômetro da raiva está começando a subir. Para elaborar a lista das frases da calma de uma criança, podemos pedir que ela nos conte episódios em que ficou com raiva nas últimas semanas em casa ou na escola; é preciso ajudá-la a falar dos eventos que a afetaram com perguntas como: "O que você disse para si mesma? Que pensamento conseguiu fazer você se sentir menos irritada?" Desse modo, a criança verbalizará autoinstruções que lhe foram sugeridas e poderão ser úteis em várias situações para evitar a raiva. Para verificar a utilidade dessas autoinstruções e praticar seu uso, podem ser desenvolvidos jogos baseados no esquema de interpretação de papéis. Um conselho a ser considerado diante desse tipo de atividade é que estamos lidando com crianças com baixíssima tolerância à frustração, por isso pode ser útil que elas não sejam provocadas diretamente, mas que se usem marionetes ou bichos de pelúcia com os quais a criança deve desenvolver uma espécie de "diálogo interno da calma", tentando tranquilizá-los das provocações externas.

O objetivo seguinte deve ser aumentar a capacidade relacionada à empatia cognitiva. Nomear o que essas crianças veem nos outros e percebem em si mesmas é uma tarefa difícil que frequentemente requer exercício constante e contínuo durante todo o percurso de tratamento. Também os exercícios úteis para melhorar as habilidades de definir estados mentais podem ser propostos como jogo, por exemplo, o "bingo das emoções". Esse jogo consiste em inserir dentro de uma bolsa cartões com várias emoções e adjetivos que consideramos importantes para a criança aprender a conhecer e usar. A criança deve tirar um cartão da bolsa e contar um determinado acontecimento ou situação que julgue descrever melhor a palavra que retirou.

Ao desenvolver exercícios desse tipo, é sempre importante lembrar que, apesar de haver uma cota de objetividade na descrição de uma emoção, é positivo e agradável descobrir o que as próprias crianças atribuíram a uma determinada emoção ao longo de sua vida, a que associam, que lembrança suscita nelas. Por isso, é importante também, diante de respostas estranhas ou fora do lugar, validar e tentar entender quais foram as motivações que levaram a criança a atribuir aquela resposta a essa determinada emoção. Para que esse jogo mantenha inalterada sua utilidade psicoeducacional, é possível associar ao momento da retirada um segundo momento, em que a criança deve colar em um cartaz dividido em porções (positivo, neutro e negativo) o cartão com a emoção ou o adjetivo que retirou. Assim, haverá uma conotação da emoção ou do adjetivo sem "banalizar" a ideia inicial da criança.

Para ajudar a criança a modular fortes emoções ou a reduzir o nível de agitação, pode ser muito benéfico também o ensino de técnicas de relaxamento. Quando a criança se encontra mais calma, torna-se capaz de acessar melhor suas estratégias de enfrentamento para lidar com as situações que desencadearam as emoções experimentadas. Deve-se considerar que a dualidade das trajetórias de crescimento descritas implica, no caso da criança que sofreu maus-tratos, uma séria dificuldade em estabelecer solidamente com o terapeuta um vínculo de confiança suficiente para permitir que as técnicas de relaxamento desempenhem seu papel.

Convém apresentar as estratégias de relaxamento durante as sessões de tratamento, destacando para a criança que essas técnicas podem ser aplicadas também na vida cotidiana dela. Estão disponíveis para indução do relaxamento diversos métodos que podem ser utilizados individualmente ou em combinação, conforme a preferência ou as características da criança. Eis alguns a seguir. Na *respiração diafragmática*, ensina-se a criança a realizar respirações lentas e profundas, colocando uma mão sobre o abdome enquanto respira de maneira relaxada, sem tensionar os músculos abdominais. A criança inspira profundamente, fazendo com que a mão sobre o abdome se eleve, ao passo que a outra mão sobre o peito permanece imóvel. Para tornar essa atividade acessível a crianças menores, pode-se pedir que imaginem na barriga um balão que se infla ou desinfla conforme a respiração. No *relaxamento muscular progressivo*, crianças maiores e adolescentes são instruídos a contrair sequencial e lentamente os músculos. Essa atividade pode ser difícil; para ajudar as crianças e para simplificar as ações em andamento, pode-se associá-la a outras atividades imaginativas; por exemplo, para ajudar a criança a tensionar e relaxar os músculos dos ombros, pode-se pedir que imagine ser uma tartaruga que entra e sai de seu casco – para uma descrição mais detalhada dessa técnica, confira Lambruschi, Fabbri, Muratori e Polidori (2014). O relaxamento progressivo, como técnica ativa e não heteroinduzida, adapta-se bem à percepção de si e do espaço interpessoal, caracterizada por um forte medo de perder o controle e o domínio da relação com o outro, sentindo-se, assim, irremediavelmente "à mercê" do outro, percebido como não confiável. As instruções e eventuais induções imaginativas podem ser orientadas para que "a mente volte a habitar o corpo".

As sessões terapêuticas visam, sobretudo, apresentar à criança estratégias que possam ajudá-la a adquirir ou aprimorar determinadas habilidades, tais como o reconhecimento e a regulação das emoções. É necessário que a criança se dedique a essas atividades fora do ambiente clínico, utilizando tarefas para realizar em casa relacionadas às atividades mencionadas. Por exemplo, para trabalhar com as emoções, pode-se utilizar uma "agenda das emoções", na qual a criança deve registrar em que situação experimentou determinada emoção, o que pensou e como reagiu (uma espécie de esquema ABC simplificado). Com o avanço do tratamento, esse trabalho pode ser combinado com atividades relacionadas à gestão das emoções, como pedir à criança que se empenhe autonomamente nas técnicas de relaxamento propostas, aprimorando sua habilidade em aplicá-las.

A intervenção com os pais

Assim como proposto para a criança, a descrição do componente do tratamento para os pais também se baseia nas duas modalidades relacionais disfuncionais já mencionadas: a maltratante e a ansiosa. Quando se suspeita de que uma criança tenha sofrido ou esteja sofrendo maus-tratos no contexto em que está inserida, torna-se prerrogativa absoluta do terapeuta aprofundar a investigação tanto no diagnóstico quanto no tratamento. Ressalta-se a importância de fornecer intervenções precoces preventivas às crianças que experimentaram maus-tratos, a fim de evitar a potencial cascata de efeitos que essa experiência pode ter no desenvolvimento e no funcionamento do cérebro, considerando sempre que o maltrato infantil aumenta o risco de diversos outros transtornos psiquiátricos, entre os quais depressão, abuso de substâncias e transtorno da personalidade *borderline*.

A pesquisa relacionada às consequências biológicas do maltrato infantil começou a lançar luz sobre as bases neurológicas da regulação das emoções nessas crianças. Uma estrutura cerebral que recebeu muita atenção nos estudos de neuroimagem sobre menores que sofrem maus-tratos é o córtex pré-frontal (p.ex., De Bellis et al., 2002). Essa estrutura é de interesse particular, pois é a parte do córtex que mais tarde não só se desenvolve de maneira filogenética e ontogenética, como também, por consequência, pode ser especialmente vulnerável ao estresse precoce causado pelo maltrato. Além disso, o córtex pré-frontal está envolvido nos processos regulatórios emocionais e tem conexões com diversas regiões cerebrais adicionais, como a amígdala.

Para definir de maneira simples e esquemática o que se entende por "maltrato", pode-se recorrer ao Maltreatment Index Clinician-report form, baseado no Maltreatment Classification System, de Barnett, Manly e Cicchetti (1993), instrumento pelo qual o terapeuta estima, em uma escala Likert, a possibilidade de que a criança enfrente ou tenha enfrentado abusos emocionais ou físicos. Com o termo "abuso emocional", entende-se: ser diminuído ou ridicularizado, experimentar medo ou intimidação, ser acusado de forma inadequada, vivenciar momentos de extrema negatividade e hostilidade, ser exposto à violência, sofrer abandono, ser confinado em um espaço fechado, ameaças de violência. Há ainda outra categoria a ser avaliada, a negligência, que se manifesta quando a criança é deixada sem supervisão ou aos cuidados de pessoas não confiáveis, podendo chegar ao ponto de não ser enviada à escola. O contexto familiar frequentemente associado ao perfil descrito caracteriza-se por comportamentos de abuso emocional e parentalidade rigorosa. Um aspecto importante a ser considerado diante da suspeita de maus-tratos é o uso da punição rigorosa. Evidentemente, esse aspecto deve ser avaliado indiretamente com os pais, por meio de perguntas como: "Quanto tempo duram geralmente as punições para seu filho?" Cabe ao terapeuta desencorajar ao máximo o recurso à punição física, destacando que esta frequentemente resulta dos níveis de raiva dos próprios pais, e não do comportamento específico do filho, de forma que se evidencie a possibilidade de levar a criança a evitar os pais que impõem a punição e, sobretudo, de forma que se enfatize que a punição física não ensina como se comportar, mas oferece um modelo de agressividade e de uso da prepotência que a criança pode considerar aceitável e justificado. Não se deve esquecer de que o uso da punição física pode ter efeitos negativos na autoestima da criança. O objetivo é estruturar percursos terapêuticos para os pais que incluam, além de orientações de matriz comportamental, um apoio emocional às dificuldades enfrentadas por essas famílias e uma intervenção direcionada à criação de relações positivas no contexto familiar. Os procedimentos de *videofeedback*, que serão abordados posteriormente, têm mostrado boa evidência empírica na prevenção ou melhoria de situações relacionais de risco evolutivo para a criança.

Ao interagir com os pais acerca desse tema, é provável que surjam sentimentos de vergonha ou culpa pelas evidentes conotações culturais e sociais negativas que essas práticas implicam. Por isso, é importante que o terapeuta tenha a capacidade de monitorar-se, observar e compreender suas próprias reações emocionais a situações dessa natureza, desenvolvendo, tanto quanto possível, uma atitude não julgadora e de aceitação. Também nesse caso, além (ou antes) das reflexões de caráter psicoeducacional a respeito do uso pessoal da punição física, será oportuno direcionar os conteúdos emergentes ao plano episódico, para realizar um maior desdobramento evocativo e emocional e, assim, uma mais ampla integração dos elementos da experiência subjetiva (Lambruschi, Muratori & Polidori, 2015). Pode-se pedir aos pais que não só pensem em uma situação específica de relação com seu filho na qual perderam o controle a ponto de puni-lo fisicamente, mas também que a reconstruam atentamente nos mínimos detalhes vívidos.

- "Observe cuidadosamente o comportamento 'inadequado' do seu filho. Preste atenção a cada detalhe: quais aspectos, atitudes e palavras dele mais o impactam?"
- "Qual é a sua reação? Que emoção é provocada em você? Atente-se para o seu crescente sentimento de frustração e raiva. Como o sente? Onde o sente?"

- "Quais pensamentos ocorrem a você? Quais imagens vêm à sua mente?"
- "Qual a ideia que tem de si como pai/mãe?"
- "Agora, tente sair da cena e se colocar fora dela, observando como se fosse um filme. Qual é a sua impressão ao se ver assim?"
- "O que mais impressiona você nesse pai/nessa mãe? Gostaria de dizer-lhe algo?"
- "E quanto àquela criança? Se pudesse, gostaria de dizer algo a ela por essa perspectiva?"
- "Que efeito este exercício imaginativo causou a você?"

Não é raro que, dentro de um contexto tão vívido de auto-observação, algumas tonalidades emocionais que precedem a raiva, e das quais o progenitor é menos consciente (como impotência, tristeza, ansiedade ou vulnerabilidade), possam emergir, exigindo um trabalho de reconhecimento e compartilhamento empático. Uma vez reconhecida e elaborada a própria posição cognitiva e emocional em relação ao castigo físico, torna-se mais simples trabalhar na identificação de possíveis alternativas a ele. Ao manter-se uma postura sensível e não julgadora, é necessário enfrentar esse delicado tema, ressaltando que esse tipo de punição, além de não reduzir verdadeiramente a frequência de comportamentos mal-adaptativos, tem outros desdobramentos negativos, tais como:

- a punição física excessiva e prolongada no tempo leva a criança a evitar o envolvimento com os pais que aplicam a punição;
- a punição física pode ser tomada como modelo de agressão e, por consequência, ela transmitiria a mensagem de que é socialmente aceitável bater nos outros para resolver situações problemáticas;
- a punição física pode influir negativamente no desenvolvimento da autoestima da criança;
- as punições físicas frequentemente podem sair do controle de quem as aplica e degenerar até o limite da violência. Ainda que

os pais não tenham a intenção de causar dano ao próprio filho, a raiva que naquele momento orienta o comportamento dos pais pode levar as ações a uma escalada incontrolável.

Diante dos desdobramentos negativos da punição física, gradualmente se tornará mais fácil para os pais tentar abster-se dela e substituí-la por métodos mais adaptativos. Pressupõe-se, principalmente, que uma intervenção estruturada como essa possa ser eficaz na diminuição do uso de práticas educacionais punitivas, atuando paralelamente na redução do estresse parental e promovendo o uso de práticas educacionais positivas ou, pelo menos, menos rigorosas. O objetivo é ilustrar aos pais como suas próprias ações podem ser antecedentes adequados ou inadequados em relação ao comportamento apropriado ou inapropriado do próprio filho. Apenas dar regras não é suficiente; é necessário motivá-las, ou seja, tornar compreensível o sentido delas. A função normativa justifica o motivo de certas regras e não de outras, pois as coloca em uma estrutura de referência que define os direitos e deveres, os privilégios e as limitações de cada um. Somente então a criança poderá encontrar-se com pontos de referência, em um mundo de relações ordenado no qual há espaço para todos sem necessidade de recorrer à prevaricação, pontos estes que desenvolvam nela um sentimento de segurança e dê a ela a possibilidade de sentir-se destinatária de expectativas positivas.

Em resumo, os objetivos fundamentais a serem seguidos no trabalho com um contexto familiar difícil e ameaçador são:

- analisar cuidadosamente a presença de métodos punitivos severos e reiterar que o nosso objetivo será usar melhor a "punição educativa" (isto é, com finalidades *autorreflexivas* em relação à criança, mas isso poderia ser dito em relação a ambos), com o propósito de diminuir a frequência do comportamento negativo do filho;
- a punição deve ser usada de maneira seletiva e em um único comportamento por vez: podem emergir modalidades educativas nas quais a punição é usada para tudo o que o filho possa fazer

de errado; e, nesses casos, é oportuno ajudar os pais a selecionarem um único comportamento-alvo por meio do qual tentarão usar a "punição";

- a punição consiste na remoção temporária de um privilégio. Nesse caso, é necessário esclarecer o que se entende por "privilégio": as alternativas a serem propostas aos pais são várias, uma das mais funcionais é certamente a remoção de uma diversão (*videogame*, brincadeira no jardim, televisão);
- convidar os pais a avisarem a criança de que poderá perder o privilégio identificado se não respeitar a regra dada, bem como a prestarem atenção ao tempo concedido ao filho (ao menos alguns minutos) antes de aplicar a "punição";
- fazer com que os pais estabeleçam a duração dessa remoção. Nessa etapa, o objetivo é identificar uma duração que os pais se sintam capazes de cumprir. Os pais devem compreender que o importante é manter ativa a "punição", ainda que por um período breve;
- uma vez escolhido o comportamento-alvo, bem como o privilégio que há de ser removido, o terapeuta convida os pais a criar, juntamente com a criança, um cartaz ou contrato e pendurá-lo em um local bem visível da casa. Para acostumar a criança às novas regras, sugere-se aos pais que estabeleçam uma espécie de "período de prova" – por exemplo, uma semana, durante a qual a criança será advertida verbalmente cada vez que não respeitar a regra definida. Terminado esse período, as punições serão aplicadas. Tudo isso deve ser explicado de maneira clara e eficaz à criança, de modo que permita a ela o cumprimento do solicitado;
- atribuir aos pais uma ficha de monitoramento por meio da qual, na sessão seguinte, será possível verificar com o profissional como foi. Essa técnica diminuiu a frequência do comportamento-alvo? Como os pais se sentiram ao aplicá-la? Validar as dificuldades dos pais, mas, ao mesmo tempo, apoiá-los na continuidade da aplicação da técnica escolhida;

- introduzir também um sistema que premie alguns comportamentos-alvo positivos da criança. O esquema pode ser o mesmo descrito, mas voltado à ênfase do positivo. Os pais podem identificar um comportamento cuja frequência desejam aumentar, informar ao filho que ele, se se esforçar no comportamento identificado, receberá um privilégio extra (mais tempo de televisão, nos equipamentos eletrônicos etc.); verificar, por meio de "tarefas de casa", o êxito dessa modalidade educativa;
- o princípio que deve acompanhar todos esses passos deve ser o de ajudar os pais a se tornarem mais coerentes e previsíveis quando derem consequências positivas e negativas aos comportamentos do filho. Graças a essa mudança, pode-se supor que, aos olhos da criança, seu ambiente se tornará menos ameaçador.

Ao trabalhar com pais de características ansioso-coercitivas, o objetivo mais importante consiste em transmitir a mensagem de que os filhos deles podem enfrentar autonomamente diversas tarefas cotidianas que usualmente recusam permitir-lhes experimentar. O maior risco reside no fato de que, ao longo do tempo, os pais podem não permitir que as crianças enfrentem seus próprios desafios de desenvolvimento, de forma que se criem esquemas disfuncionais que se transformam em rotinas. Com relação a crianças com transtornos do comportamento, até mesmo a rotina diária pode se tornar extremamente desafiadora, pois os gestos mais simples se mostram exaustivos e se transformam em objetos de disputa entre os pais e a criança.

Por essa razão, é sempre proveitoso discutir com os pais como o estresse vivenciado pode influenciar negativamente o estilo parental, prejudicando a qualidade da relação entre pais e filho. Imaginemos a necessidade de iniciar um dia junto a uma criança com transtorno do comportamento: supomos que se deve convencer a criança a vestir-se, lavar-se e tomar café da manhã contra a sua vontade para que chegue à escola, e supomos que tudo isso inevitavelmente nos force a chegar tarde ao trabalho. Compreende-se facilmente que as possibilidades de conflito são múltiplas. Além disso, convencer a criança a realizar todas essas ações autonomamente é quase impossível, e é assim que os pais, buscando evitar essa arriscada cadeia de deveres diários, começam a fazer concessões quanto à autonomia.

Essas concessões podem desenvolver-se em dois níveis: de um lado, os pais podem permitir que a criança não realize determinadas atividades que são motivos de conflito (como lavar os cabelos); de outro, podem substituir a criança e decidir realizar no lugar dela uma série de atividades que deveriam ser responsabilidade da criança (vesti-la, preparar a mochila). No entanto, essas concessões têm um preço alto: a criança corre o risco de se tornar cada vez menos autônoma e de não aprender a realizar sozinha até as tarefas cotidianas mais simples. Além disso, é importante notar como essas concessões podem aumentar não apenas a ansiedade dos pais, que veem o acréscimo diário de suas responsabilidades, mas também a da criança, que passa a necessitar constantemente de auxílio até para executar o gesto mais simples, instalando nela um sentimento de vulnerabilidade e fragilidade.

Os passos necessários para conferir alguma autonomia à criança são:

- investigar que autonomia a criança adquiriu (Ela se lava sozinha? Veste-se sozinha? Dorme sozinha? Se já estiver crescida, tem breves momentos em que sai sozinha de casa?);
- elaborar, junto aos pais, uma lista de exercícios de autonomia que eles gostariam de facilitar no filho;
- auxiliar os pais a decompor em pequenos passos cada exercício de autonomia: começar a pedir ao filho que se lave sozinho em partes do corpo enquanto o observa, depois propor que se lave sozinho por um minuto e, em seguida, chame um dos pais, e assim por diante.

Além disso, conforme já mencionado, é necessário também tratar, no plano terapêutico, das ansiedades dos pais; estas frequentemente sustentam a ausência de incentivo à autonomia do filho. Por esses motivos, é necessário proporcionar aos pais instrumentos eficazes de relaxamento, explicar-lhes a importância de cuidar de si mesmos e de suas necessidades, buscar momentos que sejam exclusivamente deles, em que possam realizar atividades prazerosas e relaxantes, por exemplo, uma simples caminhada.

Para tornar mais tangível aos pais essa perspectiva, pode-se pedir que descrevam os papéis que acreditam desempenhar nas suas jornadas e quanto tempo cada papel demanda: pode-se solicitar isso na forma de uma lista ou com um gráfico de setores. O dado importante a ser acentuado é a quantidade de tempo que os pais sentem dedicar a cada um de seus papéis; é tentar identificar, junto a cada um desses pais, se há um papel em que sentem estar aprisionados, um papel que acaba por ocupar uma quantidade desproporcional de tempo em relação aos demais. Compartilhar com o terapeuta esses aspectos (juntamente com as emoções a eles associadas) e colocá-los no papel são ações que permitem aos pais reavaliar a distribuição do tempo que dedicam e a importância de aprender a reservar tempo exclusivamente para si mesmos, ressaltando que isso não é de maneira alguma um comportamento egoísta, mas sim uma atitude que, passando pelo próprio bem-estar, acaba por beneficiar a relação com o filho. Portanto, é de fundamental importância apoiar os pais na realização de pequenas mudanças semanais, por meio das quais possam readquirir tempo para algo gratificante para si. Assim como em todas as outras atividades aqui descritas, o terapeuta deve acompanhar os pais na identificação de objetivos satisfatórios, porém atingíveis a curto prazo (p.ex., uma caminhada para relaxar) e apoiá-los nas dificuldades que encontrarão na consecução desses objetivos.

Ao promover níveis crescentes de separação e de exploração na criança, um dos principais problemas é a dificuldade ou incapacidade que os pais encontram em tranquilizá-la e em restabelecer um contexto de confiança recíproca dentro da relação. Com frequência, em um nível de comunicação verbal que explicitamente remove o drama, correspondem comunicações não verbais tácitas que, de modo palpável, refletem alarme, perigo ou falsa cognitividade: o sorriso desaparece do repertório comunicativo dos pais ou permanece neles de forma pouco autêntica, estereotipada e impregnada de medo. O terapeuta pode desempenhar, nesses contextos, um papel de modelagem: por exemplo, auxiliar a mãe não apenas a se comunicar de maneira ativa com a criança, mas também a preencher o vazio da separação e a oferecer ao filho estratégias de enfrentamento, mediante a verbalização e a partilha dos seus estados internos – com mais atenção ao medo, que, quanto mais ignorado e contornado, mais se transforma, para a criança, em comportamentos de evitação ou de controle coercitivo do vínculo.

Nos graves transtornos da conduta desse tipo, o gradual resgate das partes vulneráveis do Eu torna-se um foco central do tratamento. Tanto a criança quanto os pais serão auxiliados a reconhecer como as "saídas" provocativas, agressivas ou negativistas da criança frequentemente se conectam a antecedentes específicos: situações, eventos – ainda que aparentemente banais e insignificantes aos olhos do observador externo – que, contudo, a criança percebeu e viveu em profunda vulnerabilidade, de medo verdadeiro, mas absolutamente inconfessável. Essa conscientização representa, sobretudo para os pais, um momento especialmente perturbador (passando de uma representação do filho como "problemático e forte" a uma visão dele como "medroso e dependente"). Esse momento, ademais, forçará o filho a questionar-se quanto à sua capacidade ou incapacidade de acolher esses sentimentos de medo.

Trabalhando com os pais, pode ser adequado construir, em sessão, o perímetro de autonomia e de movimento exploratório da criança, ou seja, uma lista detalhada das situações de separação que ela é atualmente capaz de enfrentar com base nos seus recursos autorreguladores. Dessa forma, serão explorados novos pequenos passos: primeiro, em imaginação, auxiliando os pais a representar por inferência os estados internos da criança, seus pensamentos, seus sentimentos; depois, ao vivo, facilitam-se essas possibilidades concretas de experiência. O objetivo não é apenas fazer cada uma dessas experiências, como uma espécie de dessensibilização sistemática para a criança, mas, antes, realizá-las com o suporte interpessoal de pais mais orientados aos seus estados internos e, portanto, mais preparados para a sintonização e partilha empática das emoções. É inevitável que, avançando no percurso de autonomização da criança (p.ex., ao enfrentar o clássico problema do "berço", do "banho" ou ao aprender a alimentar-se de modo autônomo), encontrem-se as resistências e as dificuldades dos pais, estreitamente ligadas à funcionalidade interpessoal que esses sintomas revestem dentro desses funcionamentos diádicos: os limites da criança, no que diz respeito à autonomia, frequentemente protegem os pais de se confrontar com suas próprias áreas emocionais críticas, mais especificamente com a dificuldade de reconhecer e de suportar seus próprios sentimentos de solidão. Portanto, ao reconstruir atentamente as situações críticas de relação com o filho, os pais serão auxiliados, de modo não julgador e empático, a expressar o seu filme dramático interno relacionado aos seus sentimentos de abandono, reconhecendo-os, partilhando-os e, gradualmente, distanciando-se deles criticamente.

Finalmente, desejamos nos referir a um instrumento inovador de apoio à parentalidade, que, em nosso ver, pode parecer especialmente útil na promoção de uma maior sensibilidade e responsividade na relação de apego entre os pais e o próprio filho. Trata-se das técnicas de *videofeedback*, ou seja, da revisão conjunta de trechos videogravados de situações de interação entre pais e criança. Já no capítulo 3, dedicado à avaliação, discutiu-se a possibilidade e a importância de propor aos pais a videogravação, em sessão, de algumas situações de interação com o filho (momentos de brincadeira, de aprendizagem, discussão sobre temas problemáticos, momentos disciplinares etc.). Além disso, pode-se solicitar aos pais que realizem em casa algumas outras videogravações de situações relacionais cotidianas significativas (p.ex., o momento da refeição, de ir para a cama, dos deveres etc.).

Existem diversos protocolos de trabalho, *baseados no apego*, que podem ser utilizados de maneira estruturada: considerem-se, por exemplo, o VIPP-SD (Video-Feedback Intervention to Promote Positive Parenting – Juffer, 1993; Juffer, Bakermans-Kranenburg & Van Ijzendoorn, 2008; Mesman et al., 2007; Van Ijzendoorn, Juffer & Duyvensteyn, 1995); o VIT (Video Intervention Therapy – Downing et al., 2008); o COS (Circle of Security – Marvin et al., 2002); o MTB (Minding the Baby – Slade, 2007); a Infant-Parent Relationship Assessment (Insightfulness Assessment – Oppenheim & Koren-Karie, 2002). No entanto, de modo menos estruturado e mais flexível, alguns módulos de trabalho em *videofeedback* podem ser utilmente inseridos pelo clínico no tradicional percurso de apoio aos pais, com o intuito de introduzir maior vivacidade e incisividade na análise das sequências interativas típicas entre pais e criança. Em geral, o instrumento em vídeo torna essas reconstruções ainda mais nítidas e emocionalmente envolventes, menos mediadas pelo cognitivo e pela racionalidade. Tudo isso se dá em conjunto com os pais, em uma atitude empática de pesquisa comum e de promoção da conscientização, evitando-se posições meramente pedagógicas que transmitam a eles conotações culposas ou desvalorizadoras.

A focalização se encontra no reforço das interações positivas, mais que na ênfase do que não está adequado. Os pais serão auxiliados a reconhecer e a explorar tanto as próprias competências comunicativas quanto as da criança, aprendendo a identificar seus sinais comunicativos e, sobretudo, a mentalizar a experiência interna dela, "adicionando legendas" ao comportamento da criança e buscando dar voz (*speaking for the child*) aos seus estados internos (pensamentos, emoções, sentimentos, expectativas, intenções etc.). Esse trabalho, para os pais, representa um eficaz e contínuo exercício de mentalização em primeira e em terceira pessoa, com um correspondente e gradual incremento de suas competências metacognitivas.

De modo mais específico, com esses pais que usualmente apresentam um estado mental preocupado e hiperenvolvido na relação com o próprio filho, pode ser crucial utilizar o vídeo para introduzir parcelas crescentes de "ordenamento cognitivo da experiência", auxiliando-os não só a observar as sequências interativas de antes-durante-depois, como também a identificar as várias relações de causa e efeito entre os eventos, entre os seus comportamentos e os da criança, e vice-versa. Poderão assim adquirir consciência dos sinais de sensibilidade do filho aos eventuais aspectos de descontinuidade na relação e articular melhor os próprios pensamentos e o próprio diálogo interno ordenante, bem como os da criança. Por exemplo: "Observo que, enquanto a senhora se levanta, Marco a olha um pouco alarmado. Tentemos adicionar legendas: O que estará pensando Marco neste momento? Que imagens ele terá na sua cabecinha?" Ou: "Observo que aqui ele sorri para a senhora. É como se lhe dissesse: 'Mamãe, é agradável brincar assim, eu e você, sem pressa, tranquilos e relaxados'". Ou ainda, para facilitar os processos de exploração: "Observo que aqui Marco se orienta em direção ao tapete e ao trenzinho; ele se vira para olhá-la, é como se dissesse: 'Que maravilhoso, mamãe! Tenho mesmo vontade de ver como é feito esse trenzinho!' Crianças nessa idade adoram explorar, mas, como vê, ele se vira e a olha: mesmo quando seu filho explora, a senhora continua a ser muito importante para ele, é como se dissesse: 'Olhe, mamãe, como sou habilidoso, tranquilize-me, aprecie-me, admire-me!'"

Transtorno do comportamento e pouca empatia afetiva (fenótipo 2)

Algumas crianças com comportamentos agressivos demonstram uma incapacidade de definir o que é moralmente correto ou incorreto e uma evidente insensibilidade emocional. Trata-se das crianças com comportamentos de IF, caracterizados por uma baixa predisposição para sentimentos empáticos. A capacidade de uma criança aprender a definir o que é correto e o que é incorreto baseia-se na aquisição de duas tarefas fundamentais de desenvolvimento: formar um adequado senso de culpa e um adequado desenvolvimento das capacidades empáticas. O precursor do senso de culpa na primeira infância define-se como "sensações desagradáveis" que seguem um comportamento inapropriado, aprende-se nas relações primárias sempre que o cuidador comunica e partilha com a criança uma emoção negativa, derivada do comportamento desadaptativo da criança. A renomada pesquisadora Kochanska (1997) indica que a emoção negativa, provocada pelo ambiente, que segue um comportamento inapropriado da criança, forma nela um sistema sancionatório interno que inibe o comportamento desadaptativo. Esse sistema sancionatório, que a autora define como "ansiedade por desvio da regra", ajuda a criança a comportar-se de modo apropriado, seguindo as regras da família, da escola e de outros ambientes. Isso se perpetua ao longo do desenvolvimento, porque as emoções negativas associadas a um comportamento inapropriado são frequentemente percebidas como mais intensas em comparação à intensidade da eventual emoção positiva que pode surgir ao realizar o comportamento inapropriado. De certo modo, pode-se definir esse sistema sancionatório interno como um precursor implícito do que, em adultos, será chamado de "senso de culpa".

O senso de culpa, assim como a empatia (descrita em seguida), liga-se em numerosos estudos à permanência do comportamento pró-social e ao evitamento do comportamento antissocial. Algumas crianças que têm um temperamento definido como sem ansiedade ou medo estão predispostas a experimentar uma menor ativação ansiosa e, assim, demonstram uma menor "ansiedade por desvio da regra"; podem, portanto, ser mais propensas a continuar se desviando das regras que o contexto tenta impor a elas. Diferentemente dos outros dois fenótipos de crianças descritos neste capítulo, estas desviam-se das regras de maneira aparentemente fria e calculista; elas parecem insensíveis às reações do contexto. É essencial saber que essa sensibilidade às reações do contexto, embora com dificuldade, pode ser treinada pelo reforço da empatia afetiva. De fato, a outra tarefa de desenvolvimento essencial para entender a diferença entre comportamento correto e incorreto relaciona-se à chamada "empatia", definida como "a livre partilha de emoções derivada de um interesse e de uma compreensão pelos estados emocionais do outro". O construto da empatia compreende, portanto, tanto a capacidade de entender as emoções do outro (empatia cognitiva) quanto a capacidade de partilhar os estados emocionais do outro (empatia afetiva). A empatia representa o maior dissuasor implícito ao prosseguimento de objetivos que possam causar sofrimento ou desgosto aos outros. O ser humano, desse modo, aprende a seguir o trilho das regras tanto porque está predisposto a experimentar "ansiedade por desvio da regra" quanto porque, às vezes, o não cumprimento das regras pode provocar nos outros sofrimento ou desgosto, emoções que ressoam no "transgressor", levando-o a cessar ou a não repetir o comportamento dissocial.

Desde sempre, o conceito de "empatia" tem suscitado grande interesse em clínicos e pesquisadores. A empatia pode ser conceitualizada como uma coleção de sistemas neurocognitivos parcialmente dissociados, entre empatia cognitiva (ou teoria da mente), empatia motora (a imitação das respostas motoras de um agente observado) e empatia emocional (as respostas a sinais afetivos faciais ou corporais do outro). Especificamente, o termo "empatia afetiva" refere-se à partilha do estado emocional de outrem, com reações que tipicamente preveem uma resposta afetiva apropriada e congruente com o estado emocional alheio, podendo variar consideravelmente no que diz respeito à qualidade, desde a forma mais elementar de "mimetismo emocional", que implica uma sincronização automática do comportamento emocional (expressões afetivas ou posturas) com o de outrem. O conceito de "contágio emocional" tem sido frequentemente utilizado para descrever a natureza involuntária pela qual as respostas afetivas podem ocorrer por mera proximidade com outros. Quando alguém sorri para nós, automaticamente retribuímos o sorriso, extraindo dessa interação uma sensação de calor, assim como em uma multidão de pessoas pode rapidamente ser difundida uma sensação de pânico.

A empatia cognitiva implica uma compreensão explícita do estado mental alheio, sem necessariamente ser acompanhada de um estado afetivo específico. Esse termo refere-se à capacidade de assumir intelectualmente o papel ou a perspectiva de outra pessoa e implica a decodificação e o reconhecimento tanto das emoções quanto dos seus sinais situacionais. Como tal, a empatia cognitiva reflete a capacidade de representar os estados internos dos outros. A distinção existente entre empatia cognitiva e afetiva não presume que esses conceitos sejam dissociados ou isolados. Nas interações sociais cotidianas, o processo de mentalização acerca dos estados emocionais alheios (empatia cognitiva) pode conduzir à experiência de estados afetivos similares em si (empatia afetiva), assim como a emoção ativada por sinais puramente visuais, como expressões faciais (p.ex., o sorriso ou o choro), pode levar à mentalização das emoções dos outros.

Em contrapartida, nas respostas empáticas de natureza afetiva, as crianças aqui descritas apresentam seus déficits mais acentuados, embora a empatia cognitiva funcione adequadamente. Esse perfil descreve uma criança que compreende explicitamente os estados emocionais e os pensamentos dos outros (empatia cognitiva intacta), mas não se comove com essa compreensão (empatia afetiva insuficiente). Evidencia-se, portanto, que esse perfil clínico se distingue claramente do que é descrito como "transtorno do comportamento e ansiedade", no qual a dimensão da empatia cognitiva é deficiente em contraste com uma empatia afetiva bem desenvolvida.

O comprometimento da empatia afetiva nas crianças aqui descritas caracteriza-se, contudo, por uma seletividade. Por exemplo, apresentam reconhecimento normal das expressões de raiva e desgosto. No entanto, manifesta-se uma clara dificuldade na elaboração e na ressonância afetiva tanto dos sinais de medo, tristeza ou dor quanto das expressões felizes. Estudos demonstram que, nas crianças que posteriormente exibem pouca empatia, bem como agressividade fria e premeditada, observa-se um reconhecimento inadequado das expressões de medo e, em menor grau, das expressões tristes e felizes (Blair et al., 2001; Dadds et al., 2006; Woodworth & Waschbusch, 2008). O reconhecimento comprometido do medo e da tristeza aplica-se também aos tons de voz (Blair et al., 2005) e às posturas corporais (Muñoz, 2009). Em consonância com os resultados que indicam uma resposta reduzida à angústia dos outros, as crianças aqui descritas afirmam, em comparação com as crianças com comportamento agressivo e baixos TIF, que se preocupam menos com o fato de que um comportamento agressivo da sua parte possa resultar em sofrimento para a vítima (Pardini & Byrd, 2012).

É relevante notar que o mecanismo subjacente a esse déficit no reconhecimento de emoções como medo ou tristeza é atribuído a uma falha na alocação automática da atenção aos estímulos socialmente relevantes (p.ex., a zona dos olhos). Algumas crianças podem apresentar dificuldade em ler e fixar-se nos sinais salientes de sofrimento presentes nas expressões faciais dos outros. Pesquisas mostram que crianças e adolescentes com altos níveis de TIF não conseguem focar a região ocular de rostos amedrontados, o que implica, consequentemente, um baixo reconhecimento da expressão de medo. Entretanto, quando jovens com características de IF elevadas são explicitamente instruídos a prestar atenção à região dos olhos durante uma tarefa de reconhecimento das expressões emotivas, seus déficits de reconhecimento do medo normalizam-se (Dadds et al., 2006). A aparente natureza automática desse déficit atencional levou ao desenvolvimento de modelos teóricos recentes que descrevem um substrato subcortical de base biológica para esse mecanismo (Moul, Killcross & Dadds, 2012). É importante destacar que, embora os jovens com TIF demonstrem uma resposta reduzida aos estímulos emocionais, a resposta não está ausente, e pode-se ampliar a reação afetiva deles ao medo ou à tristeza, de forma que se intensifique um estímulo emocional (expressão facial ou tom de voz) ou se direcione a atenção do sujeito para os olhos.

É evidente que crianças com tal configuração temperamental necessitariam de um cuidador com ampla flexibilidade e expressividade emocional ou afetiva, a fim de compensar suas competências empáticas deficitárias, ao passo que os piores resultados ocorrem quando estas estão associadas a um contexto relacional altamente distanciador.

Como manifestam a agressividade?

A agressividade, nesse perfil, manifesta-se em sua forma *proativa*. A criança realiza comportamentos agressivos planejados, não associados a uma ativação emocional, mas geralmente guiados pela vontade consciente de obter uma vantagem para si. Essa vantagem pode ser um prêmio concreto ou um desejo a satisfazer a qualquer custo. Apesar das graves dificuldades manifestadas pelas crianças recém-descritas, é importante não as categorizar como "incuráveis": a mensagem necessária é que, embora sejam pouco predispostas a desenvolver um bom nível de empatia, podem ser apoiadas ao longo desse difícil desenvolvimento.

O ABC, também nesse caso, configura-se como um instrumento extremamente útil para investigar como se manifesta a agressividade dessas crianças e quais pensamentos a sustentam. A ficha ABC permite identificar, junto à criança, os antecedentes, os pensamentos e as emoções que acompanham determinado comportamento. A agressividade delas é calculada e visa obter algo desejado. Por meio de repetidos ABC, portanto, o terapeuta poderá observar que a situação que precedeu a realização de uma conduta agressiva ou antissocial está frequentemente ligada ao desejo de obter um benefício: por exemplo, uma criança poderá relatar ter dado um soco em um colega de classe no momento em que este não lhe cedeu um brinquedo. Ao mesmo tempo, a criança poderá relatar ter agredido outra pessoa para mostrar a todos sua superioridade, para subjugá-la ou, deliberadamente, causar-lhe sofrimento (cf. Figura 4.5).

Aqui, conforme se pode notar, predomina um estilo de pensamento e narrativo mais impessoal e "frio", com marcadores linguísticos de tipo distanciador. As emoções podem ser rotuladas no plano semântico, mas usualmente minimizadas (sobretudo as negativas) e distanciadas do Eu.

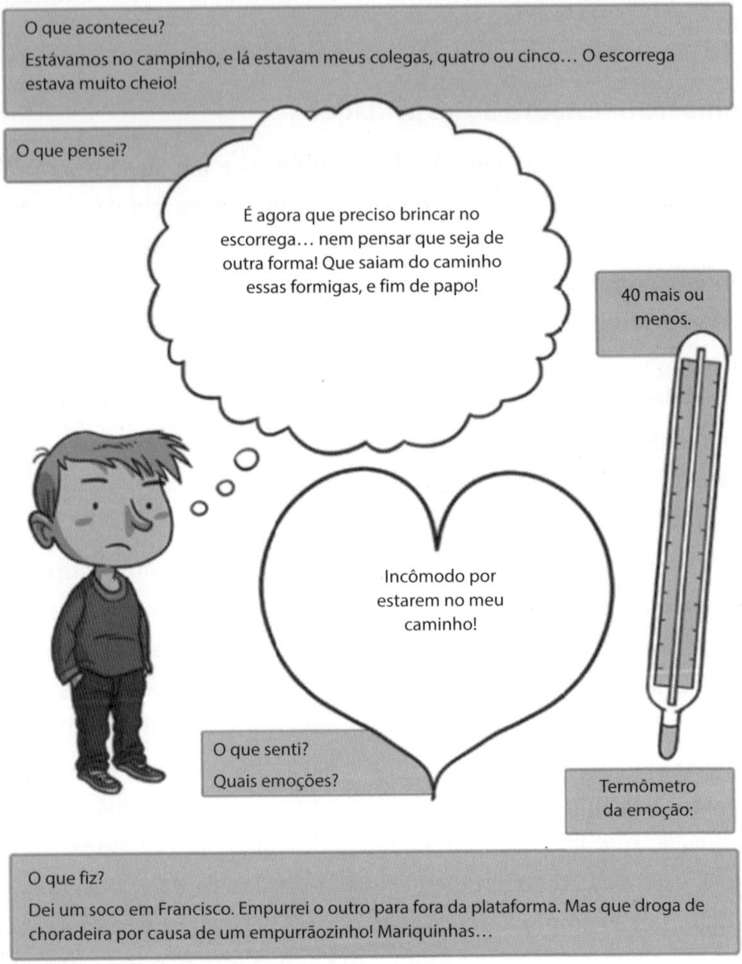

Figura 4.5 – ABC típico de uma criança do subtipo 2.

A intervenção com a criança

O uso das fichas ABC não apenas permite obter mais informações sobre a criança e seus comportamentos, mas pode ajudar a própria criança a se tornar cada vez mais consciente das dinâmicas que acompanham suas condutas antissociais. Certamente, trata-se de um trabalho complexo, portanto é necessário dedicar muito tempo às fichas ABC: serão os episódios contados pela própria criança a guiarem esse tipo de atividade. Preencha as fichas em sinergia com a criança, aproveitando ao máximo seus interesses para tornar a tarefa mais atraente: enriqueça-as com imagens, desenhos e jogos.

Ainda que possa parecer difícil, durante essas atividades é necessário validar os pensamentos da criança e o objetivo que pretendia alcançar: demonizar seus comportamentos ou apontar que alguns de seus pensamentos são cruéis não será útil. O importante é deslocar a atenção para as consequências negativas que podem seguir seus comportamentos (p.ex., agredir, mentir). Deve-se ajudar a criança a compreender que cada um de seus comportamentos inevitavelmente contém repercussões, tanto positivas quanto negativas, sobre si mesma e sobre outras pessoas. Para realizar esse tipo de atividade, não será necessário mais do que uma folha em branco e uma caneta: tomando como ponto de partida os episódios relatados pela criança, o terapeuta cria fichas nas quais indica o problema, a solução adotada pela criança e suas possíveis consequências. Imaginemos que a criança relate ter agredido um colega de classe para poder brincar com um brinquedo: nesse caso, ajude a criança a identificar o problema ("Quero brincar com o carrinho com o qual meu colega está brincando"), faça-a dizer a solução que adotou ("Agredi meu colega"), para depois avaliar as possíveis consequências. Obviamente, a consequência positiva parecerá muito clara para a criança ("Depois que o agredi, meu colega deixou o brinquedo, e eu me diverti"), ao passo que terá mais dificuldade em identificar as negativas. O papel do clínico é guiar a criança nesse tipo de atividade por meio da formulação de algumas perguntas: "O que poderia acontecer depois de agredir seu colega?", "Como ele poderia reagir?", "Como os outros colegas de classe poderiam reagir?", "Que emoções seu colega poderia sentir?" Diante disso, a criança terá a oportunidade de entender que, depois de agredir um colega de classe, este poderia avisar o professor e fazer com que ela seja punida, ou responder à agressão agredindo-a, ou poderia acontecer de os outros colegas de classe não desejarem mais brincar com ela.

Em paralelo ao trabalho relativo às consequências negativas dos comportamentos, é necessário auxiliar a criança a formular um amplo espectro de soluções quando se depara com um problema. As soluções para um problema são, idealmente, infinitas; mas podem ser categorizadas em: 1) pedido de ajuda; 2) estabelecimento de diálogo; 3) ação direta; 4) agressão (física ou verbal); 5) compromisso; 6) evitação do problema. Cada solução é capaz de levar à resolução do problema, até mesmo as que envolvem a prática de comportamentos violentos; mas, por meio de uma avaliação cuidadosa das consequências negativas, é possível que a criança aprenda a selecionar as menos agressivas. O trabalho com as habilidades de resolução de problemas será aprofundado e detalhado posteriormente, ao tratarmos do último tipo de transtorno do comportamento por nós considerado, para o qual de fato terá uma importância terapêutica especial.

Conforme se pode imaginar, ao trabalhar com esse subtipo "frio" quanto a objetivos terapêuticos, ganhará maior importância o fato de conseguir fazer a criança compreender que alguns de seus comportamentos podem causar sofrimento nos outros, assustá-los ou entristecê-los, promovendo assim, em certa medida, um desenvolvimento de suas habilidades empáticas. Na verdade, o desenvolvimento mais "bloqueado" nesses indivíduos é a formação de um nível adequado de empatia afetiva. Mas como favorecer a recuperação dessa capacidade? Ainda que, como já descrito, os dois componentes da empatia sejam parcialmente independentes, a implementação da empatia cognitiva, que inclui a capacidade de reconhecer adequadamente as emoções, pode trazer benefícios também à dimensão afetiva da empatia; na verdade, pode ser para essas crianças um modo não ameaçador e sintonizado com sua maior familiaridade com o cognitivo, para aproximá-las da consideração da mente alheia, visando gradualmente a uma maior integração de estados emocionais.

Conforme já indicado no parágrafo relativo aos transtornos do comportamento associados à ansiedade, há muitos modos de potencializar a capacidade da criança de reconhecer as emoções: por exemplo, podem ser utilizados estímulos visuais, como desenhos, fotografias ou vídeos. No caso de crianças com problemas comportamentais e elevados níveis de comportamentos de IF, é necessário adaptar essas atividades às suas peculiaridades. Conforme a literatura destaca, a dificuldade nessas crianças em reconhecer determinadas emoções está associada a uma reduzida tendência a prestar atenção aos sinais emocionalmente salientes nas outras pessoas, principalmente à região dos olhos. Portanto, por meio das atividades realizadas com as crianças, deveremos ajudá-las a redirecionar seu foco atencional para esses sinais fundamentais, a fim de reconhecer e etiquetar as emoções.

A tarefa "Ler a mente nos olhos" (é possível encontrar o instrumento no *site* https://www.autismresearchcentre.com/research/tests/) constitui um instrumento que poderia auxiliar nessa etapa. Consiste em uma coletânea de fotos apenas da região dos olhos; cada imagem reflete uma emoção específica e força a criança a se concentrar nos sinais transmitidos pelo olhar. Em todo caso, diversas atividades podem ser utilizadas, sempre com a necessidade de repeti-las muitas vezes ao longo do tempo. Pode-se utilizar todo tipo de material, guiando-se pelas características e pelos interesses da própria criança. Imagens extraídas, por exemplo, de um *anime* (termo que no Ocidente costuma designar as obras de animação de produção japonesa) são adequadas a esse tipo de atividade: os peculiares personagens que habitam o mundo dos *animes* geralmente são desenhados com grandes olhos muito expressivos, que se destacam marcadamente em relação às demais características do rosto. Portanto, seria possível criar, junto à criança, um álbum com as imagens dos rostos de seus personagens preferidos, associadas a uma emoção específica e a uma descrição dos sinais que permitem compreender que emoção está sendo experimentada, com atenção especial aos olhos: desse modo, a criança teria sua pequena "enciclopédia das emoções", vivaz, colorida e na qual surgiriam muitos olhares carregados de emoções. Posteriormente, para tornar a atividade mais interativa – e, em parte, mais ecológica –, o terapeuta poderia propor assistir a alguns episódios de um *anime* concentrando a atenção nas emoções dos personagens e nos indícios que permitem inferir o que estão sentindo. O mundo dos *animes* é extremamente vasto e variado de tal modo que é possível encontrar material adequado a diferentes faixas etárias.

Com o objetivo de incrementar as respostas empáticas de cunho afetivo desse subtipo de crianças, é útil que o terapeuta proponha atividades que promovam o exercício de atos de gentileza e gratidão, comportamentos vistos nesse caso como alavancas para aumentar as capacidades empáticas da criança. Nesta perspectiva, o terapeuta poderia começar pela investigação dos conhecimentos pessoais da criança relativos à palavra "gentileza", pedindo-a que descreva o que essa palavra representa para ela, verbalmente ou por meio da reprodução de um desenho intitulado "A gentileza para mim é...". Isso favoreceria uma primeira reflexão sobre o conceito e sobre o papel que esse aspecto desempenha na vida cotidiana da criança. Os encontros relacionados ao tema poderiam prosseguir pela construção, junto à criança, tanto de um cartaz das "palavras gentis", para promover os conhecimentos sobre o "léxico gentil" e favorecer seu uso, quanto de um cartaz sobre os "comportamentos gentis", com o objetivo de ajudar a criança a focar a atenção em como agir para demonstrar sua gentileza em relação a outra pessoa.

Essa última atividade será incentivada ao solicitar-se à criança que traga ao consultório antigas revistas e histórias em quadrinhos e que recorte imagens e cenas que representem comportamentos gentis, a fim de elaborar seu próprio cartaz pessoal junto ao terapeuta e, posteriormente, fixá-lo na sala durante toda a duração dos encontros. Nessa etapa, a tarefa do clínico consiste em passar dos conhecimentos conceituais relativos ao tema da gentileza ao favorecimento da prática do comportamento gentil pela criança, auxiliando-a a praticar essa competência em sua realidade cotidiana e a adquirir maior consciência dos efeitos que um comportamento gentil gera tanto em si mesma quanto nos outros. O terapeuta pode, então, solicitar à criança, como tarefa a ser realizada no intervalo entre a sessão em questão e a seguinte, que pratique três atos de gentileza. Um esquema ABC, adaptado às características do tema discutido, pode ser utilizado também nesse contexto para fazer a criança refletir sobre a associação entre comportamento gentil e consequências; especificamente, na coluna A, será solicitado à criança que registre o antecedente, ou seja, a situação anterior à realização do gesto; na coluna B, o comportamento gentil, com incentivo do uso tanto do léxico aprendido nas sessões anteriores quanto de uma descrição específica de seu agir; na coluna C, por sua vez, solicita-se que ela atente para as consequências percebidas tanto em si mesma quanto na pessoa que recebeu o gesto gentil. Nessa fase, será proposto à criança que identifique seu estado emocional subsequente ao comportamento gentil. Considerando que essas crianças apresentam mais dificuldade no desenvolvimento de adequadas capacidades empáticas, é necessário que o terapeuta dedique mais sessões a essas temáticas, propondo diversas atividades que tratem dos mesmos conceitos citados acima, tanto do ponto de vista da reflexão e da partilha de opiniões próprias quanto por meio de tarefas práticas. A prática repetida de comportamentos gentis e de atos de compaixão ajudará a criança a internalizar progressivamente essas competências e a generalizá-las em sua vida cotidiana. O terapeuta pode persistir nessa atividade por mais encontros, para que a criança possa praticar seu ser gentil várias vezes e em diferentes contextos, de modo que ela experimente, mais conscientemente, os efeitos positivos de seu gesto e, assim, reforce a frequência de tais comportamentos.

Para adquirir e vivenciar competências socioemocionais sempre, o clínico poderia propor à criança atividades centradas no tema da "gratidão". Na psicologia positiva, a palavra "gratidão" é definida como o desfrute do que é precioso e significativo para si mesmo, além da emoção sentida após um ato altruísta. A literatura sugere que promover atos de gratidão favorece relações sociais positivas e, por consequência, favorece a empatia. Desse modo, um primeiro exercício fundamental, que pode parecer óbvio – mas, na realidade, não é –, consiste em perguntar à criança: "Se hoje pergunto pelo que você está feliz, o que responde?" Qualquer que seja a resposta, ela ajudará o clínico a entender o que a criança percebe do ambiente externo e, sobretudo, o que lhe suscita emoções e sensações. Essa reflexão inicial pode anunciar uma atividade adicional funcional, especialmente para crianças menores, para treinar o conceito em questão, a saber, "o alfabeto dos agradecimentos". Trata-se de um exercício muito simples de realizar, que desenvolve a consciência do que é motivo de gratidão por meio da linguagem e de forma divertida. Bastam pedaços de papel nos quais são escritas as letras do alfabeto e que são postos dentro de uma bolsa ou de um chapéu. O profissional construirá, junto à criança, uma grande flor em preto e branco; em seguida, pedirá à criança que escreva algo pelo qual é grata que comece com a letra sorteada. O clínico pode dizer à criança: "Encontre algo, uma pessoa, um conceito abstrato que comece com a letra que você pescou, pelo que diz 'obrigado'". Cada pedaço de papel será colado em uma pétala, que será então colorida à vontade pela criança, criando assim sua "flor da gratidão". Esse primeiro jogo volta progressivamente a atenção da criança para o que ela tem em sua vida e permite reconhecer um novo valor, de apreciação, que muitas vezes as crianças, e até mesmo os adultos, não compreendem. Posteriormente, é necessário praticar cotidianamente o sentido de gratidão: o terapeuta poderá utilizar como instrumento o "diário da gratidão" e pedir à criança que, no fim do dia, pelo menos três vezes ao longo de uma semana, pense em algo pelo qual se sente grata naquele dia. É preferível não solicitar como tarefa inicial escrever no diário todos os dias, pois é mais provável que a criança perceba isso como um trabalho, um "dever", e não resulte na apreciação que deveria surgir ao repensar no que a fez feliz naquele dia.

Além das indicações recém-fornecidas, cumpre assinalar que existem no momento alguns modelos promissores de intervenção especificamente direcionados a crianças com problemas comportamentais e elevados níveis de TIF. Entre estes, é possível incluir o módulo Coaching and Rewarding Emotional Skills (CARES), desenvolvido por Kimonis e Hunt (2015) e aprimorado por Datyner et al. (2016): trata-se de um breve programa que visa apoiar o desenvolvimento emocional e empático de crianças entre 3 e 8 anos de idade, com problemas da conduta e TIF. O módulo CARES tem principalmente os seguintes objetivos: 1) aumentar a atenção das crianças para os sinais faciais que indicam sofrimento e angústia nos outros, a fim de aprimorar a capacidade de reconhecer as emoções; 2) implementar a compreensão das emoções, associando-as ao contexto e identificando tanto os contextos quanto as situações que podem suscitar raiva e frustração na criança; 3) favorecer a prática de comportamentos pró-sociais e empáticos, mediante histórias sociais, modelagem parental e interpretação de papéis; 4) aprimorar a capacidade de identificar emoções e comportamentos pró-sociais por meio do reforço positivo; 5) aumentar a capacidade de tolerar a frustração; isto, por meio da modelagem, da interpretação de papéis e do reforço positivo.

Outro programa, denominado Emotion Recognition Training (ERT), foi desenvolvido por Dadds et al. (2012); além disso, geralmente está associado a um programa de treinamento parental. O treinamento parental visa ensinar aos pais como reduzir os problemas comportamentais da criança e como melhorar a relação entre pais e filho. Quanto ao ERT, trata-se de um programa originalmente desenvolvido para crianças com diagnóstico de transtorno do espectro autista: o MindReading. Esse programa auxilia as crianças a identificar e interpretar expressões emocionais em contextos interpessoais. O MindReading utiliza um *software* por meio do qual é possível explorar mais de 400 emoções expressas mediante estímulos tanto visuais quanto auditivos. Inclui uma biblioteca das emoções, um centro de aprendizagem e uma área de jogos.

Salekin, Tippey e Allen (2012) desenvolveram uma intervenção, baseada na psicologia positiva, denominada Mental Models (Modelos Mentais). Esse programa é voltado para jovens com problemas da conduta e TIF; ele também utiliza uma combinação de técnicas motivacionais, estratégias cognitivo-comportamentais e instruções relativas às emoções positivas. O "Modelos Mentais" é estruturado em 12 sessões de grupo. A intervenção inclui um componente motivacional, que visa, por meio de atividades psicoeducacionais, motivar os participantes para o tratamento. Parte da intervenção é dedicada à promoção das emoções positivas e das interações interpessoais positivas. Finalmente, o programa auxilia os jovens a estabelecer metas e a fazer planos, além de pensar em estratégias para alcançá-los mediante a simulação mental.

Destaca-se, ainda, o programa Emotional Engagement (EE) [Engajamento Emocional], desenvolvido por Hawes, Price e Dadds (2014), que compreende uma série de breves interações estruturadas, ao vivo, entre os pais e o filho, destinadas a promover a troca de olhares. Os autores utilizam o EE em associação com uma intervenção de treinamento parental (padrão). O EE foi criado para fornecer aos pais instruções precisas a respeito de como aumentar e sustentar o desenvolvimento das capacidades empáticas do filho. Nas sessões, solicita-se aos pais que realizem determinadas atividades com os filhos, e estas podem incluir conversas normais ou a leitura de histórias. Pede-se aos pais que ajudem o filho a prestar mais atenção ao que desejam comunicar-lhe e compartilhar. Os primeiros resultados relativos à eficácia desse modelo parecem indicar o estabelecimento de uma relação positiva e de um maior envolvimento emocional na díade.

A intervenção com os pais

De fato, os promissores programas de intervenção recentemente descritos destacam a importância do envolvimento das figuras parentais no percurso de tratamento dessas crianças, especialmente quanto à promoção de modalidades comunicativas com maior implicação emocional. Sem diminuir o valor do trabalho realizado com a criança, tratando-se de indivíduos em idade pré-adolescente, não se deve esquecer que as emoções morais e a empatia nascem no seio das relações, primordialmente as estabelecidas com as próprias figuras de apego, pois é nelas que podem ser adequadamente desenvolvidas.

Na criança pequena, os novos comportamentos tornam-se parte do repertório comportamental quando são constantemente premiados, assim como um comportamento inadequado é desestimulado pela associação que a criança faz entre esse comportamento e a emoção negativa, surgida dentro de uma interação com seu cuidador. Da mesma forma, um comportamento é frequentemente reforçado no repertório comportamental da criança se for associado a uma emocionalidade positiva compartilhada com o próprio cuidador. Certamente, os pais podem utilizar também recompensas concretas para prolongar a duração e a emissão de determinados comportamentos do próprio filho, mas essa não deve ser vista como a única modalidade possível. Nessa perspectiva, a pouca sensibilidade à recompensa e a limitada capacidade de prever com precisão as consequências positivas de alguns comportamentos próprios podem reduzir a capacidade da criança de assimilar o conceito de "bom comportamento".

O trabalho do clínico nesse âmbito implica auxiliar os pais a encontrar estratégias disciplinares eficazes em relação às características peculiares do filho. Nas famílias em que há uma criança com problemas comportamentais e TIF, frequentemente se observam estratégias disciplinares extremamente rígidas e baseadas na punição, inclusive corporal; no entanto, conforme a literatura sugere, essa categoria específica de crianças mostra-se pouco sensível a tais metodologias, resultando frequentemente em esforços parentais inúteis e, por vezes, prejudiciais. Não é raro presenciar uma escalada desses ciclos punitivos: imagine-se um pai, ou uma mãe, que, após punir o filho mais uma vez por ter novamente provocado o cão da casa, é ignorado pela criança. Qual seria a reação? Punir o filho com maior frequência e severidade. Apesar disso, os pais não alcançarão o objetivo desejado. A esse respeito, Dadds e Salmon (2003) falam do "modelo da insensibilidade à punição", segundo o qual as mudanças no estilo parental seriam induzidas por certas características da criança, entre as quais sua baixa sensibilidade à punição e aos estímulos negativos (cf. capítulo 1); consequentemente, os pais tenderiam a intensificar as práticas disciplinares rígidas, na esperança de aumentar sua eficácia, mas na realidade isso conduz à exacerbação da sintomatologia da criança e ao deterioramento da relação com os pais.

A intervenção terapêutica com esses pais, portanto, deve priorizar a redução do uso de punições, em favor da utilização de elogios e reforços positivos. O terapeuta deve discutir com os pais o modo como administram a disciplina do filho, o que ocorre quando este adota comportamentos agressivos e a eficácia das estratégias utilizadas até o momento. Podem-se atribuir tarefas de casa, solicitando que tragam exemplos de situações reais e analisem conjuntamente o que ocorreu nessas ocasiões: Qual foi o comportamento negativo da criança? Como e quando intervieram? Qual consequência escolheram para enfrentar o problema? Como reagiu o filho? A estratégia revelou-se eficaz no curto prazo? E no longo prazo? Geralmente, pais de crianças com problemas comportamentais podem relatar muitos episódios em que se sentiram "compelidos" a punir o filho, pois enfrentam diariamente comportamentos problemáticos. Não obstante, frequentemente surge um repertório muito limitado de estratégias disponíveis e uma dificuldade global em avaliar quais são de fato úteis: caberá ao terapeuta ajudá-los a compreender, por exemplo, que o uso progressivo de punições mais severas não auxiliará o filho a incomodar menos o cão da casa, porque a criança, em razão das suas características neurobiológicas, não é capaz de aprender por meio desse método. Ao contrário disso, devem ser incentivados a focalizar mais o uso de elogios e reforços positivos: assim, ao invés de punir o filho quando este maltrata o animal doméstico, será apropriado recompensá-lo e elogiá-lo quando interage de forma adequada com o animal. Alterar de modo tão radical o estilo educacional adotado em uma família é um trabalho extremamente complexo e muitos pais encontram dificuldades significativas: afinal, agiram de determinada maneira por muito tempo e, apesar dos resultados pouco promissores, acreditam firmemente que essas são as estratégias mais adequadas. Deve-se, portanto, proceder gradualmente e apoiar o casal nessa transição. Em qualquer caso, será um percurso longo e trabalhoso tanto para os pais quanto para o terapeuta, e que exige, em primeiro lugar, perseverança.

Outro aspecto importante refere-se ao modo de recompensar o filho quando este adota comportamentos positivos e desejáveis: muitos pais, convidados a reforçar as ações do filho, pensam em reforços concretos, como comprar um brinquedo. Ainda que eficazes a curto prazo, esses reforços tendem a perder efeito com o tempo. Às vezes, o risco é que a adoção de um comportamento positivo pela criança permaneça vinculada apenas à recompensa material: assim, quando por algum motivo não for possível fornecer um novo prêmio, o comportamento-alvo reaparece. Além disso, os reforços concretos, diferentemente de outras categorias de reforço, estão sujeitos ao fenômeno denominado "saturação", no qual um reforço perde eficácia após certo número de administrações; com o passar do tempo, a criança torna-se cada vez menos sensível às recompensas e estas perdem seu poder. Com essas crianças, portanto, devem-se preferir reforços de tipo *dinâmico* e *social*.

O terapeuta pode propor aos pais que atuem por uma semana como "investigadores do positivo": "Percorram a casa com o objetivo de descobrir algo positivo que seu filho faz". Posteriormente, discutam com os pais a importância dos elogios, do tempo passado em família e da realização de atividades lúdicas em conjunto. Tudo isso prepara para o próximo passo do processo, que consiste em ajudar os pais a melhorar a relação com o filho. Se, por um lado, o uso de estratégias disciplinares rígidas não contribui para a melhoria do comportamento da criança, a literatura ensina que, por outro, um estilo caloroso de parentalidade e um maior envolvimento parental podem favorecer a redução das características clínicas da criança com pouca empatia. Pode-se, então, sugerir aos pais que pensem em algumas atividades a serem realizadas com o filho, mas que não se limitem a simplesmente estar fisicamente presentes, como assistir à TV: devem ser atividades capazes de envolver e interessar a todos, representando um momento para comunicar serenamente, interagir positivamente e compartilhar emoções. Durante essas atividades, os pais devem se esforçar para não repreender ou criticar os filhos de antemão, mas procurar fazer perguntas, participar ativamente e, o mais importante, divertir-se. Peça aos pais que elaborem uma lista de atividades prazerosas que gostariam de tentar realizar com o filho, sugerindo que se coloquem no lugar da criança; peça-lhes, também, que se comprometam a passar tempo com ele. Na semana seguinte, logo que a criança adotar um comportamento positivo, os pais devem proporcionar uma dessas atividades positivas. Caso não seja possível realizá-la imediatamente, indique aos pais que até mesmo um afago, feito de maneira consistente e contínua, é certamente uma boa forma de reforçar o positivo no filho.

Esse exercício, a ser mantido por pelo menos três a quatro sessões, permitirá ao cuidador observar aspectos diferentes nos filhos, aquelas qualidades positivas que frequentemente ficam ocultas pelos comportamentos problemáticos que manifestam com mais frequência. À luz dessas últimas considerações, é necessário que o clínico treine esses pais a observar também os pequenos gestos de gentileza que a criança demonstra progressivamente no contexto cotidiano. Reconhecer e elogiar as crianças pelo comportamento específico gentil e atencioso comunicará ao menor que cuidar do outro tem valor significativo, visto que os pais mencionam isso e dedicam tempo para ressaltar sua importância.

O terapeuta pode, então, solicitar aos pais que registrem em uma folha (Figura 4.6) os comportamentos positivos que reforçaram no filho, especificando o tipo de reforço utilizado (um elogio, uma recompensa material, um abraço) e as consequências que esse reforço desencadeou na criança. Será solicitado aos pais que escrevam na ficha e reforcem todo comportamento positivo que notarem, não apenas os comportamentos positivos que a criança exibe pela primeira vez. Pode ser útil fazer perguntas aos pais, tais como:

"O que observaram de diferente em seu filho após elogiá-lo por seu comportamento gentil?", "Acreditam que essa maneira de se relacionar com ele pode ajudar a desenvolver ou melhorar o vínculo parental?" Trata-se de uma boa maneira de ajudar os pais a treinar-se para perceber e valorizar os momentos em que seu filho se comporta bem. Aprender a prestar uma atenção que não seja crítica em relação ao filho e a elogiar seus comportamentos adequados será um dos primeiros passos que o clínico deverá propor para apoiar os pais no restabelecimento de interações positivas com seus filhos.

OBERVAR O POSITIVO

Olhe ao redor:

1. ______________________________

2. ______________________________

3. ______________________________

4. ______________________________

5. ______________________________

Assim que vejo um desses comportamentos, eu recompenso assim:

1.	2.
3.	4.

Figura 4.6 – Ficha "Observar o positivo".

Também (e talvez principalmente) com esses pais, pode ser de grande utilidade trabalhar para promover maiores níveis de sensibilidade e responsividade por meio de técnicas de *videofeedback*, aproveitando as potencialidades ativadoras desses procedimentos no plano emocional.

Com pais de estado mental tendencialmente distanciado, ao reassistir conjuntamente ao vídeo, poderão ser introduzidas delicadamente parcelas crescentes de informação afetiva, focando-se mais no registro da experiência imediata do que na explicação. Por exemplo: "Percebo que Luca está entregando à senhora um brinquedo, que efeito isso lhe causa? Como sente essa emoção? Onde a sente? Que emoção ele terá nesse momento?" Ou então: "Percebo aqui que Luca está sorrindo para a senhora, o que será que ele está sentindo? É como se dissesse: 'Que bom construir essa torre com você, mamãe... você é muito importante para mim!'"

Além disso, para promover nas crianças competências socioemocionais como gratidão e gentileza, é necessário trabalhar essas temáticas também com os pais, com o objetivo de treiná-los para demonstrar essas competências na interação com os filhos. Pode-se propor aos pais que realizem com seus filhos, especialmente os pequenos, o "Livro da Gratidão": um modo simples de ajudar os pais a dedicarem tempo para refletir sobre esse conceito e criar uma oportunidade de encontro familiar. Para realizar o livro, bastará pegar um caderno, no qual se sugerirá a cada membro da família colocar fotografias, desenhos, pensamentos e lembranças pelos quais se é grato. Solicite aos pais que proponham essa atividade pelo menos uma vez enquanto se trabalha na observação do positivo do filho. Constitui uma boa modalidade para desenvolver empatia e união entre os membros da família.

Transtorno do comportamento e dificuldades nos processos de resolução de problemas (fenótipo 3)

Frequentemente, a frustração é a sensação que acompanha o trabalho com crianças que apresentam transtornos do comportamento, pois há a percepção de que essas crianças cometem sempre os mesmos erros, apesar das consequências negativas para elas mesmas e para os que as cercam. Essa dificuldade nesses pequenos pacientes corresponde a uma redução das capacidades de tomada de decisão e nos processos de resolução de problemas. Essas capacidades parecem reduzidas tanto quando a criança se depara com problemas práticos quanto quando enfrenta problemas de natureza relacional. As dificuldades, como veremos, estão presentes em todas as fases da resolução de problemas, mas são mais acentuadas no aprendizado por reforço e na representação das expectativas, ou seja, nas antecipações acerca dos efeitos que uma determinada resposta ou comportamento poderá produzir. Essa limitação está estreitamente ligada ao componente impulsivo que se observa em muitas (mas não em todas) crianças com transtornos do comportamento. Trata-se, provavelmente, da dificuldade mais associada aos quadros mistos de TDAH e problemas comportamentais; tais limitações, detectáveis em diversos transtornos, podem explicar a alta comorbidade do TC com TDAH. O papel do codiagnóstico de TDAH é, nesses casos, certamente importante, mas algumas metanálises mostram como os fracos desempenhos nos processos de resolução de problemas são característicos também de crianças agressivas sem TDAH (Morgan & Lilienfeld, 2000). As alterações no processo decisório aumentam o risco de incapacidade de alcançar os próprios objetivos, elevando a possibilidade de sentir-se frustrado e de responder à frustração com agressividade reativa. Além do mais, essas alterações aumentam o risco de desenvolver baixa autoestima. Em crianças com problemas de comportamento, há frequentemente uma dificuldade em conectar os resultados aos próprios comportamentos emitidos; em síntese, há uma dificuldade em prever os desfechos dos próprios comportamentos, tendendo assim a agir sempre apenas pelo impulso do momento. Clinicamente, esse déficit pode traduzir-se em numerosos comportamentos destrutivos: por exemplo, quando a criança está cansada durante uma aula, em vez de pedir para sair ou fazer uma pausa, pode tender a importunar algum colega ou levantar-se sem permissão.

O uso eficaz das informações acerca dos resultados do reforço durante o processo decisório requer dois componentes. O primeiro é a representação adequada da *recompensa* ou da consequência que será emitida pelo contexto em resposta a um comportamento próprio. Trata-se de um aprendizado lento, que ocorre no ser humano ao longo de toda a vida. A capacidade de perceber erros de previsão, ou seja, a diferença entre a recompensa ou consequência recebida pela criança e o que havia sido previsto, é fundamental para esse processo de aprendizado. Considera-se que a habilidade de notar esse erro de previsão leva, no desenvolvimento típico, o sujeito a modificar o próprio comportamento, a fim de alcançar o reforço desejado. O segundo componente é a representação mental adequada do *valor* esperado da recompensa ou consequência prevista: é uma maneira complexa de dizer que a criança deveria lentamente aprender quais são os reforços (concretos e/ou sociais) que têm um valor tão elevado para ela, de modo que a levam a mudar o próprio comportamento. Nesse quadro clínico não há desinteresse pelo que acontece em consequência de um comportamento próprio, como se observa nos quadros clínicos com pouca empatia afetiva, mas uma oscilação entre um comportamento e outro sem jamais encontrar uma boa solução para os problemas do dia a dia, com uma sensação de frustração e uma baixa autoestima que cresce ao longo do tempo.

Como manifestam a agressividade?

Essas crianças frequentemente vivenciam experiências de frustração. A agressividade delas é reativa e explosiva, e o que frequentemente antecede essas explosões de raiva é uma experiência frustrante. A frustração é comumente uma reação implícita associada à ausência ou ao atraso de um reforço positivo que a criança esperava. Geralmente, a criança está convencida de que conseguirá realizar uma tarefa e não se dá o trabalho de avaliar atentamente como proceder para enfrentar a referida demanda, mas está certa de saber o que fazer para alcançar o resultado esperado e, assim, receber um reforço positivo. Considerando as dificuldades nos processos de resolução de problemas descritas anteriormente, é fácil imaginar que algumas dessas crianças frequentemente não consigam concluir a atividade proposta. A criança, acreditando poder realizar uma tarefa, espera alcançar um prêmio (concreto ou social), e o fato de que esse prêmio pode não se materializar provoca nela uma ativação emocional negativa que, no âmbito comportamental, assume a forma de uma reação agressiva. Com o tempo, a criança aprende que uma saída agressiva ou opositora é um ótimo modo de lidar com o sentimento de frustração causado pela incapacidade de concluir a tarefa. Crianças com dificuldades de atenção, de controle da impulsividade e nos processos de resolução de problemas experimentam um grande número de experiências de frustração. As problemáticas delas, especialmente se não reconhecidas pelo ambiente, tornam essas crianças vulneráveis até mesmo diante das solicitações aparentemente mais banais que o ambiente pode impor a elas. A frustração, se é experimentada com muita frequência, transforma-se em um poderoso antecedente de comportamentos mal-adaptativos e agressivos.

Outra característica clínica que pode expor crianças a um maior número de experiências de frustração é a dificuldade que algumas delas manifestam ao representar mentalmente o grau de importância do prêmio que receberão. Áreas específicas do nosso sistema nervoso são ativadas no momento em que esperamos um prêmio e no momento em que confrontamos a expectativa com o prêmio efetivamente recebido. Experimentar frequentemente discrepâncias entre o prêmio que nos prometem e o obtido de fato pode nos levar a mais experiências de frustração, manifestando-se raiva e agressividade.

Além do mais, é interessante, para o tratamento, observar como alguns autores relacionam a dificuldade de tolerar a frustração com o funcionamento de dois domínios dos sistemas cognitivos: o deslocamento da atenção e a capacidade de memória de trabalho. O controle da própria atenção e a capacidade de deslocar o foco atencional do evento desencadeador da frustração para outro ponto relacionam-se estreitamente com a capacidade de autorregulação do comportamento e das emoções, tanto em crianças quanto em adultos. Esse fato se mostra relevante para o tratamento, pois, se os déficits no desenvolvimento dessas habilidades podem ter gerado de fato dificuldades graves na regulação das próprias emoções, também é fato que são habilidades passíveis de reeducação por meio do tratamento. O tratamento pode ser pensado tanto para a criança quanto para os pais e professores, quando, por exemplo, auxiliam a criança a desviar a atenção do prêmio desejado, embora inalcançável no momento. Algumas dificuldades frequentemente enfrentadas pelos pais ao utilizar prêmios para modificar o comportamento da criança podem estar ligadas a essa dificuldade da criança. A atenção é função essencial para ajustar o próprio comportamento após cometer um erro e, nesse caso, é essencial a capacidade de deslocar a atenção do comportamento equivocado para outro, hipoteticamente mais alinhado com o alcance do objetivo desejado.

A memória de trabalho se refere à capacidade de gerir as numerosas informações encontradas diariamente e integrá-las ao conhecimento prévio. Assim como ocorre com a RAM de um computador, o cérebro retém temporariamente as informações, permitindo-nos acessá-las e organizar nossas ideias. Menor capacidade de memória de trabalho, como ocorre em crianças com TDAH, expõe a mais intensas dificuldades em cumprir instruções comportamentais provenientes do exterior. Dessa forma, se um adulto solicita à criança que esta execute múltiplas tarefas simultaneamente ("Corra para o quarto, vista a roupa de futebol e coloque as roupas da escola no cesto"), as instruções podem ser memorizadas pela criança apenas em parte mínima: a RAM da criança se sobrecarrega. Aos olhos dos pais, pode parecer comportamento desobediente e provocador, mas na verdade reflete uma baixa memória de trabalho e alta distraibilidade. Cabe aos pais prestar atenção à formulação das instruções, aprendendo gradualmente a fornecê-las uma de cada vez ("Vá buscar a roupa de futebol... Vista o calção e a camisa... Agora as chuteiras... Agora coloque no cesto as roupas que estavam na cadeira... Muito bem!").

Novamente, algumas das dificuldades que os pais podem relatar na aplicação das consequências ou que os clínicos podem enfrentar na implementação do custo da resposta podem estar relacionadas a dificuldades desse tipo na criança.

A intervenção com a criança

A esse respeito, é evidente que o percurso de tratamento com essas crianças deve ter como objetivos primeiros implementar as habilidades de resolução de problemas e a tolerância às frustrações. É importante explicar que a capacidade de planejar uma boa resposta comportamental envolve diversos fatores relacionados ao funcionamento das funções executivas.

No caso de crianças com problemáticas de comportamento e de impulsividade, bem como com evidentes dificuldades nos processos de resolução de problemas, considera-se indispensável uma avaliação inicial de algumas funções executivas. A esse respeito, recomenda-se a realização de uma avaliação adequada, como a efetuada pela "Bateria Italiana para TDAH" (Marzocchi, Re & Cornoldi, 2010), e, se necessário, estabelecer um percurso específico para apoiar o desenvolvimento das funções que essa avaliação mostrar como deficitárias. Como hoje se sabe e se divulga, as capacidades atencionais da criança podem ser sustentadas também por uma intervenção farmacológica.

Recorda-se que a experiência de frustração que a criança pode experimentar no contexto escolar é frequentemente causada por dificuldades nos processos de aprendizagem da leitura e escrita e/ou do cálculo. No caso em que a agressividade reativa da criança se manifesta sobretudo no contexto escolar, recomenda-se, então, prever uma avaliação das capacidades de aprendizagem; e, se alguma delas se mostrar deficiente, será fundamental prever uma intervenção de suporte à aprendizagem paralela à psicoterapia. Quanto a isso, na relação com os professores será importante assegurar-se de que todas as possíveis intervenções dispensativas e compensatórias indicadas para compensar adequadamente as problemáticas neuropsicológicas da criança tenham sido implementadas de maneira adequada, pois nessas situações é frequente observar que o comportamento opositor ou agressivo seja tipicamente desencadeado por solicitações didáticas não devidamente compensadas.

Após essas avaliações necessárias, acredita-se que o que persiste, no que se refere à raiva ou à oposição, tem relação com as dificuldades da criança no que tange à elaboração e regulação emocional. Os episódios críticos poderão, então, ser monitorados e reconstruídos em sessão nos termos ABC (Figura 4.7).

Realizadas essas valiosas avaliações, pode-se proceder ao tratamento, com o objetivo primário de implementar as habilidades de resolução de problemas e de tolerância às frustrações na criança. O tratamento com crianças sensíveis às frustrações deve visar ao fortalecimento das habilidades de redirecionar a atenção do gatilho frustrante para outra coisa. Frequentemente, pode ocorrer que os outros, ao não corresponderem aos desejos da criança, provoquem nela a experiência da frustração.

A criança começa, então, a concentrar-se nessas situações e no que não pôde obter, resultando na reverberação da experiência frustrante dentro dela, alimentando a raiva e a agressividade reativa. Um bom exercício recomendado para evitar focar a atenção no gatilho de frustração do momento pode consistir em elaborar, junto à criança, uma série de frases (que chamaremos "frases da calma") que possam ajudá-la a desviar sua atenção da experiência frustrante para o seu discurso. As frases devem ser calibradas conforme o que efetivamente funciona para cada criança: o terapeuta pode propor algumas, mas será a criança quem avaliará, em uma sessão de interpretação de papéis ou por meio de exercícios em casa, quais funcionam melhor. O que o terapeuta pode fazer para facilitar a generalização em outros contextos é ajudar a criança a memorizar e, então, automatizar as frases da calma. Por exemplo, pode-se escolher com a própria criança frases que sejam úteis como instrumentos de distração diante de um episódio que provoque nela sentimentos de frustração e raiva. Dessas frases, é útil selecionar três, ou no máximo quatro, para iniciar. O terapeuta pode criar cartões com cartolina e escrever em cada cartão uma frase que será depois colorida pela criança. No fim da sessão, a criança poderá levar os cartões para casa, para fixá-los em um local bem visível, de modo que possa lê-los sempre que achar necessário acalmar-se e desviar-se da crescente raiva.

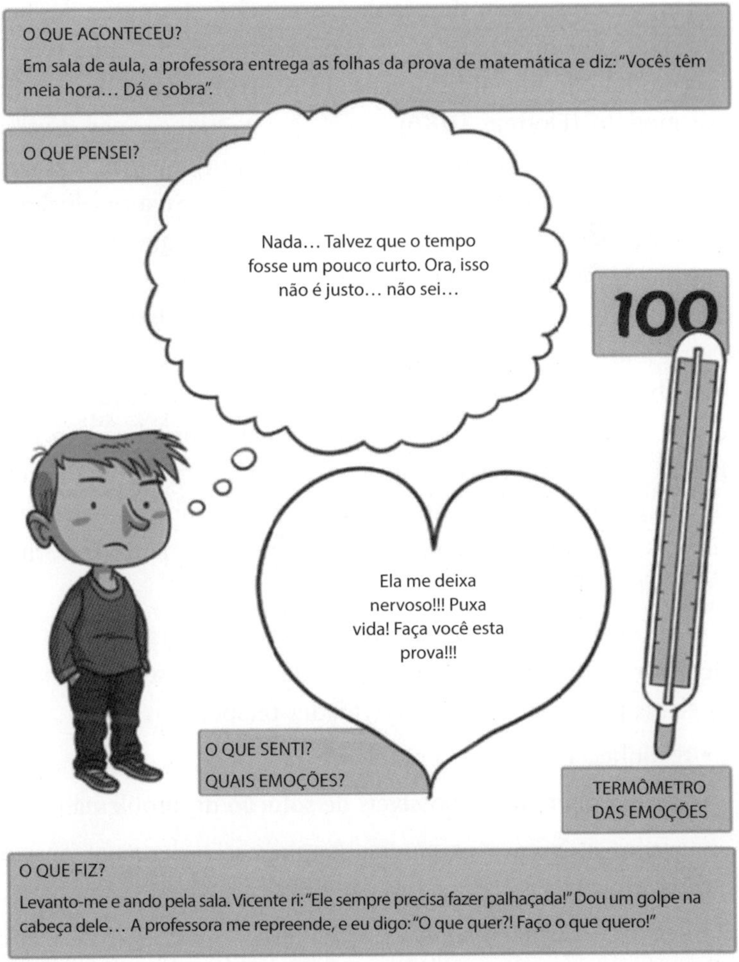

Figura 4.7 – ABC de um episódio típico de uma criança do subtipo 3.

Na sua formulação mais geral, resolver um problema implica a transformação de um estado inicial para um estado final por meio de uma série de operações. Propomos atividades para realizar com a criança, sessão após sessão, de modo que se torne mais hábil em cada uma dessas fases da resolução de problemas. O melhor método para trabalhar com crianças que apresentam dificuldades na resolução de problemas consiste em partir das suas dificuldades nas interações sociais; para tanto, é adequado referir-se ao modelo do Social Information Processing. Uma das versões desse modelo (Dodge, 1986) prevê que a criança, nas diversas situações sociais, antes de adotar um comportamento, siga uma elaboração que se articula em diferentes etapas. Se a resolução de problemas sociais for deficitária, a criança, especialmente quando exposta a situações ambientais complexas (como a inserção em qualquer ambiente escolar novo), pode ter dificuldade até mesmo em imaginar como seria adequado se comportar. Os mecanismos de sensibilidade à recompensa e à consequência constituem a base que nos orienta também nos processos mais complexos; o risco é que a criança, ao crescer sem ter feito uma experiência correta disso na infância, não consiga enfrentar os problemas interpessoais e as exigências do ambiente que gradativamente se tornam mais desafiadores.

A resolução de problemas compõe-se de diversas etapas, que podem ser traduzidas para a criança de forma visual e tornadas mais claras por meio de várias atividades terapêuticas:

- reconhecer e definir o problema;
- suscitar alternativas possíveis de solução do problema;
- avaliar os prós e os contras (vantagens e desvantagens) de cada solução;
- decidir: escolher a solução;
- implementar a escolha e verificar a sua eficácia.

Na fase de codificação e representação da situação-problema, a criança não só identifica e percebe a situação social, como também analisa as características relevantes sem ainda produzir uma resposta. Com relação a essa etapa, sabemos que crianças agressivas tendem a considerar poucos sinais relevantes e tendem a basear a interpretação dos eventos em sinais hostis em vez de sinais neutros.

Essas distorções na etapa de codificação, que requerem atenção seletiva diante dos sinais específicos do ambiente, resultam diretamente das primeiras interações sociais. Crianças agressivas também tendem a descrever o comportamento do outro como "hostil" e "provocador", sem sequer considerar interpretações alternativas.

Apenas neste momento a criança buscará a resposta. Tendo um quadro geral da situação, ela procurará elaborar uma ou mais respostas de modo que sejam coerentes com a análise anterior. Mesmo nessa fase, crianças agressivas podem apresentar notáveis deficiências tanto na qualidade quanto na quantidade das soluções elaboradas. Por exemplo, em resposta a hipotéticos conflitos interpessoais, crianças agressivas oferecem poucas soluções verbais afirmativas e poucas soluções de compromisso, preferindo respostas fisicamente agressivas.

Uma primeira avaliação das capacidades de gerar soluções pode ser realizada por meio do PSM – Problem Solving Measure (Lochman & Lampron, 1986), composto de seis histórias que envolvem situações problemáticas ou de conflito, lidas para a criança: o operador fornece o início e o fim da história, e a criança tem a tarefa de encontrar diversas respostas para completá-la; ou seja, trata-se de possíveis soluções para o problema. Inicialmente, solicita-se à criança que ofereça uma primeira solução para o problema: se esta for corretamente emitida, ela é reforçada, e, somente posteriormente, pede-se à criança que proponha outras soluções para o problema apresentado. A instrução dada à criança é a seguinte: "Estamos interessados em compreender o modo como crianças como você pensam a respeito das coisas. O que faremos agora é uma prova (um teste). Em outras palavras, não existem respostas erradas ou certas, está bem? O que faremos é inventar algumas histórias. Para cada história, eu direi a você o início e o fim. Você construirá a parte do meio. Ou seja, você deverá me dizer o que acontece entre o início e o fim da história que estou contando".

As histórias são as seguintes:

História 1

Durante o recreio, Eduardo empresta sua bola a alguns amigos; após o recreio, porém, os amigos não querem devolvê-la. Quando sai da escola no fim do dia, Eduardo vê que as outras crianças voltaram a brincar com a bola. Eduardo deseja ir diretamente para casa após a escola e quer recuperar seu brinquedo. A história termina com Eduardo caminhando para casa e levando sua bola. O que aconteceu no meio?

História 2

A professora fica zangada com os alunos de sua turma porque os encontra gritando e brincando de maneira desordenada. Um menino diz que foi João quem começou, embora não seja verdade. A professora fica ainda mais zangada e o repreende em voz alta diante dos colegas, aplicando-lhe castigo por todo o dia. Diante disso, João se enfurece. A história termina com a professora deixando de culpar João pelo ocorrido. O que aconteceu no meio?

História 3

Tomás gostaria muito de ir ao parque de diversões nesta tarde, mas seus pais dizem que, em vez disso, ele deverá arrumar seu quarto. A história termina com Tomás indo ao parque de diversões naquela tarde e se divertindo muito. O que aconteceu no meio?

História 4

Jorge passa perto de algumas crianças, e uma delas começa a zombar dele. Jorge fica extremamente irritado. Ele está tão zangado que deseja bater em todas as crianças que estão por perto. A história termina com as outras crianças não zombando mais dele. O que aconteceu no meio?

História 5

Cristiano é advertido pelo professor porque obteve uma nota ruim na última prova de matemática. O professor também diz que, se Cristiano não se esforçar muito em matemática, comunicará aos pais dele para que não o deixem mais ir aos treinos de seu esporte favorito. A história termina com Cristiano ainda jogando em seu time. O que aconteceu no meio?

História 6

Os pais de Davi estão furiosos com ele porque chegou a casa com 15 minutos de atraso ao vir da casa de seu amigo, lugar a que tinha ido fazer as tarefas escolares. Após Davi tentar explicar o motivo de seu atraso, seus pais dizem a ele que estão zangados porque, nos últimos tempos, tem sido irresponsável; além disso, os pais dizem que ele ficará de castigo por três semanas por causa do atraso. Davi se irrita com seus pais, acreditando que eles jamais puniram seu irmão tão severamente por chegar tarde. A história termina com os pais de Davi retirando dele a punição. O que aconteceu no meio?

No PSM, o conteúdo da classificação é o núcleo da avaliação, pois representa a descrição das soluções propostas pelo sujeito. Essa classificação auxilia não só na compreensão das habilidades da criança que lhe permitem enfrentar diretamente o problema e propor respostas originais, mas também dos processos cognitivos utilizados para chegar à solução. Por fim, essa classificação possibilita a hipótese acerca do grau de compreensão da criança em relação às atividades do protagonista e às consequências a elas vinculadas. Além da pontuação formal do teste, o PSM deve ser considerado um excelente instrumento tanto do ponto de vista avaliativo quanto do clínico, visto que abre a possibilidade de tratar das relações sociais e ampliar o espectro de soluções disponíveis para a criança. Na mente da criança agressiva, frequentemente existe uma única modalidade resolutiva, geralmente a primeira que lhe ocorre. Como terapeutas, nosso dever não é determinar qual a resposta correta ou incorreta para cada problema avaliado com a criança, mas sim proporcionar um terreno fértil, em que diversas soluções possam florescer. É fundamental que a criança entenda que, para cada situação problemática que enfrenta, não há apenas uma única forma de resposta, mas várias; algumas mais funcionais para o alcance de um objetivo, outras menos. Não se deve deter na oposição inicial que emerge como primeira resposta na criança, que provavelmente nunca foi incentivada a elaborar outras possíveis soluções. Inicialmente, é necessário validar as soluções que a criança apresenta espontaneamente, e, num segundo momento, retomar a história do PSM em exame e perguntar se conhece ou se ocorrem a ela outras maneiras de resolver o problema. Pode ser útil estimulá-la com sugestões, porém é sempre preferível que as soluções surjam dela espontaneamente, ainda que de forma lenta. Num primeiro momento, não se deve concentrar nas consequências, que serão discutidas posteriormente com mais detalhe. Fornecemos alguns exemplos de conclusão das histórias mencionadas, de modo que auxiliem a criança a conceber na mente mais soluções.

Busca de ajuda: a categoria inclui soluções nas quais o protagonista envolve outra pessoa para resolver o problema. Essa pessoa geralmente não está envolvida no conflito. Por exemplo, na história 1: Eduardo chama um amigo para solicitar a bola ao menino.

Não enfrentamento: essa categoria se refere às situações em que o protagonista não enfrenta diretamente o problema e, em alguns casos, não enfrenta diretamente o antagonista. Frequentemente, essas soluções são formas de afastamento, em que o sujeito foge ou não enfrenta o problema com o antagonista. Por exemplo, na história 4: Jorge se afasta e ignora as crianças que zombam dele.

Agressão física: incluem-se nessa categoria as agressões físicas diretas ao antagonista ou todas as soluções que compreendem intimidar, assustar, enganar o antagonista com a intenção de prejudicá-lo fisicamente.

Agressão verbal: essa categoria inclui a verbalização de ameaças, insultar o antagonista ou gritar com ele de maneira agressiva.

Compromisso: essa categoria inclui as soluções nas quais o protagonista tenta resolver a situação de modo que tanto ele quanto o antagonista obtenham parte do que desejam na situação problemática. Por exemplo, na história 1: Eduardo diz às crianças para brincarem por mais cinco minutos, mas salienta que depois desejará a bola de volta.

Acordo: a solução inclui oferecer recompensas materiais ou sociais para alcançar o desfecho desejado. Por exemplo, na história 1: Eduardo diz às crianças que brincam com a bola dele que se tornarão seus amigos se devolverem a bola.

Asserção verbal: essa categoria inclui todas as soluções nas quais o protagonista usa asserções verbais com palavras-chave como "diz" ou "pede". Essas verbalizações são socialmente aprovadas e de natureza neutra ou pró-social. Por exemplo, na história 1: Eduardo poderia pedir gentilmente a devolução da bola.

Ação direta negativa: esse tipo de solução inclui todos os comportamentos não socialmente aceitos (as respostas que compreendem roubar, enganar, copiar, desobedecer às autoridades estão enquadradas nessa categoria). Por exemplo, na história 3: Tomás sai de casa escondido e vai ao parque de diversões.

O primeiro objetivo terapêutico ao trabalharmos no crescimento da habilidade de resolução de problemas da criança é compartilhar com ela a ideia de que existem inúmeras soluções para um problema. Para instilar essa ideia na mente da criança, é essencialmente importante validar, por meio do PSM, cada comportamento que a criança propõe como solução para o problema apresentado. Por ora, não se deve desviar a atenção da criança para as consequências dos comportamentos que os protagonistas das histórias possam ter. Nessa fase, o PSM é um bom instrumento para auxiliar a criança a aumentar o inventário de respostas possíveis a serem adotadas diante de uma situação.

Posteriormente, podemos começar a trabalhar no conceito de "consequências". É apropriado identificar as consequências para cada uma das soluções produzidas e, em seguida, avaliar cada solução e consequência no que tange a um resultado desejado. Crianças agressivas têm convicções acerca da utilidade e da aceitabilidade do ato agressivo: essas convicções conduzem a elaborações distorcidas dos sinais sociais e, por conseguinte, ao comportamento agressivo. É evidente que esses passos de informação-elaboração se influenciam reciprocamente. A consequência é o que ocorre após o comportamento da criança. Por exemplo: "Ele disse à criança para parar de chamá-lo por aquele nome, então a criança parou de zombar dele; depois se tornaram amigos (*consequência*)". As consequências são as afirmações que dizem respeito ao evento e que são o resultado lógico da solução proposta. Algumas consequências, contudo, podem não ser o resultado direto da solução, mas dizer respeito a outras pessoas e ter apenas um efeito indireto no protagonista.

Em primeiro lugar, deve-se enfrentar as consequências, e, para tanto, pergunta-se à criança de que modo ela consegue escolher, entre as várias possíveis, a melhor solução e mais adequada ao problema que se apresenta. Se a criança, de modo autônomo, consegue esboçar a ideia de consequência, ela deve ser reforçada. Caso a criança não produza uma resposta, o terapeuta deverá incentivá-la por meio de exemplos.

Pode ser útil fazer a criança imaginar uma situação problemática a ser resolvida, estimulando-a a buscar produzir o maior número possível de soluções; posteriormente, para cada solução proposta, é aconselhável pedir a ela que identifique uma consequência correlata. O terapeuta deve se certificar de que a criança compreenda que há, para cada ação, uma ou mais consequências, para si ou para os outros, que podem ser identificadas como *negativas*, *aceitáveis* ou *positivas*. Para favorecer a compreensão, o terapeuta dirige à criança algumas perguntas estimulantes, tais como: "O que poderia acontecer se escolhesse exatamente esta solução?", ou "Quais emoções os outros poderiam sentir?", ou ainda "Esta ação poderia causar mais o quê?"

Posteriormente, pode ser útil fazer a criança evidenciar, para cada solução proposta, suas consequências positivas e negativas:

por exemplo, bater no irmãozinho durante uma briga para ser o primeiro a jogar no *videogame* é uma possível solução, mas as consequências negativas, como machucá-lo, fazê-lo cair, ser punido ou receber um golpe de volta, são maiores do que os aspectos positivos. A fim de deslocar a atenção da criança para a comparação entre consequências positivas e negativas, o terapeuta deve conseguir compartilhar com a criança também as consequências positivas dos comportamentos aparentemente mais negativos. No exemplo mencionado, o terapeuta deve fazer a criança encontrar também as consequências positivas, como jogar primeiro no *videogame*. O objetivo final dessa atividade é, portanto, evidenciar as inúmeras consequências negativas dos comportamentos mais agressivos, e não demonizar o comportamento em si. O ponto essencial dessa primeira fase terapêutica é validar, inicialmente, a resposta que a criança dá ao problema, ainda que seja de natureza agressiva e com consequências desagradáveis para si ou para os outros. Para o pequeno paciente, naquele momento, essa era a melhor resposta para obter uma rápida resolução do problema; mas, agora que ampliou o número de soluções possíveis, poderá discutir com o terapeuta de que outra maneira poderia resolver hoje um problema semelhante.

Se a criança, após encontrar várias respostas para o problema, mostra dificuldade em descrever as possíveis consequências para si e para os outros, que inevitavelmente seguem um comportamento, talvez seja útil propor-lhe uma atividade na forma de "jogo", que o terapeuta tentará tornar o mais envolvente possível. Se for apropriado e estiver de acordo com as características da criança, podem-se utilizar cartazes nos quais será possível criar vários desenhos que expressam situações ou problemas. Inicialmente, é preferível referir-se a situações que de fato são enfrentadas pela criança (p.ex., uma briga com o irmão mais novo ocorrida na tarde anterior); nesse caso mesmo, o terapeuta tem a oportunidade de coletar o maior número possível de informações relacionadas às situações naturais e cotidianas da vida da criança. A situação que deve ser reconstruída na sessão poderia ser a seguinte: "Frederico queria brincar com um carrinho de brinquedo que o irmãozinho segurava; sem dizer nada, ele o agarrou, empurrando o irmãozinho, que começou a chorar. Frederico, satisfeito por ter obtido o carrinho, começou a brincar sozinho".

O relato da criança pode ser traduzido de forma visual, representando-o por meio de um desenho e colando-o em um cartaz previamente dividido em três colunas. Pode ser útil fazer a criança decompor o relato (e, consequentemente, o desenho) em três partes. Em uma primeira folha, a criança poderá desenhar a situação *inicial* ("Frederico observa o irmãozinho brincar com um brinquedo com o qual também gostaria de brincar"): o desenho da situação será recortado e colocado à esquerda, na primeira coluna do cartaz. Na segunda folha, a criança desenhará sua resposta ao problema ("Frederico empurra o irmãozinho e toma o carrinho de brinquedo"). Além disso, o terapeuta deve pedir à criança que indique outras soluções, tentando provocar outras respostas, que poderia ter dado, por meio de perguntas como: "O que mais você poderia ter feito em vez de empurrá-lo?", anotando as respostas alternativas. Após vários possíveis comportamentos alternativos, pode surgir uma resposta adaptativa, como: "Eu poderia ter pedido gentilmente para brincar junto com ele". Obtidas pelo menos sete ou oito soluções alternativas ao problema apresentado, o terapeuta pode prosseguir e fazer a criança desenhar, recortar e colar, em uma segunda coluna do cartaz, as referidas respostas.

Uma vez obtido um quadro claro da situação problemática e das várias soluções possíveis, o terapeuta (tentando imaginar o que poderia ser mais intuitivo e menos problemático para a criança) poderia preparar uma série de cartões para as sessões seguintes, nos quais escreveria as possíveis consequências para cada resposta alternativa identificada pela criança. Pode-se proceder associando as consequências *negativas* (tanto para o protagonista quanto para os outros personagens mencionados na situação) à cor vermelha; as consequências *positivas*, porém, seriam associadas à cor verde. A criança, então, pegará os cartões, um a um, com as consequências escritas, e os associará às diferentes alternativas comportamentais. Por exemplo, a criança deverá indicar a qual comportamento correspondem as consequências ou os cartões escritos em vermelho: "O irmãozinho fica triste", "A mamãe vai me repreender"; ou as consequências positivas, escritas em verde: "Tanto eu quanto meu irmãozinho ficamos contentes", "A mamãe me disse que fui um bom irmão mais velho", mas também "Eu me sinto melhor porque meu irmão tinha me desconsiderado no dia anterior". Diante disso, as consequências serão associadas aos comportamentos, ou às soluções, que a criança enumerou, e para isso, na terceira coluna do cartaz, serão colados os cartões alinhados com as soluções expostas. Esse jogo ajudará a criança a familiarizar-se com as múltiplas consequências possíveis, sempre tendo em mente que, para cada comportamento, inevitavelmente há uma consequência.

Esse é apenas um exemplo de atividade que um terapeuta pode propor às crianças; contudo, cada atividade realizada em sessão deverá ser estruturada conforme as características e as preferências da criança, para garantir que a tarefa seja posteriormente generalizada e plenamente compreendida.

Outro aspecto digno de destaque é que há consequências em múltiplos níveis, pois existem desdobramentos concretos (positivos ou negativos), mas também consequências emocionais que podem ser igualmente positivas ou negativas.

Por meio das atividades propostas, o objetivo do terapeuta será ver emergir o maior número possível dessas consequências. As consequências emocionais são frequentemente subestimadas ou pouco consideradas por crianças com problemas de agressividade. Criar atividades que as familiarizem com as consequências emocionais pode ser útil para fins terapêuticos. Ao preparar, por exemplo, *emoticons* impressos e recortados, o terapeuta pode encorajar a criança a indicar qual emoção acredita que os personagens presentes em cada problema relatado estão sentindo. Seguindo o nosso exemplo, pode-se perguntar à criança qual *emoticon*, entre os anteriormente preparados, expressa melhor as consequências emocionais derivadas de cada possível alternativa. Observar uma imagem que corresponde a uma emoção pode ajudar a criança a associá-la mais facilmente a cada personagem.

Convém lembrar que o percurso psicoterapêutico com crianças que apresentam problemas de conduta e diagnóstico de TDAH pode ser muito facilitado e levar a resultados mais favoráveis se o menor também fizer uso de terapia farmacológica (Masi et al., 2017).

A intervenção com os pais

Como já mencionado, nesses casos muitas vezes há comorbidade com TDAH. Dessa maneira, é recomendável compartilhar com os pais um material informativo que os ajude a compreender como as características do TDAH podem tornar realmente difícil para a criança atender a algumas de suas "simples" solicitações. Uma primeira parte do trabalho, de caráter mais psicoeducacional, acerca do funcionamento interno da criança com TDAH, já pode exercer uma função importante ao suavizar e gradualmente transformar as atribuições negativas e estáveis sustentadas pelos pais, ajudando-os, assim, a modular seu comportamento de maneira mais flexível.

Em muitos casos, a criança com problemas de agressividade e poucas habilidades de resolução de problemas não tem clareza acerca de quais são as expectativas dos pais, tampouco consegue ter uma compreensão nítida das regras da casa. Além do mais, incongruências, imprevisibilidade e atrasos na aplicação de uma consequência negativa em razão do descumprimento das indicações geram confusão na criança e frustrações nos pais, que não percebem melhorias no comportamento do filho. As medidas discutidas na terapia com os pais permitirão tornar o ambiente em que a criança cresce o mais previsível e coerente possível. As características peculiares das crianças com problemas comportamentais e poucas habilidades de resolução de problemas as levam a ter dificuldade em prever uma consequência ou um prêmio e em associá-los às indicações dadas pelos pais. Portanto, levar os pais a expor claramente quais serão as consequências negativas e os eventuais prêmios para cada indicação respeitada pode ajudar a criança a tornar o ambiente previsível e, assim, ajudá-la a cumprir melhor as orientações estabelecidas pelo adulto. Se os pais considerarem a ação apropriada e condizente com os interesses da criança, podem-se construir em casa cartazes que lembrem as regras essenciais que devem ser introduzidas no contexto familiar, associando-as às eventuais consequências negativas, caso não sejam respeitadas, e às eventuais consequências positivas, caso sejam cumpridas. A observação de imagens coloridas, somadas às de regras escritas, auxilia a criança a representar internamente, por meio de esquemas coerentes, o modelo a ser seguido no ambiente familiar, ajudando-a também na gestão da frustração que inevitavelmente se manifesta quando ocorre uma consequência negativa. Imaginar previamente o que acontecerá caso se desrespeite uma regra ajudará a criança a gerir melhor a ativação emocional correspondente e a tornar previsível o ambiente, de modo que possa aprender a prever o que acontecerá em situações semelhantes no futuro – não apenas na família, mas também na escola e em outros contextos.

Um dos principais problemas relatados pelos pais é a incapacidade do filho de obedecer às suas diretrizes. Entretanto, é importante que os pais incentivem e promovam na criança a capacidade de seguir as orientações dos adultos. Se os pais aprenderem a dar *boas instruções* ao filho, será mais provável que ele colabore e satisfaça as solicitações do adulto. É essencial que o terapeuta se certifique de que os pais compreendam alguns aspectos antes de dar uma instrução ao filho.

- Primeiramente, é necessário que os pais *reflitam no seu pedido*: o terapeuta pode fornecer um auxílio substancial ao incentivá-los a se questionar: "É realmente importante para mim que meu filho faça isso? E se ele não fizer, estou pronto para enfrentar as consequências da sua recusa?" É preferível pedir o que é de fato importante que a criança faça, em vez de criar uma sobrecarga de solicitações que provavelmente serão ignoradas pela própria criança.

- O segundo adendo diz respeito ao *momento* em que a solicitação é feita: interromper a criança no meio de uma atividade para a qual o próprio pai, ou a mãe, deu permissão, por exemplo, pode ser considerado injusto e aumentar a probabilidade de uma recusa. Se, por exemplo, a criança terminou os deveres de casa e foi concedida a ela uma hora de televisão, é preferível esperar que essa atividade termine antes de fazer outra solicitação, como arrumar os brinquedos no quarto.
- Um último aspecto a ser considerado é a *forma* como as solicitações são formuladas: é fato que os pais representam a autoridade, porém isso não os legitima a utilizar um tom sarcástico, hostil ou arrogante. O terapeuta pode fornecer aos pais informações sobre como a instrução poderia ser transmitida à criança: a) formulada como uma afirmação direta; b) proferida uma única vez; c) limitada a uma solicitação por vez; d) seguida por dez segundos de silêncio. Essas simples "dicas" podem captar a atenção da criança e aumentar sua disposição em atender à solicitação. Por fim, se o pai ou a mãe desejar fornecer uma *explicação*, é preferível que a apresente antes da solicitação, por exemplo: "Mário, está chovendo lá fora, e não quero que você se molhe. Pegue um guarda-chuva e vista seu casaco impermeável, por favor".

Conforme já mencionado, um bom conselho que o terapeuta pode fornecer aos pais é introduzir uma instrução por vez, assegurando-se de que a criança tenha compreendido qual comportamento deve evitar. Cada instrução que os pais pretendam apresentar deverá ser calibrada às características específicas do próprio filho. O terapeuta pode decidir, com base nas informações fornecidas pelos pais, sugerir instruções simples, que sejam fáceis de seguir, como ponto de partida para a criança. Os pais deverão ter em mente que as instruções de bom comportamento devem estar alinhadas com o que o filho pode fazer, considerando sua idade e habilidades. Nas sessões, o terapeuta poderá incentivar os pais a discutir as habilidades e potencialidades do filho, enfatizando, além disso, a importância de compartilhar essas instruções com a criança. Tudo deverá ser exposto com clareza e respeito. As instruções que se pretende dar deverão ser apresentadas à criança aos poucos, de modo que ela tenha tempo para assimilá-las e compreendê-las bem.

Para tornar o aprendizado mais eficaz e emocionalmente mais engajante, pode ser oportuno traduzir tudo para o plano procedimental e praticar com os pais durante a sessão, simulando algumas situações típicas e críticas do relacionamento com o filho. O terapeuta, nesse momento, também pode propor uma tarefa para casa que ajude a apresentar o conceito de "instruções claras". Por exemplo, pode ser útil pedir aos pais que escrevam uma instrução por vez em um local bem visível, discutindo-a com a criança; e esta deverá ter clareza de que, caso o estabelecido seja infringido por meio de um comportamento inadequado, haverá uma repreensão. Da mesma forma, se a instrução dada for respeitada, poderá ser concedido um elogio ou um prêmio que faça a criança compreender que a conduta adotada foi adequada e aceitável. As instruções, quaisquer que sejam, deverão ser sempre motivo de discussão com a criança, que deve saber o que se espera dela. Em um primeiro momento, é prudente não aplicar consequências negativas à criança: bastarão simples advertências, permitindo que a criança se acostume às novas instruções apresentadas.

Posteriormente, o terapeuta pode falar aos pais acerca das consequências para a criança, entendidas como um modo de diminuir a probabilidade de que um determinado comportamento ocorra no futuro. Para não só entender qual é a ideia deles a respeito da consequência, como também obter um ponto de partida para o trabalho, é preferível pedir a ambos os pais que tragam exemplos de consequências que adotam após um comportamento negativo da criança. Será indubitavelmente importante reiterar, durante todo o percurso terapêutico com os pais, que uma consequência é eficaz apenas quando diminui a frequência do comportamento negativo nos dias subsequentes. Se o pai ou a mãe repreende a criança, e esta interrompe imediatamente o comportamento, mas, nos dias subsequentes, repete o mesmo comportamento negativo, essa repreensão não deve ser considerada uma consequência eficaz para a criança, capaz de fazer cessar um comportamento inadequado. Para algumas crianças, ao contrário disso, certas formas de reprovação podem ter um efeito de reforço no comportamento crítico. O terapeuta poderia apresentar exemplos concretos ao basear-se no que os pais relataram nas sessões anteriores.

Por vezes, como já observamos, um modo eficaz de trabalhar as consequências de um comportamento crítico é a *remoção de privilégios*, que consiste em retirar, de maneira contingente, um privilégio, uma coisa ou uma atividade agradável para a criança (brinquedos, *videogames* etc.) no momento em que a criança não respeita a indicação estabelecida pelos pais. O terapeuta pode fornecer exemplos e perguntar com o que a criança brinca mais frequentemente, enfatizando que a remoção do privilégio deve ser aplicada imediatamente após a transgressão da solicitação do adulto e deve ser uma consequência menor que pode ser aplicada de forma coerente. Por exemplo, se a criança se recusa a recolher os brinquedos que espalhou pelo chão, pode-se proceder com a remoção do privilégio de assistir à televisão. Deve-se lembrar aos pais de não ceder às súplicas e às queixas da criança; é necessário, sobretudo, lembrar-lhes de evitar fazer o que deveria ser feito por ela: os pais, nesse caso, devem evitar arrumar os brinquedos da criança, pois isso resultaria em um modo para a criança fugir de suas responsabilidades. Os pais deverão ter o cuidado de propor uma consequência pequena, aplicável frequentemente e de forma coerente. Essa estratégia, para ser eficaz, deve ser verbalizada de modo direto, claro e sem conceder à criança espaço para negociar a decisão do adulto. Além disso, a consequência deve ser de duração limitada, de 12 a 24 horas, no máximo.

Após expor esses cuidados aos pais, o terapeuta tem o dever de assegurar-se de que eles tenham interiorizado e assimilado cada cuidado. Apenas com base nisso é possível explicar de modo geral o trabalho realizado com a criança. Os pais poderão, quanto a isso, usar o modelo de resolução de problemas para enfrentar em casa cada situação problemática que surgir. É útil levar os pais à compreensão de que é fundamental encorajar e reforçar a criança assim que ela contar com a resolução de problemas para enfrentar um conflito em um contexto real. Para que as crianças sigam as instruções dos adultos, será útil aprimorar as habilidades de resolução de problemas também nos pais. Por exemplo, conflitos familiares nem sempre se relacionam com instruções desobedecidas; frequentemente, dificuldades já surgem na fase inicial de identificação do problema, ou seja, no entendimento conjunto de qual é o problema. Em uma situação conflituosa, como uma mãe que discute com o filho por ele não querer fazer os deveres, uma boa identificação do problema levaria a mãe a dizer isto: "Você gostaria de ir brincar com seus amigos, mas eu gostaria que você terminasse os deveres primeiro". Um exemplo de má identificação do problema pela mãe poderia ser este: "Você é sempre preguiçoso, nunca quer fazer os deveres". Cabe ao terapeuta ajudar os pais, por meio de exemplos concretos, a identificar e, por conseguinte, compartilhar com a criança a situação problemática da melhor maneira, assim como ajudá-los a identificar os objetivos de cada protagonista da situação problemática.

Posteriormente, os pais são convidados a encontrar o maior número possível de soluções, não apenas para resolver o problema, mas também para ampliar o leque de respostas possíveis ao problema. O objetivo principal, assim como no trabalho com as crianças, é fazê-los entender que existem diversas "soluções" e que ampliar as modalidades de resposta pode ajudá-los a interagir da melhor maneira com o próprio filho. Diante disso, o terapeuta os convidará a escolher, entre as soluções apresentadas, a que tem o maior número de consequências positivas e o menor número de consequências negativas para si e para os outros. Em poucas palavras, o trabalho é totalmente análogo ao realizado com as crianças. Esse trabalho paralelo traz benefícios não só aos pais, que adquirem um modelo prático de resolução de conflitos, mas também à criança, que encontra em casa um modelo coerente com o que foi aprendido na terapia. Para a criança com dificuldades de resolução de problemas e questões de agressividade, será mais simples generalizar as modalidades de resolução de problemas em outros contextos, como na escola e no grupo de pares. Compete aos pais não só incentivar um raciocínio que siga as várias fases do processo de resolução de problemas, mas também reforçar positivamente a criança sempre que ela conseguir aplicá-lo de maneira construtiva.

O modelo do trabalho com os pais e a intervenção nas atribuições parentais

A terapia cognitivo-comportamental com os pais inclui variados processos terapêuticos e técnicas que têm o objetivo primário de modificar o comportamento da criança por meio da intervenção nos aspectos de parentalidade e das relações familiares implicados na manutenção das disfunções comportamentais do filho. Certamente, o estilo educacional e relacional constitui o primeiro alvo que um terapeuta deveria ter nesses percursos terapêuticos. A abordagem do terapeuta que visa modificar essas dinâmicas familiares deve enfatizar o fato de que a mudança no comportamento de um membro da família pode ocorrer apenas se houver uma mudança entre todos os membros da família. Todos os ajustes propostos devem sempre ser analisados sob a ótica da "capacidade" dos pais. Consideramos a zona de desenvolvimento proximal dos pais quando solicitamos uma mudança em suas modalidades educativas e relacionais com o filho? Essa é a pergunta que um terapeuta deve sempre ter em mente ao conduzir tais percursos.

Esse aspecto foi sinalizado antes de descrevermos três fases do trabalho com os pais que deveriam sempre ser consideradas como alavancas para a mudança, independentemente do quadro clínico da criança em consulta.

Fase 1 – Redescobrir os aspectos positivos presentes na criança

A solicitação de atenção por parte da criança a uma das figuras parentais geralmente suscita nesta figura conforto e afeto.

Entretanto, quando essa solicitação de atenção se torna excessiva, os pais tendem a reagir com irritação ou rejeição. Esse padrão interativo pode surgir em todas as díades, mas algumas famílias ficam completamente aprisionadas nesses padrões comportamentais. Isso pode ocorrer ou porque características neurobiológicas da criança tornam particularmente exasperantes as maneiras pelas quais ela solicita atenção, ou porque os pais, por suas próprias dificuldades, não conseguem perceber que alguns comportamentos do filho representam pedidos de proximidade e afeto, o que os leva a reagir com aborrecimento e rejeição. Nesse modelo, o comportamento desadaptativo é incrementado, pois representa a via mais "segura" para estabelecer uma interação com os pais. A criança se comporta mal não para receber simples atenção, mas porque todas as dinâmicas educacionais se tornam um terreno em que a criança percebe os pais como emocionalmente carregados. Isso ocorre principalmente se, simultânea e antiteticamente, os intercâmbios positivos entre os pais e a criança tornam-se cada vez menores. Em outras palavras, nesses padrões relacionais, os intercâmbios interativos, até os baseados em momentos de brincadeira, raramente implicam amor e nutrição afetiva constantes e previsíveis. Isso não significa que os pais devem ser culpados: amam seu filho, mas encontram-se presos em padrões relacionais em que o esforço diário despendido na tentativa de melhor gerir os comportamentos desadaptativos do próprio filho deixa neles poucas forças para investir nas relações "positivas".

É essencial, portanto, como já se indicou, assegurar-se, antes de mais nada, de que os pais reconheçam não alguns aspectos problemáticos, mas sim os positivos, do comportamento do próprio filho; é essencial também treinar os pais para que, sempre que esses aspectos se manifestem, eles destaquem cada um com amor e aceitação e dediquem tempo a compartilhar esses comportamentos com a criança. Em consonância com o princípio de um aprendizado baseado em uma elaboração emocionalmente ativante, é possível proceder a um ancoramento emocional das áreas relacionais positivas com o filho, passando de uma descrição conceitual inicial para a dimensão *episódica* (recuperando episódios específicos que as exemplifiquem). Posteriormente, essas áreas são reconstruídas em "câmera lenta", e, consequentemente, relembra-se toda a experiência interna positiva dos pais em relação ao filho, detalhando-a em pensamentos, cenários imaginativos, emoções e sensações corporais, todos conectados a essa experiência (Lambruschi, Muratori & Polidori, 2015). A reconstrução pode tomar a forma seguinte:

- "Pense em um dos pontos fortes de Simão, entre os que indicou na ficha, uma característica dele que agrada a você." Por exemplo: é criativo, faz desenhos esplêndidos e inventa histórias peculiares.
- "Feche os olhos e tente imaginar Simão em uma situação específica, a última vez em que o viu tão criativo."
- "Observe-o bem, escute-o, preste atenção a cada detalhe. Quais aspectos, atitudes, palavras dele mais chamam a sua atenção?"
- "Que efeito isso causa em você? Que emoção isso provoca em você?" Por exemplo: orgulho.
- "Como sente essa emoção, esse sentimento de orgulho? Onde o sente?"
- "Que pensamentos tem? Que imagens vêm à sua mente?"
- "Que ideia de si isso desperta em você como pai/mãe? Ocorreria a você dizer: 'Eu sou um pai/uma mãe...'?"
- "Já disse ao seu filho o quanto agrada a você essa característica dele? Que sentimento isso desperta em você? E por que gosta disso?"
- "Tente imaginar-se novamente lá enquanto vê Simão tão criativo... Retome contato com suas sensações agradáveis de orgulho e, enquanto estiver lá, imagine-se dizendo isso a ele; imagine-se, sobretudo, expressando a ele seus sentimentos a esse respeito..."
- "Que efeito isso causa a você?"
- "O que mais em Simão impressiona você? Como ele deve estar se sentindo? O que deve estar pensando?"

• "Que efeito esse exercício imaginativo causou a você?"

Dessa forma, contornando delicadamente a postura defensiva parental, as sensações positivas voltam funcionalmente a impregnar a dimensão da parentalidade, facilitando seu ancoramento quase cinestésico na consciência dos pais no decorrer do cotidiano.

Em nossa ótica, essa modalidade, baseada nos princípios do reforço, pode ser mais eficaz do que o uso de reforços concretos ou fichas como consequência de comportamentos positivos emitidos pela criança. O terapeuta deve auxiliar os pais a redescobrir aspectos positivos do comportamento do filho e, posteriormente, ajudá-los a tornar evidentes aos olhos do filho esses mesmos comportamentos. As orientações que podem ser dadas a cada um dos pais são: "Sempre que observar seu filho manifestar um comportamento positivo, entre aqueles que redescobrimos agora na sessão, aproxime-se dele, acaricie-o, olhe-o nos olhos e declare seu orgulho por ele".

Fase 2 – O "time out" (Time out from positive reinforcement – TOPR)

O TOPR é uma técnica disciplinar, muito controversa, que consiste na ausência de reforços positivos por um período específico em razão de um comportamento errado ou desadaptativo da criança. Não deve ser entendida como uma técnica educacional a ser usada apenas para intervir em comportamentos graves, mas para todo comportamento-alvo identificado pelos pais. Agora, contudo, definiremos bem as características da técnica.

A ausência de reforço positivo, que frequentemente diz respeito à própria atenção dos pais, deve suceder particularmente ao ato cometido pela criança. A criança pode retomar a relação com cada um dos pais (que normalmente mudaram de cômodo) assim que ela interromper seu comportamento incorreto por poucos segundos. O TOPR deve ser aplicado a um comportamento específico e definido junto à criança de forma concreta, deve prever que a criança seja retirada do ambiente onde cometeu o comportamento mal-adaptativo e deve cessar assim que a criança interromper, mesmo que por poucos segundos, o comportamento-alvo.

Alguns autores consideram o TOPR prejudicial por equipará-lo a uma punição. No entanto, estudos adicionais mostram que, se usada corretamente, essa estratégia disciplinar é muito eficaz para o desenvolvimento saudável da saúde mental da criança. Demonstrou-se que, quando aplicada de modo correto e constante, favorece o desaparecimento do comportamento desadaptativo e impacta positivamente a saúde mental da criança, melhorando, por exemplo, a autorregulação (comportamental, emocional, atencional) e fortalecendo a autoeficácia pessoal. Ainda, essa prática melhora as relações entre cuidador e criança, suprindo eventuais lacunas no processo do apego, fundamental para o futuro equilíbrio mental do infante (Dadds & Tully, 2019). Entretanto, é importante estabelecer "diretrizes" para a utilização do procedimento TOPR, de modo que garanta sua eficácia:

1. o TOPR não deve ser utilizado quando o comportamento desadaptativo da criança representa uma incapacidade de realizar uma ação ou quando está ligado a um estado emocional de ansiedade ou medo;
2. a eficácia geral do TOPR é demonstrada pela diminuição do comportamento incorreto. Se este não diminuir ao menos levemente após duas semanas de aplicação do TOPR, deve-se considerar interromper seu uso;
3. durante o TOPR, o comportamento dos pais deve ser um bom modelo para o filho: ser calmo e paciente, sem recorrer a violência física ou verbal;
4. o TOPR é uma técnica a ser utilizada juntamente com outros procedimentos educacionais (economia de fichas, elogios por comportamentos positivos etc.);
5. durante o TOPR, o *time in* – ou seja, o reencontro – deve ocorrer assim que a criança manifestar comportamentos e emoções reguladas, ainda que por poucos segundos; ou seja, não há um tempo predefinido para o término do TOPR;

6. o TOPR deve ser aplicado a comportamentos específicos e previamente sinalizados e explicados à criança como inadequados e problemáticos por estarem em conflito com as regras familiares;

7. o TOPR deve ser aplicado de forma "democrática": a técnica deve ser usada igualmente com todas as crianças de uma mesma família, obviamente em consonância com a idade e com o nível de desenvolvimento de cada uma;

8. o TOPR é mais eficaz com crianças até a faixa entre 7 e 8 anos de idade.

Fase 3 - As atribuições parentais

Em todo percurso com os pais de crianças com TCD, deve-se examinar as *crenças dos pais*. Estes podem ter crenças acerca de modelos educacionais incompatíveis com as técnicas "operantes", ensinadas nos programas de treinamento parental (*parent training*). A teoria da atribuição concernente às relações interpessoais sugere que as pessoas tendem a formular explicações causais ingênuas a respeito dos eventos relacionais, para tornar mais eficiente o processo de identificação. Os indivíduos, além de serem influenciados pelo comportamento de uma pessoa, também o são (e talvez sobretudo) pelo que pensam e percebem acerca do sujeito em questão.

Na literatura que trata da parentalidade, argumenta-se que os pais são motivados a entender as causas do comportamento dos filhos, pois essa compreensão é crucial para os esforços de socialização no seio da família. Quando observam o comportamento do filho, devem compreender o que ocorre e a razão de tal comportamento (*child-referent attributions*), e entender as necessidades, as motivações e as limitações da criança é útil para adotar a resposta mais adequada. Os pais mostram seu estilo atributivo ao formular explicações causais tanto para os comportamentos positivos quanto para os comportamentos negativos dos filhos. Goodnow (1988) argumentou que os pais geralmente avaliam positivamente seus filhos e os comportamentos destes, pois isso permite a eles a continuação da tarefa de pais, bem como a ação como cuidadores coerentes, eficazes e otimistas. Os pais, portanto, tendem a ver os comportamentos positivos dos filhos como naturais, duradouros e estáveis, ao passo que interpretam os comportamentos negativos como temporários e provocados por situações contingentes. Contudo, esse "otimismo parental" básico pode desaparecer quando os pais percebem seus filhos como difíceis de gerir e começam a considerá-los culpados por seus comportamentos problemáticos. Isso ocorre para aliviar o sentimento de responsabilidade (e, consequentemente, de culpa) dos pais, que teriam a incumbência de melhorar os comportamentos do filho. A fim de mitigar um sentimento de culpa subjacente, os pais tendem a considerar os comportamentos negativos das crianças como causados por fatores internos, estáveis e globais da criança. Isso, obviamente, provoca não só um agravamento na relação entre cuidador e criança, mas também afetividade negativa e respostas comportamentais críticas. De fato, as atribuições internas e disposicionais para os comportamentos negativos da criança estão estreitamente ligadas a reações exageradas e estilos parentais coercitivos.

A pesquisa acerca das atribuições parentais estende-se também à própria eficácia e ao sentimento de competência em relação ao comportamento dos filhos, com particular atenção ao tipo de lócus de controle dos pais. Os pais de crianças com problemas comportamentais frequentemente apresentam um lócus de controle externo, acreditando que o comportamento do filho é determinado por fatores fora do controle parental, como "o acaso" ou "outras pessoas" (como professores e grupo de pares), ou qualidades disposicionais da própria criança (como temperamento e personalidade). Pais com esses perfis respondem com maior afeto negativo, parentalidade coercitiva e impotência em relação aos comportamentos problemáticos dos filhos. Pais que relatam um lócus de controle externo tendem a se sentir impotentes e, consequentemente, são motivados a adotar um estilo de parentalidade mais autoritário para conseguir gerir os comportamentos problemáticos do filho.

Pode ser útil refletir sobre o momento adequado para utilizar as atribuições dentro do percurso terapêutico: por exemplo, na hipótese de resistência (*struggle hypothesis*), de Patterson e Chamberlain (1994), demonstrou-se que a resistência dos pais, tanto nas sessões quanto nas tarefas de casa, é mais elevada nas primeiras sessões, mas diminui com o tempo, quando os pais começam a experimentar os benefícios do tratamento e as melhorias comportamentais da criança. O empenho e a cooperação dos pais parecem maiores quando têm tempo para expressar suas preocupações em uma relação terapêutica de apoio, sobretudo nas fases iniciais do tratamento: isso significa conceder espaço às atribuições parentais nas primeiras sessões de tratamento.

Dadds e Hawes (2006) também se concentram nas atribuições problemáticas desde a primeira sessão, ajudando os pais a torná-las explícitas para que não interfiram no aprimoramento das estratégias por eles aprendidas. Se a interferência persistir, a utilidade clínica de se concentrar nas atribuições parentais será avaliada ao longo do tratamento (Piotrowska et al., 2017). A Figura 4.8 ilustra esse enfoque. O estágio 1 consiste em uma adequada avaliação das atribuições parentais no início do tratamento. Os pais são encorajados a explicitar e a discutir as explicações que dão para o comportamento do filho, a fim de que se obtenha um quadro o mais amplo possível dos pensamentos e dos sentimentos dos pais acerca de seus próprios filhos e das expectativas que têm em relação ao tratamento. Pode ser útil concluir essa fase dizendo aos pais: "Bem, então manteremos esses pensamentos e sentimentos em mente, mas por ora não trabalharemos neles e nos concentraremos em como modificar a relação entre você e seu filho". No estágio 2, melhora-se a confiança, reconhecendo as preocupações dos pais e criando um sentimento compartilhado do problema. O estágio 3 envolve o trabalho psicoeducacional com os pais e inclui uma maior partilha da teoria subjacente ao tratamento para apoiar a gestão das expectativas em relação ao tratamento. Se não houver resistência, os pais passam ao estágio 5 com a implementação (principalmente por meio do trabalho em casa) das mudanças relacionais e educacionais que devem refletir-se em melhorias no comportamento da criança e que, por sua vez, devem facilitar mudanças

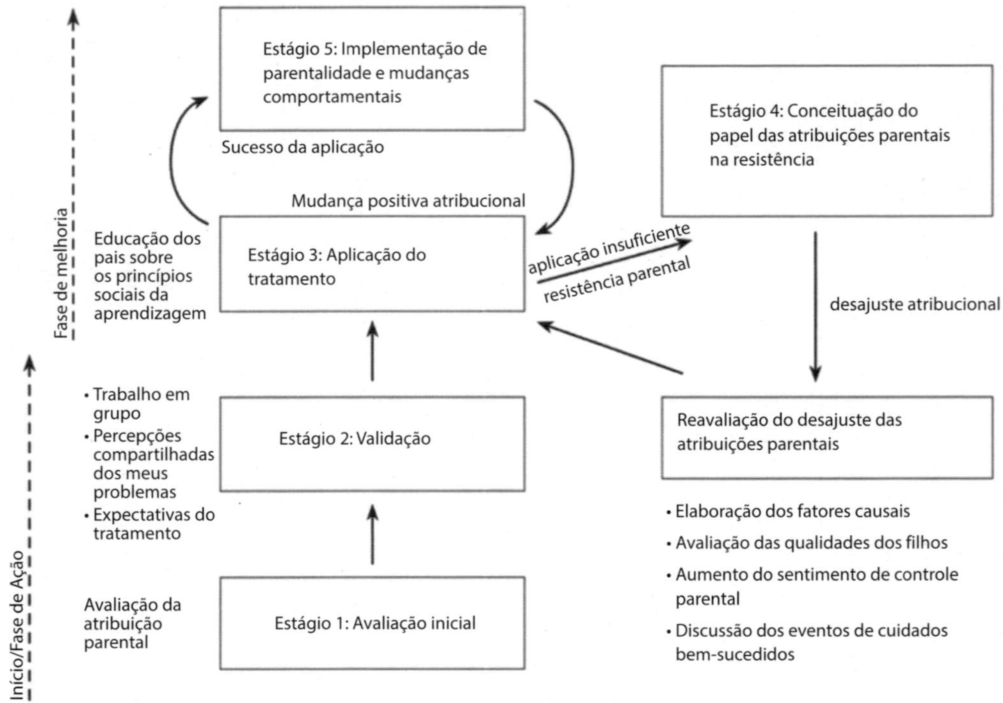

Figura 4.8 – O trabalho sobre as atribuições parentais (Dadds & Hawes, 2006).

positivas nas atribuições dos pais e melhorar a adesão ao tratamento. O terapeuta pode reforçar as mudanças positivas por meio de elogios apropriados pelos esforços dos pais e ressaltar positivamente os momentos de cuidado eficaz.

O estágio 4 pode ser utilizado e prolongado se forem observadas dificuldades na realização do tratamento, associadas a atribuições problemáticas e resistentes à mudança. No caso de serem identificados déficits na regulação parental da raiva, suas atribuições internas (os processos cognitivos e emocionais subjacentes às respostas de raiva) podem ser exploradas com o propósito de transformá-las em termos mais construtivos e funcionais, rumo a representações que considerem a criança menos culpável por seu comportamento incorreto. Se houver uma baixa eficácia parental, reformular os esforços dos pais, bem como destacar seus momentos de sucesso, pode contribuir para aumentar sua sensação de controle, diminuindo sua tendência a comportarem-se de modo exclusivamente autoritário. Além do mais, se os pais focarem excessivamente os aspectos negativos da criança, será útil insistir no trabalho de destacar seus pontos fortes e suas qualidades positivas (cf. parágrafo anterior). Geralmente, o aspecto central está em conceder tempo suficiente, para que a resistência diminua e a adesão ao tratamento melhore; enquanto isso, os pais começarão a observar uma mudança no comportamento da criança. Em síntese, as atribuições dos pais devem ser adequadamente avaliadas na fase pré-tratamento, incluídas na formulação do caso, tornadas explícitas em sessão e constantemente monitoradas no processo terapêutico.

No campo da pesquisa a respeito do apego, conforme já mencionado nos capítulos anteriores, o tema das atribuições parentais tem sido amplamente explorado por meio do conceito de "mentalização" (Fonagy, 1991), isto é, a capacidade que um indivíduo demonstra de relacionar-se com o outro e consigo mesmo no que tange aos estados internos mais do que aos comportamentos observáveis e dados externos. Em outras palavras, trata-se da capacidade de explorar a mente alheia e a própria no que diz respeito a pensamentos, emoções, afetos, intenções, expectativas, objetivos etc. A qualidade do estado mental dos pais em relação à própria história de apego também influencia sua capacidade de explorar adequadamente a mente do próprio filho. Meins (1997) propôs o conceito de *mind-mindedness* para referir-se à capacidade dos pais para reconhecerem o filho como portador de estados internos e, portanto, de empregar em seu discurso termos referentes ao estado mental. Estudando crianças de 11 meses a 5 anos e meio de idade, Meins demonstrou que as que apresentam apego seguro desenvolvem um maior sentimento de autoeficácia tanto em desempenhos cognitivos de busca do objeto quanto no estilo de aquisição da linguagem, no jogo simbólico e nos testes de falsa crença. Isso, segundo Meins, seria favorecido por um adequado *papel tutorial* da cuidadora materna, especialmente por sua capacidade de ver a criança como "agente mental", dotado de representações da realidade, ainda que independentemente de suas efetivas capacidades. Desse modo, um pai ou uma mãe que se volta à mente da criança favorece no filho o desenvolvimento de um apego seguro e a capacidade de compreender a mente alheia. De modo semelhante, Oppenheim e Koren-Karie (2002) falam de "perspicácia materna" [*mothers' insightfulness*], referindo-se à capacidade de captar, compreender e aceitar as intenções, motivações e necessidades emocionais subjacentes ao comportamento do filho e, portanto, revesti-lo de significado, evidenciando uma correlação positiva com o apego seguro. Essa *orientação à mente* infantil por parte dos pais pode explicar as capacidades da criança segura, como indicam diversas linhas de pesquisa, de compreender a mente alheia, de desenvolver uma adequada capacidade de distinguir entre aparência e realidade, bem como entre diferentes visões da realidade: em outras palavras, trata-se da capacidade de desenvolver *competências metacognitivas* mais acentuadas. Meins et al. (2001), dessa forma, propuseram gradualmente um repensar do conceito de "sensibilidade materna", reformulando-o pela específica tendência da mãe a estar focada, a compreender e responder aos estados *mentais* do filho, conforme se manifestam no fluxo de seus comportamentos, destacando, também no âmbito prospectivo, que a tendência da mãe a comentar apropriadamente processos e estados *mentais* do próprio filho em diferentes idades seja capaz de prever a segurança do apego da criança de modo mais eficaz do que outras medidas da sensibilidade materna.

Percebe-se, portanto, como a promoção de competências mentalizantes mais acentuadas nos pais acerca de seu próprio filho pode representar um objetivo terapêutico importante no trabalho com transtornos do comportamento, articulando e enriquecendo a percepção da criança sustentada pelos pais com atribuições cada vez menos estereotipadas e "malignas" e cada vez mais focadas, de modo empático, nas áreas emocionais críticas mais autênticas do filho. Já se viu um exemplo nas técnicas de *videofeedback*. Além disso, porém, um trabalho cuidadoso de mentalização acerca do filho, com base na análise das fichas de observação trazidas pelos próprios pais em sessão, pode surtir efeitos importantes nesse sentido. Uma análise funcional bem conduzida já é capaz de ajudar os pais a contextualizar o comportamento do filho e, frequentemente, a perceber uma "inteligência" inesperada, um valor relacional mais claro. Por vezes, isso ocorre não só ao incentivar neles algum tipo de movimento autorreflexivo – e, por consequência, próprio da ativação do pensamento –, mas também ao estimular algumas estratégias de resolução de problemas, tais como antecipar-se aos antecedentes (estruturando o ambiente de maneira diferente) ou intervir nas consequências, evitando algumas respostas reforçadoras evidentes. No entanto, a observação das regularidades e o trabalho sobre os antecedentes também permitem aos pais que comecem a *elaborar inferências cada vez mais complexas, articuladas e realistas a respeito do mundo interno do filho*. Em outros termos, ao observar a situacionalidade do comportamento do filho e sua conexão frequente com eventos específicos (p.ex.: um comportamento raivoso usualmente relacionado ao momento dos deveres de casa, em particular a algumas matérias, ou à presença do irmão mais velho), o pai ou a mãe serão convidados a explorar possíveis estados internos, pensamentos, emoções, antecipações, expectativas etc., de sorte que se desenvolva e se enriqueça o que definimos como capacidade de mentalização em terceira pessoa (p.ex., a criança antecipa o fracasso, tem medo de se sair mal em matemática e, consequentemente, "abandona tudo", as coisas que o irmão diz por brincadeira o fazem sentir-se fraco e humilhado); assim, também hão de se desenvolver a compreensão e a atribuição de novos significados ao comportamento explícito do filho. A "antecipação" dos antecedentes torna-se, desse modo, muito mais empática, calibrada, sensível e ajustada ao mundo interno da criança.

Intervenção paralela a respeito dos hábitos de sono da criança

O sono representa certamente um dos componentes fundamentais da vida de todas as espécies animais, a ponto de ocupar um terço da existência humana. A preservação do sono nas escalas fisiogenéticas permite compreender sua importância e conjecturar que as alterações do sono repercutem tanto nas funções mentais quanto nas funções fisiológicas de um indivíduo. O sono, assim como a vigília, constitui um processo fisiológico ativo, resultado de uma precisa interação dos diversos componentes do sistema nervoso central e autônomo. Embora o sono aparente ser um estado de quietude, é precisamente durante esse estado que ocorrem complexas mudanças no âmbito cerebral, que não podem ser explicadas apenas como um simples estado de repouso físico e psíquico. Inúmeros estudos demonstram que tanto a privação quanto a restrição de sono provocam aumento da irritabilidade, redução da vigilância e deterioração das capacidades cognitivas.

No período do desenvolvimento, o sono assume uma relevância ainda maior do que na idade adulta: basta pensarmos que as crianças passam cerca de 60% do tempo dormindo, e apenas com o passar dos anos essa porcentagem se aproxima de um terço do total. Dessa maneira, o sono parece desempenhar um papel crucial para o desenvolvimento infantil. Dos 5 aos 11 anos de idade, as crianças enfrentam seu primeiro período escolar, durante o qual as horas de sono necessárias são cerca de dez por noite, mas nos últimos anos parece que as demandas de tempo promovidas pela escola, pelo esporte, por atividades extracurriculares e sociais aumentaram de modo significativo. Além disso, é justamente nessa faixa etária que as crianças começam a se interessar mais por TV, computador, mídia e internet, bem como por produtos que contenham cafeína, os quais podem levar a dificuldades para adormecer, pesadelos e interrupções do sono. De modo mais específico, assistir à TV pouco antes de ir dormir está significativamente associado à resistência em ir para a cama, dificuldade para adormecer, ansiedade e insônia (Astill et al., 2012).

Nessa fase evolutiva, prevalecem problemáticas e distúrbios do sono. Um sono insuficiente ou inadequado pode acarretar um humor instável, problemas comportamentais, como o TDAH, e problemas cognitivos que impactam as capacidades de aprendizagem (Astill et al., 2012).

As problemáticas do sono na infância podem ser associadas à piora do rendimento escolar (Dewald et al., 2010), bem como a dificuldades emocionais e comportamentais (Muratori et al., 2019). Pode-se conjecturar que a sonolência diurna que caracteriza as crianças que "dormem mal" interfira na aprendizagem, na atenção/hiperatividade e nos problemas de conduta por meio do impacto na velocidade de processamento e na memória de trabalho. Demonstrou-se uma forte relação entre distúrbios do sono e comportamento hiperativo e desatento tanto em amostras de população normal (O'Brien et al., 2003) quanto em amostras clínicas (Herman, 2015). Recentemente, um estudo longitudinal com crianças italianas de escola primária mostrou como o aumento ao longo do tempo de problemas de sono na criança pode predizer aumento dos níveis de comportamentos hiperativos na escola. Essa relação não era influenciada pela condição socioeconômica da família e por outros fatores de risco, tanto para problemas de sono quanto para dificuldades de comportamento no período do desenvolvimento (Muratori et al., 2019). Além do mais, esse estudo confirma que as consequências diurnas de um sono insuficiente podem causar desconforto na vida da criança, interferindo negativamente no rendimento escolar (Dewald et al., 2010), nos problemas de desatenção (Chervin et al., 2002) e na alteração da regulação emocional (O'Brien et al., 2011). Em suma, o que desejamos evidenciar com este parágrafo é que a falta de sono pode atuar pelo menos como importante fator de manutenção das dificuldades comportamentais de uma criança em idade escolar. Consideramos, portanto, que uma boa intervenção psicoterapêutica não pode ignorar esse importante fator de risco que influencia as capacidades de aprendizagem e o aprimoramento de novas habilidades da criança.

O padrão do sono infantil e os transtornos a ele relacionados são influenciados por complexa matriz de fatores neurobiológicos – como condições de natureza médica e temperamental – e de fatores psicossociais – relativos a influências culturais, peculiaridades parentais e específicas relações que se estabelecem gradualmente entre criança e pais. A investigação dos hábitos de sono estruturados no contexto familiar é uma das etapas fundamentais da assistência a uma criança com transtornos de natureza psicopatológica. Essa investigação pode ser realizada inclusive por meio de uma simples agenda, que deve ser preenchida em casa, na investigação prioritária das seguintes áreas: resistir ao sono, despertar precocemente, despertar à noite, dormir na cama dos pais, ter hábitos alimentares e praticar atividades nas horas precedentes ao adormecimento.

No contexto familiar, pode ser útil um jogo de pontos (Figura 4.9), inicialmente para mostrar em gráfico à criança as coisas que normalmente ela faz antes de dormir e, posteriormente, para classificá-las como corretas ou incorretas. Dado que se trata de um jogo de pontos, além de nos fornecer importante indicação a respeito dos hábitos de sono da criança, é possível que o jogo incentive o "jogador" a modificar alguns dos hábitos disfuncionais que percebe realizar antes de dormir.

Além desse simples jogo, com o propósito de melhorar a eficiência e a qualidade do sono, é possível criar um cartaz no qual, ao dormir, ilustram-se algumas indicações-chave relativas, de modo que sejam interiorizadas com mais êxito pelos membros da família. Isso permite ensinar às crianças em idade escolar quais hábitos podem proporcionar um bom sono e quais são desaconselhados. Muitos seguem esquemas de adormecimento totalmente disfuncionais, tais como: consumir bebidas açucaradas e/ou que contêm ca-

Figura 4.9 – Um jogo de pontos acerca dos hábitos de sono.

feína, ficar diante de uma tela com muitos estímulos luminosos, comer uma refeição pesada no jantar etc. Criar rotina saudável para a criança equivale a reduzir significativamente os distúrbios do sono e ao mesmo tempo melhorar sua qualidade.

Referências

Abidin, R. R. (1995). *Parenting stress index: Professional manual* (3. ed.). Psychological Assessment Resources.

Achenbach, T. M. (1991). *Manual for the Child Behavior Checklist/4-18 and 1991 profile.* University of Vermont, Department of Psychiatry.

Achenbach, T. M., & Rescorla, L. A. (2001). *Manual for the ASEBA school--age forms and profiles.* University of Vermont Research Center for Children, Youth, & Families.

Ainsworth, M. D. S., Blehar, M., Waters, E., & Wall, S. (1978a). *Patterns of attachment: A psychological study of the strange situation.* Erlbaum.

Ainsworth, M. D. S., Blehar, M., Waters, E., & Wall, S. (1978b). *Patterns of attachment: Assessed in the strange situation and at home.* Erlbaum.

Allen, J. G., & Fonagy, P. (orgs.). (2008). *La mentalizzazione: Psicopatologia e trattamento.* Il Mulino.

American Psychiatric Association. (1968). *DSM-II: Diagnostic and statistical manual of mental disorders* (2. ed.). American Psychiatric Publishing.

American Psychiatric Association. (1980). *DSM-III: Diagnostic and statistical manual of mental disorders* (3. ed.). American Psychiatric Publishing.

American Psychiatric Association. (1987). *DSM-III: Diagnostic and statistical manual of mental disorders* (3. ed. rev.). American Psychiatric Publishing.

American Psychiatric Association. (1994). *DSM-IV: Diagnostic and statistical manual of mental disorders* (4. ed.). American Psychiatric Publishing.

American Psychiatric Association. (2000). *DSM-IV-TR: Diagnostic and statistical manual of mental disorders* (4. ed. rev.). American Psychiatric Publishing.

American Psychiatric Association. (2013). *DSM-5: Diagnostic and statistical manual of mental disorders* (5. ed.). American Psychiatric Publishing. [(2014). *DSM-5: Manual diagnóstico e estatístico de transtornos mentais* (5. ed.). Artmed.]

Andrews, G., Pine, D., Hobbs, M., Anderson, T., & Sunderland, M. (2009). Neurodevelopmental disorders: Cluster 2 of the proposed meta-structure for DSM-V and ICD-11. *Psychological Medicine, 39*(12), 2013-2023.

Angold, A., Costello, E. J., & Erkanli, A. (1999). Comorbidity. *Journal of Child Psychology and Psychiatry, 40*, 57-87.

Astill, R., Heijden, K., van IJzendoorn, M., & Van Someren, E. J. W. (2012). Sleep, cognition, and behavioral problems in school-age children: A century of research meta-analyzed. *Psychological Bulletin, 138*, 1109-1138.

Attili, G. (2001). *Ansia da separazione e misura dell'attaccamento normale e patologico*. Unicopli.

Ayer, L. et al. (2009). Child behavior checklist juvenile bipolar disorder (CBCL-JBD) and CBCL post-traumatic stress problems (CBCL-PTSP) scales are measures of a single dysregulatory syndrome. *The Journal of Child Psychology and Psychiatry and Allied Disciplines, 50*, 1291-1300.

Bakker, M. J., Greven, C. U., Buitelaar, J. K., & Glennon, J. C. (2017). Practitioner review: Psychological treatments for children and adolescents with conduct disorder problems – A systematic review and meta-analysis. *Journal of Child Psychology and Psychiatry, 58*, 4-18.

Bandura, A., Barbaranelli, C., Caprara, G. V., & Pastorelli, C. (1996). Mechanism of moral disengagement in the exercise of moral agency. *Journal of Personality and Social Psychology, 71*, 364-374.

Barker, E. D., Oliver, B. R., Viding, E., Salekin, R. T., & Maughan, B. (2011). The impact of prenatal maternal risk, fearless temperament and early parenting on adolescent callous-unemotional traits: A 14-year longitudinal investigation. *Journal of Child Psychology and Psychiatry, 52*, 878-888.

Barnett, D., Manly, J., & Cicchetti, D. (1993). Defining child maltreatment: The interface between policy and research. *Child Abuse, Child Development, and Social Policy, 8*, 7-73.

Barone, L. (2007). *Emozioni e sviluppo: Percorsi tipici e atipici*. Carocci.

Barone, L., & Lionetti, F. (2013). Gli interventi evidence-based a sostegno della genitorialità. Il contributo della teoria dell'attaccamento. In F. Lambruschi & P. Muratori (ed.), *Psicopatologia e psicoterapia dei disturbi della condotta* (p. 239-257). Carocci.

Baroni, A., Towbin, K. E., & Leibenluft, E. (2009). Practitioner review: The assessment of bipolar disorder in children and adolescents. *Journal of Child Psychology and Psychiatry, 50*, 203-215.

Beauchaine, T. P., Hinshaw, S. P., & Pang, K. L. (2010). Comorbidity of attention-deficit/hyperactivity disorder and early-onset conduct disorder: Biological, environmental, and developmental mechanisms. *Clinical Psychology: Science and Practice, 17*, 327-336.

Beck, A. T., Davis, D. D., & Freeman, A. (1990). *Cognitive therapy of personality disorders*. Guilford.

Belden, A., Thomson, N., & Luby, J. (2008). Temper tantrums in healthy versus depressed and disruptive preschoolers: Defining tantrum behaviors associated with clinical problems. *The Journal of Pediatrics, 152*, 117-122.

Belsky, J., & Pluess, M. (2009). Beyond diathesis stress: Differential susceptibility to environmental influences. *Psychological Bulletin, 135*, 885-908.

Bernstein, C. A. (2011). Meta-structure in DSM-5 process. *Psychiatric News, 46*, 7-29.

Billeci, L. et al. (2019). Emotional processing deficits in Italian children with disruptive behavior disorder: The role of callous unemotional traits. *Behaviour Research and Therapy, 113*, 32-38.

Biringen, Z. (2000). Emotional availability: Conceptualization and research findings. *The American Journal of Orthopsychiatry, 70*, 104-114.

Bizzi, F., Ensink, K., Borelli, J., Charpentier-Mora, S., & Cavanna, D. (2019). Attachment and reflective functioning in children with somatic symptom disorders and disruptive behavior disorders. *European Child and Adolescent Psychiatry, 28*, 705-717.

Blair, R. J. R. (2010). Neuroimaging of psychopathy and antisocial behavior: A targeted review. *Current Psychiatry Reports, 12*(1), 76-82.

Blair, R. J. R. (2013). The neurobiology of psychopathic traits in youths. *Nature Reviews Neuroscience, 14*, 786-799.

Blair, R. J. R., Budhani, S., College, E., & Scott, S. (2005). Deafness to fear in boys with psychopathic tendencies. *Journal of Child Psychology and Psychiatry, 46*, 327-336.

Blair, R. J. R., Colledge, E., Murray, L., & Mitchell, D. G. V. (2001). A selective impairment in the processing of sad and fearful expressions in children with psychopathic tendencies. *Journal of Abnormal Child Psychology, 29*, 491-498.

Blair, R. J. R., Peschardt, K. S., Budhani, S., Mitchell, D. G. V., & Pine, D. S. (2006). The development of psychopathy. *Journal of Child Psychology and Psychiatry, 47*, 262-276.

Bornstein, M. H. (1995). Form and function: Implications for studies of culture and human development. *Culture and Psychology, 1*(1), 123-137.

Bowlby, J. (1944). Fourty-four juvenile thieves: Their characters and home life. *International Journal of Psycho-Analysis, 25*, 19-52.

Bowlby, J. (1969). *Attachment and loss: Vol. 1. Attachment.* Basic Books.

Brendgen, M., Boivin, M., Vitaro, F., Girard, A., Dionne, G., & Pérusse, D. (2008). Gene-environment interaction between peer victimization and child aggression. *Development and Psychopathology, 20*(2), 455-471.

Brendgen, M., Dionne, G., Girard, A., Boivin, M., Vitaro, F., & Pérusse, D. (2005). Examining genetic and environmental effects on social aggression: A study of 6-year-old twins. *Child Development, 76*, 930-946.

Brendgen, M. et al. (2011). Gene-environment processes linking aggression, peer victimization, and the teacher-child relationship. *Child Development, 82*(6), 2021-2036.

Brotman, M. A., Egger, H. L., & Leibenluft, E. (2006). Prevalence, clinical correlates, and longitudinal course of severe mood dysregulation in children. *Biological Psychiatry, 60*, 991-997.

Brummelman, E., Thomaes, S., Nelemans, S. A., Orobio de Castro, B., Overbeek, G., & Bushman, B. J. (2015). Origins of narcissism in children. *Proceedings of the National Academy of Sciences, 112*, 3659-3662.

Brummelman, E., Thomaes, S., & Sedikides, C. (2016). Separating narcissism from self-esteem. *Current Directions in Psychological Science, 25*, 8-13.

Bryant, B. K. (1982). An index of empathy for children and adolescents. *Child Development, 53*(2), 413-425.

Buitelaar, J. K. (2011). About breaking barriers, the risk paradox, and other twists. *European Child and Adolescent Psychiatry, 20*, 276-279.

Buitelaar, J. K., van der Gaag, R. J., Cohen-Kettenis, P., & Melman, C. T. (2001). A randomized controlled trial of risperidone in the treatment of aggression in hospitalized adolescents with subaverage cognitive abilities. *Journal of Clinical Psychiatry, 62*, 239-248.

Burgess, K. B., Marshall, P. J., Rubin, K. H., & Fox, N. A. (2003). Infant attachment and temperament as predictor of subsequent externalizing problems and cardiac physiology. *Journal of Child Psychology and Psychiatry, 44*, 819-831.

Burke, J. D., Loeber, R., & Birmaher, B. (2002). Oppositional defiant and conduct disorder: A review of the past 10 years, part II. *Journal of American Academy of Child and Adolescent Psychiatry, 41*, 1275-1293.

Burke, J. D., Pardini, D. A., & Loeber, R. (2008). Reciprocal relationships between parenting behavior and disruptive psychopathology from childhood through adolescence. *Journal of Abnormal Child Psychology, 36*, 679-692.

Burke, J. D., Waldman, I., & Lahey, B. B. (2010). Predictive validity of childhood oppositional defiant disorder and conduct disorder: Implication for the DSM-V. *Journal of Abnormal Psychology, 119*, 739-751.

Burt, S. A., Hyde, L. W., Frick, P. J., Jaffee, S. R., Shaw, D. S., & Tremblay, R. (2018). Commentary: Childhood conduct problems are a public health crisis and require resources: A commentary on Rivenbark et al. *Journal of Child Psychology and Psychiatry, 59*, 711-713.

Burt, S. A., & Mikolajewski, A. J. (2008). Preliminary evidence that specific candidate genes are associated with adolescent-onset antisocial behavior. *Aggressive Behavior, 34*, 437-445.

Burt, S. A., & Neiderhiser, J. M. (2009). Aggressive versus nonaggressive antisocial behavior: Distinctive etiological moderation by age. *Developmental Psychology, 45*, 1164-1176.

Campbell, S. B., Spieker, S., Burchinal, M., & Poe, M. D. (2006). The NICHD Early Child Care Research Network: Trajectories of aggression from toddlerhood to age 9 predict academic and social functioning through age 12. *Journal of Child Psychology and Psychiatry, 47*, 791-800.

Caprara, G. V., Barbaranelli, C., & Zimbardo, P. G. (1996). Understanding the complexity of human aggression: Affective, cognitive and social dimensions of individual differences in propensity toward aggression. *European Journal of Personality, 10*, 133-155.

Carcione, A., & Semerari, A. (2018). *Il narcisismo e i suoi disturbi: La terapia metacognitiva interpersonale.* Erickson.

Carlson, E. A. (1998). A prospective longitudinal study of attachment disorganization/disorientation. *Child Development, 59*, 121-134.

Cassidy, J., & Marvin, R. S., the MacArthur Working Group on Attachment. (1992). *A system for classifying individual differences in the attachment behavior of 2 to 4 years old children* [Manual de codificação não publicado]. University of Virginia.

Chang, H., Olson, S. L., Sameroff, A. J., & Sexton, H. R. (2011). Child effortful control as a mediator of parenting practices on externalizing behavior: Evidence for a sex-differentiated pathway across the transition from preschool to school. *Journal of Abnormal Child Psychology, 39*, 71-81.

Chervin, R. D. et al. (2002). Inattention, hyperactivity, and symptoms of sleep-disordered breathing. *Pediatrics, 109*, 449-456.

Conners, C. K. (2007). *Manuale Conners' Rating Scales – Revised.* Giunti O.S.

Copeland, W. E., Shanahan, L., & Costello, E. J. (2009). Childhood and adolescent psychiatric disorders as predictors of young adult disorders. *Archives of General Psychiatry, 66*, 764-772.

Corriveau, K. H. et al. (2009). Young children's trust in their mother's claims: Longitudinal links with attachment security in infancy. *Child Development, 80*, 750-761.

Costello, E. J., Mustillo, S., Erkanli, A., Keeler, G., & Angold, A. (2003). Prevalence and development of psychiatric disorders in childhood and adolescence. *Archives of General Psychiatry, 60*, 837-844.

Crittenden, P. M. (1988-2004). *Preschool assessment of attachment manual* [Manuscrito não publicado].

Crittenden, P. M. (1992). Quality of attachment in the preschool years. *Development and Psychopathology, 4*, 209-241.

Crittenden, P. M. (1994). *Nuove prospettive sull'attaccamento: Teoria e pratica in famiglie ad alto rischio*. Guerini.

Crittenden, P. M. (1997). *Pericolo, sviluppo e adattamento*. Masson.

Crittenden, P. M. (1997-2005). *School-age assessment of attachment* [Manuscrito não publicado].

Crittenden, P. M. (1999). *Attaccamento in età adulta: L'approccio dinamico maturativo all'Adult Attachment Interview*. Raffaello Cortina Editore.

Crittenden, P. M. (2002). *The preschool assessment of attachment: Coding manual* [Manuscrito não publicado].

Crittenden, P. M. (2008). *Il modello dinamico-maturativo dell'attaccamento*. Raffaello Cortina Editore.

Crittenden, P. M., & Landini, A. (2012). *Assessing adult attachment: A dynamic-maturational approach to discourse analysis*. W.W. Norton & Company.

D'Addario, C. et al. (2013). Epigenetic modulation of BDNF gene in patients with major depressive disorder. *Biological Psychiatry, 73*, 6-7.

Dadds, M. R. (2012). Love, eye contact and the developmental origins of empathy vs. psychopathy. *British Journal of Psychiatry, 200*(3), 191-196.

Dadds, M. R., Cauchi, A. J., Wimalaweera, S., Hawes, D. J., & Brennan, J. (2012). Outcomes, moderators, and mediators of empathic-emotion recognition training for complex conduct problems in childhood. *Psychiatry Research, 3*, 201-207.

Dadds, M. R., Fraser, J., Frost, A., & Hawes, D. (2005). Disentangling the underlying dimensions of psychopathy and conduct problems in childhood: A community study. *Journal of Consulting and Clinical Psychology, 73*, 400-410.

Dadds, M. R., & Hawes, D. (2006). *Integrated family intervention for child conduct problems: A behaviour-attachment-systems intervention for parents*. Australian Academic Press.

Dadds, M. R., & Salmon, K. (2003). Punishment insensitivity and parenting: Temperament and learning as interacting risks for antisocial behavior. *Clinical Child and Family Psychology Review, 6*, 69-86.

Dadds, M. R., & Tully, L. A. (2019). What is it to discipline a child: What should it be? A reanalysis of time-out from the perspective of child mental health, attachment, and trauma. *American Psychologist, 74*, 794-808.

Dadds, M. R. et al. (2006). Attention to the eyes and fear-recognition deficits in child psychopathy. *The British Journal of Psychiatry, 189*, 280-281.

Datyner, A., Kimonis, E. R., Hunt, E., & Armstrong, K. (2016). Using a novel emotional skills module to enhance empathic responding for a child with conduct disorder with limited prosocial emotions. *Clinical Case Studies, 15*, 35-52.

De Bellis, M. D. et al. (2002). Brain structures in pediatric maltreatment-related posttraumatic stress disorder: A sociodemographically matched study. *Biological Psychiatry, 52*, 1066-1078.

De Caluwé, E., Decuyper, M., & De Clercq, B. (2013). The child behaviour checklist dysregulation profile predicts adolescent DSM-5 pathological personality traits 4 years later. *European Child and Adolescent Psychiatry, 22*, 401-411.

DeKlyen, M., & Greenberg, M. T. (2008). Attachment and psychopathology in childhood. In J. Cassidy & P. R. Shaver (orgs.), *Handbook of attachment: Theory, research, and clinical applications* (p. 637-665). Guilford Press.

Dewald, J. F., Meijer, A. M., Oort, F. J., Kerkhof, G. A., & Bögels, S. M. (2010). The influence of sleep quality, sleep duration and sleepiness on school performance in children and adolescents: A meta-analytic review. *Sleep Medicine Reviews, 14*, 179-189.

Dodge, K. A. (1986). A social information processing model of social competence in children. In M. Perlmutter (org.), *Cognitive perspectives on children's social and behavioral development.* Minnesota Symposia on Child Psychology (27, 18, p. 77-125). Erlbaum.

Dodge, K. A., Lochman, J. E., Harnish, J. D., Bates, J. E., & Pettit, G. S. (1997). Reactive and proactive aggression in school children and psychiatrically impaired chronically assaultive youth. *Journal of Abnormal Psychology, 106*, 37-51.

Dodge, K. A., & Pettit, G. S. (2003). A biopsychosocial model of the development of chronic conduct problems in adolescence. *Developmental Psychology, 39*, 349-371.

Dodge, K. A., Pettit, G. S., McClaskey, C. L., Brown, M. M., & Gottman, J. M. (1986). Social competence in children. *Monographs of the Society for Research in Children Development, 51*, 13.

Doron, G., & Kyrios, M. (2005). Obsessive compulsive disorder: A review of possible specific internal representations within a broader cognitive theory. *Clinical Psychology Review, 25*, 415-432.

Doron, G., Moulding, R., Kyrios, M., & Nedeljkovic, M. (2008). Sensitivity of self-beliefs in obsessive compulsive disorder (OCD). *Depression and Anxiety, 25*, 874-884.

Doron, G., Moulding, R., Kyrios, M., Nedeljkovic, M., & Mikulincer, M. (2009). Adult attachment insecurities are related to obsessive compulsive phenomena. *Journal of Social and Clinical Psychology, 28*, 1022-1049.

Doron, G., Moulding, R., Nedeljkovic, M., Kyrios, M., Mikulincer, M., & Sar-El, D. (2012). Adult attachment insecurities are associated with obsessive compulsive disorder. *Psychology and Psychotherapy, 85*, 163-178.

Doron, G., Sar-El, D., Mikulincer, M., & Talmor, D. (2012). Experimentally-enhanced attachment security influences obsessive compulsive related washing tendencies in a non-clinical sample. *E-Journal of Applied Psychology, 8*, 1-8.

Downing, G. T., Bürgin, D., Reck, C., & Ziegenhain, U. (2008). Interfaces between intersubjectivity and attachment: Three perspectives on a mother-infant inpatient case. *Infant Mental Health Journal, 29*(3), 278-295.

Egeland, B., & Sroufe, L. A. (1981). Developmental sequelae of maltreatment in infancy. *Child Development, 11*, 77-92.

Ellis, B., & Nigg, J. (2009). Parenting practices and attention-deficit/hyperactivity disorder: New findings suggest partial specificity of effects. *Journal of the American Academy of Child & Adolescent Psychiatry, 48*, 1-9.

Erickson, M. F., Sroufe, L. A., & Egeland, B. (1985). The relationship between quality of attachment and behavior problems in preschool in a high-risk sample. *Monographs of the Society for Research in Child Development, 50*, 147-166.

Essau, C. A., Sasagawa, S., & Frick, P. J. (2006). Callous-unemotional traits in a community sample of adolescents. *Assessment, 13*(4), 454-469. https://doi.org/10.1177/1073191106287354

Eyberg, S. M., Nelson, M. M., & Boggs, S. R. (2008). Evidence-based psychosocial treatments for children and adolescents with disruptive behaviour. *Journal Clinical Child & Adolescents Psychology, 37*, 215-237.

Ezpeleta, L., De la Osa, N., Granero, R., Penelo, E., & Domènech, J. M. (2013). Inventory of callous-unemotional traits in a community sample of preschoolers. *Journal Clinical Child & Adolescents Psychology, 42*, 91-105.

Fagot, B. I., & Pears, K. C. (1996). Changing in attachments during the 3rd year: Consequence and predictions. *Development and Psychopathology, 8*, 325-344.

Fairchild, G. et al. (2019). Conduct disorder. *Nature Review, 27*, 43.

Fanti, K. A., Demetriou, C. A., & Kimonis, E. R. (2013). Variants of callous-unemotional conduct problems in a community sample of adolescents. *Journal of Youth and Adolescence, 42*, 964-979.

Faraone, S. V. et al. (2005). Molecular genetics of attention-deficit/hyperactivity disorder. *Biological Psychiatry, 57*, 1313-1323.

Farmer, E. M. Z., Compton, S. N., Burns, B. J., & Robertson, E. (2002). Review of the evidence base for treatment of childhood psychopathology: Externalizing disorders. *Journal of Consulting and Clinical Psychology, 70*, 1267-1302.

Fearon, R. P., Bakermans-Kranenburg, M. J., van IJzendoorn, M. H., Lapsley, A. M., & Roisman, G. I. (2010). The significance of insecure attachment and disorganization in the development of children's externalizing behaviour: A meta-analytic study. *Child Development, 81*, 435-456.

Fergusson, D. M., Boden, J. M., & Horwood, L. J. (2010). Classification of behavior disorders in adolescence: Scaling methods, predictive validity and gender differences. *Journal of Abnormal Child Psychology, 119*, 699-712.

Flom, M., White, D., Ganiban, J., & Saudino, K. J. (2019). Longitudinal links between callous-unemotional behaviors and parenting in early childhood: A genetically informed design. *Journal of the American Academy of Child and Adolescent Psychiatry, 13*.

Fonagy, P. (1991). Thinking about thinking: Some clinical and theoretical considerations in the treatment of a borderline patient. *International Journal of Psychoanalysis, 72*, 639-656.

Fonagy, P., & Allison, E. (2014). The role of mentalizing and epistemic trust in the therapeutic relationship. *Psychotherapy, 51*, 372-380.

Fonagy, P., Gergely, G., Jurist, E. L., & Target, M. (2002). *Affect regulation, mentalization, and the development of the self.* Other Press.

Fonagy, P., Gergely, G., & Target, M. (2007). The parent-infant dyad and the construction of the subjective self. *Journal of Child Psychology and Psychiatry, 48*, 288-328.

Fonagy, P., Steele, M., Steele, H., Moran, G. S., & Higgitt, A. C. (1991). The capacity for understanding mental states: The reflective self in parent and child and its significance for security of attachment. *Journal of Mental Health, 13*, 200-216.

Fonagy, P., & Target, M. (1997). Attachment and reflective function: Their role in self-organization. *Development and Psychopathology, 9*, 679-700.

Fonagy, P. et al. (1996). The relation of attachment status, psychiatric classification, and response to psychotherapy. *Journal of Consulting and Clinical Psychology, 64*(1), 22-31.

Fontaine, N. M. G., McCrory, E. J. P., Boivin, M., Moffitt, T. E., & Viding, E. (2011). Predictors and outcomes of joint trajectories of callous-unemotional traits and conduct problems in childhood. *Journal of Abnormal Psychology, 120*, 730-742.

Foster, N. M., Campbell, W. K., & Twenge, J. M. (2003). Individual differences in narcissism: Inflated self-views across the lifespan and around the world. *Journal of Research in Personality, 37*, 469-486.

Freud, S. (1914). Zur Einführung des Narzißmus. *Jahrbuch für psychoanalytische und psychopathologische Forschung, 6*(1), 1-24.

Freud, S., & Cinato, A. (1973). *Dibattiti della Società psicoanalitica di Vienna (1906-1908)*. Bollati Boringhieri.

Frick, P. J. (2004). *The Inventory of Callous/Unemotional Traits* [Escala de classificação não publicada]. The University of New Orleans.

Frick, P. J., Barry, C. T., & Kamphaus, R. W. (2010). *Clinical assessment of child and adolescent personality and behavior* (3. ed.). Springer.

Frick, P. J., Bodin, S. D., & Barry, C. T. (2000). Psychopathic traits and conduct problems in community and clinic-referred samples of children: Further development of the Psychopathy Screening Device. *Psychological Assessment, 12*, 382-393.

Frick, P. J., Cornell, A. H., Bodin, S. D., Dane, H. E., Barry, C. T., & Loney, B. R. (2003). Callous-unemotional traits and developmental pathways to severe conduct problems. *Developmental Psychology, 39*(2), 246-260.

Frick, P. J., & Hare, R. (2001). *Antisocial process screening device.* Multi--Health Systems.

Frick, P. J., Lahey, B. B., Loeber, R., Stouthamer-Loeber, M., Christ, M. A. G., & Hanson, K. (1992). Familiar risk factors to oppositional defiant disorder and conduct disorder: Parental psychopathology and maternal parenting. *Journal of Consulting and Clinical Psychology, 60*, 49-55.

Frick, P. J., & Moffit, T. E. (2010). *A proposal to DSM-V childhood disorders and ADHD disruptive behavior disorders work group to include a specifier of conduct disorder based on the presence of callous-unemotional traits.* American Psychiatric Association.

Frick, P. J., & Morris, A. (2004). Temperament and developmental pathways to conduct problems. *Journal of Clinical Child and Adolescent Psychology, 33*, 54-68.

Frick, P. J., Ray, J. V., Thornton, L. C., & Kahn, R. E. (2014). Can callous-unemotional traits enhance the understanding, diagnosis, and treatment of serious conduct problems in children and adolescents? A comprehensive review. *Psychological Bulletin, 140,* 1-57.

Frick, P. J., & Viding, E. (2009). Antisocial behavior from a developmental psychopathology perspective. *Development and Psychopathology, 21,* 1111-1131.

Garland, A. F., Hawley, K. M., & Hurlburt, M. S. (2008). Identifying common elements of evidence-based psychosocial treatments for children's disruptive behaviour problems. *Journal American Academy Child Adolescent Psychiatry, 47,* 5-15.

George, C., Kaplan, N., & Main, M. (1985). *The adult attachment interview* [Manuscrito não publicado]. University of California.

Goffin, K. C., Boldt, L. J., Kim, S., & Kochanska, G. (2018). A unique path to callous-unemotional traits for children who are temperamentally fearless and unconcerned about transgressions: A longitudinal study of typically developing children from age 2 to 12. *Journal of Abnormal Child Psychology, 46,* 769-780.

Goodman, R. (1997). The strengths and difficulties questionnaire: A research note. *Journal of Child Psychology and Psychiatry, 38,* 581-586.

Goodnow, J. J. (1988). Parents' ideas, actions, and feelings: Models and methods from developmental and social psychology. *Child Development, 59,* 286-320.

Green, J., Stanley, C., Smith, V., & Goldwin, R. (2000). A new method of evaluating attachment representation in young school-age children: The Manchester Child Attachment Story Task. *Attachment and Human Development, 2*(1), 48-70.

Greenberg, M. T. (1999). Attachment and psychopathology in childhood. In J. Cassidy & P. Shaver (orgs.), *Handbook of attachment: Theory, research and clinical applications* (p. 469-496). Guilford Press.

Greenberg, M. T., Speltz, M. L., DeKlyen, M., & Endriga, M. C. (1991). Attachment security in preschoolers with and without externalizing problems: A replication. *Development and Psychopathology, 3,* 413-430.

Groh, A. M., Roisman, G. I., van IJzendoorn, M. H., Bakermans-Kranenburg, M. J., & Fearon, R. P. (2012). The significance of insecure and disorganized attachment for children's internalizing symptoms: A meta-analytic study. *Child Development, 83,* 591-610.

Hawes, D. J., & Dadds, M. R. (2005). The treatment of conduct problems in children with callous-unemotional traits. *Journal of Consulting and Clinical Psychology, 73,* 737-741.

Hawes, D. J., Price, M. J., & Dadds, M. R. (2014). Callous-unemotional traits and the treatment of conduct problems in childhood and adolescence: A comprehensive review. *Clinical Child and Family Psychology Review, 17*(3), 248-267.

Hawes, S. W., Mulvey, E. P., Schubert, C. A., & Pardini, D. A. (2014). Structural coherence and temporal stability of psychopathic personality features during emerging adulthood. *Journal of Abnormal Psychology, 123*, 623-633.

Hawes, S. W. et al. (2014). Refining the parent-reported inventory of callous-unemotional traits in boys with conduct problems. *Psychological Assessment, 26*, 256-266.

Henggeler, S. W., & Borduin, C. M. (1990). *Family therapy and beyond: A multisystemic approach to treating the behavior problems of children and adolescents.* Brooks/Cole.

Hennighausen, K., & Lyons-Ruth, K. (2005). Disorganization of behavioral and attentional strategies toward primary attachment figures: From biologic to dialogic processes. In C. S. Carter et al. (orgs.), *Attachment and bonding: A new synthesis* (p. 269-301). MIT Press.

Herman, J. H. (2015). Attention deficit/hyperactivity disorder and sleep in children. *Sleep Medicine Clinics, 10*(2), 143-149.

Hesse, E., Main, M., Abrams, K. Y., & Rifkin, A. (2003). Unresolved states regarding loss or abuse can have "second generation" effects: Disorganized, role-inversion, and frightening ideation in the offspring of traumatized non-maltreating parents. In M. F. Solomon & D. J. Siegel (orgs.), *Healing trauma: Attachment, mind, body and brain* (p. 57-106). Norton.

Hill, N. E., & Wang, M. T. (2015). From middle school to college: Developing aspirations, promoting engagement, and indirect pathways from parenting to post high school enrollment. *Developmental Psychology, 51*(2), 224-235.

Holtmann, M., Buchmann, A. F., Esser, G., Schmidt, M. H., Banaschewski, T., & Laucht, M. (2011). The child behavior checklist dysregulation profile predicts substance use, suicidality, and functional impairment: A longitudinal analysis. *Journal of Child Psychology and Psychiatry, and Allied Disciplines, 52*, 139-147.

Hyde, L. W. et al. (2016). Heritable and nonheritable pathways to early callous-unemotional behaviors. *American Journal of Psychiatry, 173*, 903-910.

Juffer, F. (1993). *Attached through adoption: An experimental study of attachment and competence in families with adopted babies.* Academische Uitgeverij.

Juffer, F., Bakermans-Kranenburg, M. J., & van IJzendoorn, M. (orgs.). (2008). *Promoting positive parenting: An attachment based intervention.* Lawrence Erlbaum/Taylor and Francis Group.

Kahn, R. E., Frick, P. J., Youngstrom, E. A., Kogos Youngstrom, J., Feeny, N. C., & Findling, R. L. (2013). Distinguishing primary and secondary variants of callous-unemotional traits among adolescents in a clinic-referred sample. *Psychological Assessment, 25*, 966-978.

Kaufman, J., Rao, U., Ryan, N., & Birmaher, B. (2004). *KSADS-PL: Intervista diagnostica per la valutazione dei disturbi psicopatologici in bambini e adolescenti: Manuale e protocolli.* Erickson.

Kaufman, J., Rao, U., Ryan, N., & Birmaher, B. (2019). *KSADS-PL DSM-5: Intervista diagnostica per la valutazione dei disturbi psicopatologici in bambini e adolescenti (edizione aggiornata al DSM-5).* Erickson.

Kay, S. R., Wolkenfeld, F., & Murrill, L. M. (1988). Profiles of aggression among psychiatric patients: I. Nature and prevalence. *Journal of Nervous and Mental Disease, 176*, 539-546.

Kazdin, A. E. (2000). Treatment for aggressive and antisocial children. *Child and Adolescent Psychiatric Clinics of North America, 9*, 841-858.

Kazdin, A. E., & Weisz, J. R. (2003). *Evidence-based psychotherapies for children and adolescents.* Guilford Press.

Kazdin, A. E., Whitley, M., & Marciano, P. L. (2006). Child-therapist and parent-therapist alliance and therapeutic change in the treatment of children referred for oppositional, aggressive, and antisocial behaviour. *Journal of Child Psychology and Psychiatry, 47*, 436-445.

Keenan, K., Wroblewski, K., Hipwell, A., Loeber, R., & Stouthamer--Loeber, M. (2010). Age of onset, symptom threshold, and expansion of the nosology of conduct disorder in girls. *Journal of Abnormal Psychology, 119*, 689-698.

Keenan, K. et al. (2010). Evidence for the predictive validity of DSM-IV oppositional defiant and conduct disorders diagnosed in pre-schoolers. *Journal of Child Psychology and Psychiatry, 52*, 47-55.

Keller, T. E., Spieker, S. J., & Gilchrist, L. (2005). Patterns of risk and trajectories of preschool problem behaviors: A person-oriented analysis of attachment in context. *Development and Psychopathology, 17*, 349-384.

Kernberg, O. F. (1972). Early ego integration and object relations. *Annals of the New York Academy of Sciences, 193*, 233-247.

Kernberg, O. F., & Stefani, S. (1978). *Sindromi marginali e narcisismo patologico.* Bollati Boringhieri.

Kerr, D. C. R., Lunkenheimer, E. S., & Olson, S. L. (2007). Assessment of child problem behaviours by multiple informants: A longitudinal study from preschool to school entry. *Journal of Child Psychology and Psychiatry, 48*, 967-975.

Kersten, L. et al. (2016). START NOW: A comprehensive skills training programme for female adolescents with oppositional defiant and conduct disorders: Study protocol for a cluster-randomised controlled trial. *Trials, 17*, 568-582.

Kimonis, E. R., Fanti, K. A., Anastassiou-Hadjicharalambous, X., Mertan, B., Goulter, N., & Katsimicha, E. (2016). Can callous-unemotional traits be reliably measured in preschoolers? *Journal of Abnormal Child Psychology, 44*, 625-638.

Kimonis, E. R., & Hunt, E. (2015). *Coaching and rewarding emotional skills, Treatment Manual, CARES Module: Version 3.0* [Manuscrito não publicado].

Kimonis, E. R., Skeem, J. L., Cauffman, E., & Dmitrieva, J. (2011). Are secondary variants of juvenile psychopathy more reactively violent and less psychosocially mature than primary variants? *Law and Human Behavior, 35*(5), 381-391.

Klucken, T. et al. (2012). The 5-HTTLPR polymorphism is associated with altered hemodynamic responses during appetitive conditioning. *Human Brain Mapping, 34*, 2549-2560.

Kochanska, G. (1997). Mutually responsive orientation between mothers and their young children: Implications for early socialization. *Child Development, 68*, 94-112.

Kochanska, G., Aksan, N., Knaack, A., & Rhines, H. (2004). Maternal parenting and children's conscience: Early security as moderator. *Child Development, 75*, 1229-1242.

Kochanska, G., & Kim, S. (2012). Toward a new understanding of legacy of early attachments for future antisocial trajectories: Evidence from two longitudinal studies. *Developmental Psychopathology, 24*, 783-806.

Kochanska, G., Koenig, J. L., Barry, R. A., Kim, S., & Yoon, J. E. (2010). Children's conscience during toddler and preschool years, moral self, and a competent, adaptive developmental trajectory. *Developmental Psychology, 46*(5), 1320-1332.

Kochanska, G., Philibert, R. A., & Barry, R. A. (2009). Interplay of genes and early mother-child relationship in the development of self--regulation from toddler to preschool age. *Journal of Child Psychology and Psychiatry, 50*, 1331-1338.

Kroneman, L. M., Hipwell, A. E., Loeber, R., Koot, H. M., & Pardini, D. A. (2011). Contextual risk factors as predictors of disruptive behavior disorder trajectories in girls: The moderating effect of callous-unemotional features. *Journal of Child Psychology and Psychiatry, 52*, 167-175.

Krueger, R. F., & South, C. (2009). Externalizing disorders: Cluster 5 of the proposed meta-structure for DSM-V and ICD-11. *Psychological Medicine, 39*, 2061-2070.

Kumsta, R., Sonuga-Barke, E., & Rutter, M. (2012). Adolescent callous-unemotional traits and conduct disorder in adoptees exposed to severe early deprivation. *British Journal of Psychiatry, 200*, 197-201.

Ladd, G. W., Birch, S., & Buhs, E. (1999). Children's social and scholastic lives in kindergarten: Related spheres of influence? *Child Development, 70*, 1373-1400.

Lahey, B. B., Loeber, R., Burke, J., Rathouz, P. J., & McBurnett, K. (2002). Waxing and waning in concert: Dynamic comorbidity of conduct disorder with other disruptive and emotional problems over 7 years among clinic-referred boys. *Journal of Abnormal Child Psychology, 111*, 556-567.

Lahey, B. B., Van Hulle, C. A., Keenan, K., Rathouz, P. J., D'Onofrio, B. M., & Rodgers, J. L. (2008). Temperament and parenting during the first year of life predict future child conduct problems. *Journal of Abnormal Child Psychology, 36*, 1139-1158.

Lambruschi, F. (org.). (2004). *Psicoterapia cognitiva dell'età evolutiva: Procedure d'assessment e strategie psicoterapeutiche.* Bollati Boringhieri.

Lambruschi, F., & Fabbri, D. (2004). I disturbi della condotta. In F. Lambruschi (org.), *Manuale di psicoterapia cognitiva dell'età evolutiva.* Bollati Boringhieri.

Lambruschi, F., Fabbri, D., Muratori, P., & Polidori, L. (2014). Disturbi della condotta e disturbo oppositivo provocatorio. In F. Lambruschi (org.), *Psicoterapia cognitiva dell'età evolutiva: Procedure d'assessment e strategie psicoterapeutiche* (2. ed.). Bollati Boringhieri.

Lambruschi, F., & Lionetti, F. (2015). Genitorialità: Tra valutazione, sostegno e buone prassi. In F. Lambruschi & F. Lionetti (orgs.), *La genitorialità: Strumenti di valutazione e interventi di sostegno.* Carocci Editore.

Lambruschi, F., & Muratori, P. (2013). Tra temperamento e relazione: Una prospettiva multifattoriale e complessa nella comprensione dei disturbi da comportamento dirompente. In F. Lambruschi & P. Muratori, *Psicopatologia e psicoterapia dei disturbi della condotta.* Carocci Editore.

Lambruschi, F., Muratori, P., & Polidori, L. (2015). Il Parent Training nell'ottica cognitivo-comportamentale. In F. Lambruschi & F. Lionetti, *La genitorialità: Strumenti di valutazione e interventi di sostegno.* Carocci Editore.

Landini, A., Lambruschi, F., & Bertaccini, R. (2014). L'osservazione clinica del bambino e della relazione d'attaccamento bambino/genitore. In F. Lambruschi (org.), *Psicoterapia cognitiva dell'età evolutiva: Procedure d'assessment e strategie psicoterapeutiche* (2. ed.). Bollati Boringhieri.

Larstone, R. M., Craig, S. G., & Moretti, M. M. (2018). An attachment perspective on callous and unemotional characteristics across development. In W. J. Livesley & R. M. Larstone (orgs.), *Handbook of personality disorders: Theory, research and treatment* (2. ed., p. 324-336). Guilford Press.

Lavigne, J. V., Cicchetti, C., Gibbons, R. D., Binns, H. J., Larsen, L., & De Vitto, C. (2001). Oppositional defiant disorder with onset in preschool years: Longitudinal stability and pathways to other disorders. *Journal of the American Academy of Child and Adolescent Psychiatry, 40*, 1393-1400.

Leibenluft, E. (2011). Severe mood dysregulation, irritability, and the diagnostic boundaries of bipolar disorder in youths. *The American Journal of Psychiatry, 168*(2), 129-142.

Lewis, M., Feiring, C., McGuffog, C., & Jaskir, J. (1984). Predicting psychopathology in six-year-olds from early social relation. *Child Development, 55*, 123-136.

Lin, D. et al. (2011). Functional identification of an aggression locus in the mouse hypothalamus. *Nature, 470*, 221-226.

Liotti, G. (1994). *La dimensione interpersonale della coscienza.* La Nuova Italia Scientifica.

Liotti, G. (1999). Sui buchi neri dell'attaccamento. *Terapia Familiare, 61.*

Liotti, G. (2001). *Le opere della coscienza.* Raffaello Cortina Editore.

Liotti, G., & Farina, B. (2011). *Sviluppi traumatici: Eziopatogenesi, clinica e terapia della dimensione dissociativa.* Raffaello Cortina Editore.

Liotti, G., & Lorenzini, R. (2018). Note sul narcisismo. *Quaderni di Psicoterapia Cognitiva, 42*, 113-119.

Liotti, G., & Monticelli, F. (2008). *I sistemi motivazionali nel dialogo terapeutico.* Raffaello Cortina Editore.

Liotti, G., & Monticelli, F. (2014). *Teoria e clinica dell'alleanza terapeutica: Una prospettiva cognitivo-evoluzionista.* Raffaello Cortina Editore.

Lochman, J. E., & Lampron, L. B. (1986). Situational social problem--solving skills and self-esteem of aggressive and nonaggressive boys. *Journal of Abnormal Child Psychology, 14*, 605-617.

Lochman, J. E., & Wells, K. C. (2002). Contextual social-cognitive mediators and child outcome: A test of the theoretical model in the Coping Power Program. *Development and Psychopathology, 14*, 971-993.

Lochman, J. E. et al. (2015). An empirically based alternative to DSM-5's disruptive mood dysregulation disorder for ICD-11. *World Psychiatry, 14*, 30-33.

Lyons-Ruth, K., Alpern, L., & Repacholi, B. (1993). Disorganized infant attachment classification and maternal psychosocial problems as predictors of hostile aggressive behavior in the preschool classroom. *Child Development, 64*, 572-585.

Lyons-Ruth, K., & Jacobvitz, D. (2008). Attachment disorganization: Genetic factors, parenting contexts, and developmental transformation from infancy to adulthood. In J. Cassidy & P. R. Shaver (orgs.), *Handbook of attachment* (2. ed.). Guilford Press.

Lyons-Ruth, K., Zoll, D., Connell, D., & Grunebaum, H. U. (1989). Family deviance and family disruption in childhood: Associations with maternal behavior and infant maltreatment during the first two years of life. *Development and Psychopathology, 1*(3), 219-236.

Main, M., & Solomon, J. (1990). Procedures for identifying infants as disorganized/disoriented during the Ainsworth Strange Situation. In T. M. Greenberg & D. Cicchetti (orgs.), *Attachment in the preschool years: Theory, research and intervention.* University of Chicago Press.

Marcovitch, S., Leigh, J., Calkins, S. D., Leerkes, E. M., O'Brien, M., & Blankson, A. N. (2010). Moderate vagal withdrawal in 3.5-year-old children is associated with optimal performance on executive function tasks. *Developmental Psychobiology, 52,* 603-608.

Martel, M. M., Nikolas, M., Jernigan, K., Friderici, K., & Nigg, J. T. (2010). Personality mediation of genetic effects on attention-deficit/hyperactivity disorder. *Journal of Abnormal Child Psychology, 38,* 633-643.

Marvin, R., Cooper, G., Hoffman, K., & Powell, B. (2002). The Circle of Security Project: Attachment-based intervention with caregiver-pre-school child dyads. *Attachment and Human Development, 4,* 107-124.

Marzocchi, G. M., Re, A., & Cornoldi, C. (2010). *BIA: Batteria italiana per l'ADHD per la valutazione dei bambini con deficit di attenzione/iperattività.* Erickson.

Masi, G., Manfredi, A., Nieri, G., Muratori, P., Pfanner, C., & Milone, A. (2017). A naturalistic comparison of methylphenidate and risperidone monotherapy in drug-naive youth with attention-deficit/hyperactivity disorder comorbid with oppositional defiant disorder and aggression. *Journal of Clinical Psychopharmacology, 37,* 590-594.

Masi, G., Pisano, S., Milone, A., & Muratori, P. (2015). Child behaviour checklist dysregulation profile in disruptive behavior disorder: A longitudinal study. *Journal of Affective Disorders, 186,* 249-253.

Masi, G. et al. (2018). Trajectories of callous-unemotional traits from childhood to adolescence in referred youth with a disruptive behavior disorder who received intensive multimodal therapy in childhood. *Neuropsychiatry Disease and Treatment, 14,* 2287-2296.

Meins, E. (1997). *Security of attachment and the social development of cognition.* Psychology Press.

Meins, E., Fernyhough, C., Fradley, E., & Tuckey, M. (2001). Rethinking maternal sensitivity: Mothers' comments on infants' mental processes predict security of attachment at 12 months. *Journal of Child Psychology and Psychiatry, 42,* 637-648.

Meins, E. et al. (2003). Pathways to understanding mind: Construct validity and predictive validity of maternal mind-mindedness. *Child Development, 74,* 1194-1211.

Mesman, J. et al. (2007). Extending the video feedback intervention to sensitive discipline: The early prevention of antisocial behavior. In F. Juffer, M. J. Bakermans-Kranenburg & M. H. van IJzendoorn (orgs.), *Promoting positive parenting: An attachment-based intervention.* Lawrence Erlbaum/Taylor and Francis Group.

Miller, S., Loeber, R., & Hipwell, A. (2009). Peer deviance, parenting and disruptive behavior among young girls. *Journal of Abnormal Child Psychology, 37*(2), 139.

Moffitt, T. E. et al. (2008). Research review: DSM-V conduct disorder: Research needs for an evidence base. *Journal of Child Psychology and Psychiatry, 49*, 1-40.

Morf, C. C., & Rhodewalt, F. (2001). Unraveling the paradoxes of narcissism: A dynamic self-regulatory processing model. *Psychological Inquiry, 12*, 177-196.

Morgan, A. B., & Lilienfeld, S. O. (2000). A meta-analytic review of the relation between antisocial behavior and neuropsychological measures of executive function. *Clinical Psychology Review, 20*, 113-136.

Moss, E., Cyr, C., & Dubois-Comtois, K. (2004). Attachment at early schoolage and developmental risk: Examining trajectories of controlling-care-giving, controlling-punitive and behaviorally-disorganized children. *Developmental Psychology, 40*, 519-532.

Moul, C., Killcross, S., & Dadds, M. R. (2012). A model of differential amygdala activation in psychopathy. *Psychological Review, 119*, 789-806.

Muñoz, L. C. (2009). Callous-unemotional traits are related to combined deficits in recognizing afraid faces and body poses. *Journal of American Academy of Child and Adolescent Psychiatry, 48*, 554-562.

Muñoz, L. C, Frick, P. J., Kimonis, E. R., & Aucoin, K. J. (2008). Verbal ability and delinquency: Testing the moderating role of psychopathic traits. *Journal of Child Psychology and Psychiatry, 49*, 414-421.

Muñoz, L. C., Pakalniskiene, V., & Frick, P. J. (2011). Parental monitoring and youth behavior problems: Moderation by callous-unemotional traits over time. *European Child and Adolescent Psychiatry, 20*, 61-69.

Munson, J. A., McMahon, R. J., & Spieker, S. J. (2001). Structure and variability in the developmental trajectory of children's externalizing problems: Impact of infant attachment, maternal depressive symptomatology, and child sex. *Development and Psychopathology, 3*, 277-296.

Muratori, P., Pisano, S., Milone, A., & Masi, G. (2017). Is emotional dysregulation a risk indicator for auto-aggressive behaviors in adolescents with oppositional defiant disorder? *Journal of Affective Disorders, 208*, 110-112.

Muratori, P. et al. (2018). Narcissistic traits and self-esteem in children: Results from a community and a clinical sample of patients with oppositional defiant disorder. *Journal of Affective Disorders, 241*, 275-281.

Muratori, P. et al. (2019). Linking sleep to externalizing behavior difficulties: A longitudinal psychometric survey in a cohort of Italian school-age children. *Journal of Primary Prevention, 40*, 231-241.

Norcross, J. C. (2002). *Psychotherapy relationships that work: Therapist contributions and responsiveness to patients.* Oxford University Press.

O'Brien, L. M. et al. (2003). Sleep and neurobehavioral characteristics of 5- to 7-year-old children with parentally reported symptoms of attention-deficit/hyperactivity disorder. *Pediatrics, 111*, 554-563.

O'Brien, L. M. et al. (2011). Aggressive behavior, bullying, snoring, and sleepiness in schoolchildren. *Sleep Medicine, 12*, 652-658.

Obradović, J. (2012). How can the study of physiological reactivity contribute to our understanding of adversity and resilience processes in development? *Development and Psychopathology, 24*, 371-387.

Oldenhof, H. et al. (2018). Baseline autonomic nervous system activity in female children and adolescents with conduct disorder: Psychophysiological findings from the FemNAT-CD study. *Journal of Criminal Justice, 65*.

Oppenheim, D., & Koren-Karie, N. (2002). Mothers' insightfulness regarding their children internal worlds: The capacity underlying secure child-mother relationships. *Infant Mental Health Journal, 26*, 593-605.

Pardini, D. A., & Byrd, A. L. (2012). Perceptions of aggressive conflicts and others' distress in children with callous-unemotional traits: "I'll show you who's boss, even if you suffer and I get in trouble". *Journal of Child Psychology and Psychiatry, 53*, 283-291.

Pardini, D. A., Lochman, J., & Powell, N. (2007). The development of callous-unemotional traits and antisocial behavior in children: Are there shared and/or unique predictors? *Journal of Clinical Child and Adolescent Psychology, 36*, 319-333.

Pardini, D. A., Stepp, S., Hipwell, A., Stouthamer-Loeber, M., & Loeber, R. (2012). The clinical utility of the proposed DSM-V callous-unemotional subtype of conduct disorder in girls. *Journal of American Academy of Child and Adolescent Psychiatry, 51*, 62-73.

Pasalich, D. S., Hawes, D. J., Dadds, M. R., & Brennan, J. (2011). Do callous-unemotional traits moderate the relative importance of parental coercion versus warmth in child conduct problems? An observational study. *Journal of Child Psychology and Psychiatry, 52*, 1308-1315.

Patterson, G. R. (1986). Performance models for antisocial boys. *American Psychologist, 41*, 432-444.

Patterson, G. R., & Chamberlain, P. (1994). A functional analysis of resistance during parent training therapy. *Clinical Psychology: Science and Practice, 1*, 53-70.

Pfiffner, L. J., McBurnett, K., Rathouz, P. J., & Judice, S. (2005). Family correlates of oppositional and conduct disorders in children with attention deficit/hyperactivity disorder. *Journal of Abnormal Child Psychology, 34*, 347-356.

Pihlakoski, L., Sourander, A., Aromaa, M., Rautava, P., Helenius, H., & Sillanpää, M. (2006). The continuity of psychopathology from early childhood to preadolescence: A prospective cohort study of 3-12-year--old children. *European Child and Adolescent Psychiatry, 15*, 409-417.

Piotrowska, P. J. et al. (2017). Mothers, fathers, and parental systems: A conceptual model of parental engagement in programmes for child mental health – Connect, Attend, Participate, Enact (CAPE). *Clinical Child and Family Psychology Review, 20*, 146-161.

Querido, J. G., Bearss, K., & Eyberg, S. M. (2002). Theory, research, and practice of parent-child interaction therapy. In F. W. Kaslow & T. Patterson, *Comprehensive handbook of psychotherapy* (vol. 2, p. 91-113). Wiley.

Reddy, V. (2010). *How infants know minds.* Harvard University Press.

Resnick, R. J. (2000). *The hidden disorder: A clinician's guide to attention deficit hyperactivity disorder in adults.* American Psychological Association.

Rich, B. A., Grimley, M. E., & Leibenluft, E. (2008). Face emotion labeling deficits in children with bipolar disorder and severe mood dysregulation. *Developmental Psychopathology, 20*, 529-546.

Saarni, C. (1999). *The Guilford series on social and emotional development: The development of emotional competence.* Guilford Press.

Sabatello, U. (2010). *Lo sviluppo antisociale: Dal bambino al giovane adulto.* Raffaello Cortina Editore.

Safer, D. J. (2009). Irritable mood and the Diagnostic and Statistical Manual of Mental Disorders. *Child and Adolescent Psychiatry and Mental Health, 3*, 1-4.

Salekin, R. T., Neumann, C. S., Leistico, A. R., & Zalot, A. A. (2004). Psychopathy in youth and intelligence: An investigation of Cleckley's hypothesis. *Journal of Clinical Child and Adolescent Psychology, 33*, 731-742.

Salekin, R. T., Tippey, J., & Allen, A. (2012). Treatment of conduct problem youth with interpersonal callous traits using mental models: Measurement of risk and change. *Behavioral Sciences & the Law, 30*, 470-486.

Sameroff, A. J. (2010). A unified theory of development: A dialectic integration of nature and nurture. *Child Development, 81*, 6-22.

Sawrikar, V., & Dadds, M. (2018). What role for parental attributions in parenting interventions for child conduct problems? Advances from research into practice. *Clinical Child and Family Psychology Review, 21*, 41-56.

Seah, R., Fassnacht, D., & Kyrios, M. (2018). Attachment anxiety and self-ambivalence as vulnerabilities toward obsessive compulsive disorder. *Journal of Obsessive-Compulsive and Related Disorders, 18*, 7.

Seidel, K., Poeggel, G., Holetschka, R., Helmeke, C., & Braun, K. (2011). Paternal deprivation affects the development of corticotrophin-releasing factor-expressing neurones in prefrontal cortex, amygdala and hippocampus of the biparental octodon degus. *Journal of Neuroendocrinology, 23*, 1166-1176.

Shaw, D. S., Keenan, K., Vondra, J. I., Delliquadri, E., & Giovannelli, J. (1997). Antecedents in preschool children's internalizing problems: A longitudinal study of low income families. *Journal of the American Academy of Child and Adolescent Psychiatry, 36*, 1760-1767.

Shaw, D. S., & Vondra, J. I. (1995). Infant attachment security and maternal predictors of early behaviour problems: A longitudinal study of low income families. *Journal of Abnormal Child Psychology, 23*, 335-357.

Shelton, K. K., Frick, P. J., & Wootton, J. (1996). The assessment of parenting practices in families of elementary school-aged children. *Journal of Clinical Child Psychology, 25*, 317-327.

Shmueli-Goetz, Y., Target, M., Datta, A., & Fonagy, P. (2000). *Child Attachment Interview (CAI) coding and classification manual: Version IV*. The Sub-Department of Clinical Health Psychology, University College London.

Slade, A. (2007, mar. 29 – abr. 1º). Minding the baby: The promotion of attachment security in a nursing/mental health home visiting program. In L. J. Berlin (org.), *Interventions to support early attachments: New findings* [Paper presentation]. The Biennial Meeting of the Society for Research in Child Development, Boston, United States.

Smaragdi, A. et al. (2017). Sex differences in the relationship between conduct disorder and cortical structure in adolescents. *Journal of the American Academy of Child & Adolescent Psychiatry, 56*(8), 703-712.

Sonuga-Barke, E. J. et al. (2009). Dopamine and serotonin transporter genotypes moderate sensitivity to maternal expressed emotion: The case of conduct and emotional problems in attention deficit/hyperactivity disorder. *Journal of Child Psychology and Psychiatry, 50*, 1052-1063.

Speltz, M. L., DeKlyen, M., & Greenberg, M. T. (1999). Attachment in boys with early onset conduct problems. *Development and Psychopathology, 11*, 269-285.

Speltz, M. L., Greenberg, M. T., & DeKlyen, M. (1990). Attachment in preschoolers with disruptive behaviour: A comparison of clinic referred and nonproblem children. *Development and Psychopathology, 2*, 31-46.

Sperber, D. et al. (2010). Epistemic vigilance. *Mind & Language, 25*, 359-393.

Spira, E. G., & Fischel, J. E. (2005). The impact of preschool inattention, hyperactivity, and impulsivity on social and academic development: A review. *Journal of Child Psychology and Psychiatry, 46,* 755-773.

Sroufe, L. A. (1983). Infant-caregiver attachment and patterns of adaptation in preschool: The roots of maladaptation and competence. In M. Perlmutter (org.), *Minnesota Symposia in Child Psychology: Vol. 16. Development and policy concerning children with special needs* (p. 41-83). Erlbaum.

Stein, J. L. et al. (2011). Discovery and replication of dopamine-related gene effects on caudate volume in young and elderly populations (N = 1198) using genome-wide search. *Molecular Psychiatry, 16,* 927-937.

Stringaris, A. (2011). Irritability in children and adolescents: A challenge for DSM-V. *European Child and Adolescent Psychiatry, 20,* 61-66.

Stringaris, A., & Goodman, R. (2009). Longitudinal outcome of youth oppositionality: Irritable, headstrong, and hurtful behaviors have distinctive predictions. *Journal of the American Academy of Child and Adolescent Psychiatry, 48,* 404-412.

Studts, C. R., & van Zyl, M. A. (2013). Identification of developmentally appropriate screening items for disruptive behavior problems in preschoolers. *Journal of Abnormal Child Psychology, 41*(6), 851-863.

Tenore, K., & Serrani, F. M. (2013). *La schema therapy: Caratteristiche distintive.* FrancoAngeli.

Thomaes, H., Stegge, H., Bushman, B. J., Olthof, T., & Denissen, J. (2008). Development and validation of the Childhood Narcissism Scale. *Journal of Personality Assessment, 90,* 382-391.

Thomaes, S., Bushman, B. J., Stegge, H., & Olthof, T. (2008). Trumping shame by blasts of noise: Narcissism, self-esteem, shame, and aggression in young adolescents. *Child Development, 79,* 1792-1801.

Tobia, V., Gabriele, M. A., & Marzocchi, G. (2012). Lo Strenghts and Difficulties Questionnaire (SDQ) nella scuola primaria: Il comportamento dei bambini Italiani valutato dai loro insegnanti. *Giornale di Psicologia dello Sviluppo, 101,* 95-109.

Tonacci, A. et al. (2019). Sympathetic arousal in children with oppositional defiant disorder and its relation to emotional dysregulation. *Journal of Affective Disorders, 257,* 207-213.

Tremblay, R. E. (2010). Developmental origins of disruptive behavior problems: The "original sin" hypothesis, epigenetics, and their consequences for prevention. *Journal of Child Psychology and Psychiatry, 51,* 341-367.

Van IJzendoorn, M. H. (1997). Attachment, emergent morality, and aggression: Toward a developmental socioemotional model of antisocial behavior. *International Journal of Behavioral Development, 21,* 703-728.

Van IJzendoorn, M. H., Juffer, F., & Duyvesteyn, M. G. C. (1995). Breaking the intergenerational cycle of insecure attachment: A review of the effects of attachment-based interventions of maternal sensitivity and infant security. *Journal of Child Psychology and Psychiatry, 2*, 225-248.

Vidal-Ribas, P., Pickles, A., Tibu, F., Sharp, H., & Hill, J. (2017). Sex differences in the associations between vagal reactivity and oppositional defiant disorder symptoms. *Journal of Child Psychology and Psychiatry, 58*, 988-997.

Viding, E., Blair, J. R., Moffitt, T. E., & Plomin, R. (2005). Evidence for substantial genetic risk for psychopathy in 7-year-olds. *Journal of Child Psychology and Psychiatry, 46*, 592-597.

Viding, E., Jones, A. P., & Frick, P. J. (2008). Heritability of antisocial behaviour at nine-years: Do callous-unemotional traits matter? *Developmental Science, 11*, 17-22.

Waldman, I. D. (1996). Aggressive boy's hostile perceptual and response biases: The role of attention and impulsivity. *Child Development, 67*, 1015-1033.

Walker, H. M., Colvin, G., & Ramsey, E. (1995). *Antisocial behavior in school: Strategies and best practices.* Brooks/Cole Publishing Company.

Waller, R., & Hyde, L. W. (2018). Callous-unemotional behaviors in early childhood: The development of empathy and prosociality gone awry. *Current Opinion in Psychology, 20*, 11-16.

Waller, R., Hyde, L. W., Grabell, A. S., Alves, M. L., & Olson, S. L. (2015). Differential associations of early callous-unemotional, oppositional, and ADHD behaviors: Multiple domains within early-starting conduct problems? *Journal of Child Psychology and Psychiatry, 56*, 657-666.

Weisz, J. R., & Kazdin, A. E. (2010). *Evidence-based psychotherapies for children and adolescents* (2. ed.). Guilford Press.

Wilson, D., & Sperber, D. (2012). *Meaning and relevance.* Cambridge University Press.

Woodworth, M., & Waschbusch, D. (2008). Emotional processing in children with conduct problems and callous/unemotional traits. *Child: Care, Health and Development, 34*, 234-244.

Yaholkoski, A., Hurl, K., & Theule, J. (2016). The efficacy of the Circle of Security Intervention: A meta-analysis. *Journal of Infant, Child, and Adolescent Psychotherapy, 15*(2), 95-103.

Young, J. E., Klosko, J. S., & Weishaar, M. E. (2003). *Schema therapy.* Guilford Press.

EDITORA VOZES LTDA.
Rua Frei Luís, 100 – Centro – Cep 25689-900 – Petrópolis, RJ
Tel.: (24) 2233-9000 – E-mail: vendas@vozes.com.br